三茅网HR经典

一个HRD的真实一年

赵颖 著

清华大学出版社
北　京

内 容 简 介

市面上有太多的、浩若烟海的关于人力资源管理的书，通常读者在看这样书的时候会问：通用、摩根、惠普和我有什么关系！读者渴望看到真实的、中国式的、中小企业的人力资源管理实战经验。

当下，“山寨风”盛行，抄袭式的学习模式在短时间内是有效的，但终究我们要走出一条属于自己的路。在那些大型外资公司纷纷裁员、纷纷撤出中国市场的今日，进大外资公司、做到中高层的梦，变得越来越困难。但我们也应该欣喜地看到，诸多中国企业正在崛起，适合它们的人力资源管理模式，是我们在职场无往不利的法宝。

但这本书中，仍会讲述几个外资企业人力资源管理的故事，你当这些故事是开阔眼界也好，是触类旁通也罢，有自己的模式，并不代表不开放。

职场，有时候确实像极了“九层妖塔”，里面有陷阱、有恐怖，也有美丽、迷人的景象，作者将自己多年来的经历和经验写进书里，希望向读者展现一个人力资源总监真实的探险之旅。

图书在版编目(CIP)数据

一个 HRD 的真实一年/赵颖　著. —北京：清华大学出版社，2016（2021.11 重印）
(三茅网 HR 经典)
ISBN 978-7-302-43486-3

Ⅰ. ①一… Ⅱ. ①赵… Ⅲ. ①人力资源管理—通俗读物 Ⅳ. ①F241-49

中国版本图书馆 CIP 数据核字(2016)第 078301 号

责任编辑：施　猛　马遥遥
封面设计：张玉敏
版式设计：方加青
责任校对：牛艳敏
责任印制：刘海龙

出版发行：清华大学出版社
网　　址：http://www.tup.com.cn，http://www.wqbook.com
地　　址：北京清华大学学研大厦 A 座　　**邮　　编：**100084
社 总 机：010-62770175　　**邮　　购：**010-62786544
投稿与读者服务：010-62776969，c-service@tup.tsinghua.edu.cn
质 量 反 馈：010-62772015，zhiliang@tup.tsinghua.edu.cn
印 装 者：三河市龙大印装有限公司
经　　销：全国新华书店
开　　本：170mm×240mm　　**印　　张：**15.5　　**字　　数：**242 千字
版　　次：2016 年 5 月第 1 版　　**印　　次：**2021 年 11 月第 14 次印刷
定　　价：49.00 元

产品编号：068007-03

序

踏实了
——写给77《一个HRD的真实一年》

(1)

我最近迷上了回忆。

有时候会突然想过去一年发生的很多事，有时思维不听使唤地跳转到十几、二十几年前，我那时是一个不太好的学生。

成绩不错、人不踏实，每个老师都这么说，成绩单里老师的评语很多年如一日，这些老师彼此并不认识却像同一个人一般写道：再踏实一些就更好了。

之后大学四年的历练，并没有改掉我的坏毛病。

(2)

步入社会开始工作后，我爱上了一个人。

我是因为这段话爱上她的：

“至于什么是好工作，也是甲之蜜糖，乙之砒霜，没有好不好，只有合不合适。一个认识多年的财务经理，QQ签名10年未改：“我们连生命都无法掌控，还能掌控什么？”最近改为：“道心永恒。”我浅显地理解为，他最终决定上善若水，柔弱不争，这是他选择的工作模式。另一个朋友则选择了一家待遇低得多、工作时间灵活得多的新工作，他更爱自由。给小表妹推荐一份公司名头很响的工作，她却不愿意，她喜欢现在能在商圈上班，工作之余能Shopping。小表弟更绝，薪水低得中餐只吃得起热干面，给他机会，他说，他更爱和现在这帮同事在一起……”

看到这段话的时候，我在三茅人力资源网任编辑一职不久。之所以这么爱这段话，是因为我在当时也遇到了77所描述的这种状况——

在三茅不久，我经历过是否要换一份工作甚至行业的犹豫(众所周知，做编辑和做HR一样，没有特殊情况，收入不会太高)，可我最终并没有离开，原因不是工作之余能Shopping，也不是喜欢周遭环境，而是我的工作可以让我认识很多不管是写作还是专业能力都比我强，甚至强千倍万倍的人，他(她)们的卓越让我安心学习、变得踏实。我很珍惜这份工作带给我的提升的机会。最重要的还有，这些卓越的人都这么信任三茅、信任我，那么，我有什么理由不和他(她)们一起，继续前行呢……

Hi，77，我这样的想法，是不是可以被你写进以后的文章里？甚至放进书里？

(3)

说好了给77写一段序，七八百字，你看我，只是粘贴77本来的内容就占了一半字数。由此可见，写这篇序的编辑的文字能力并不怎么样。

得到这样的评价我并不觉不妥，因为在这样一位作者面前，我宁愿每一个你我都是呱呱坠地的婴儿、求知欲望强烈的莘莘学子。

我带着这份纯净、平和的心情翻开了这本书。

因为她，我不再是那个不踏实的学生。

——三茅人力资源网编辑：宋文(小文子)

前言

为什么要写这本书？最初是为了记录，总害怕会遗忘掉所有的事；写到中间，又是为了读者而写，他们总有各种各样的问题，希望得到一位长者的指点，我侠肝义胆地自动充当了这位“长者”，虽然我并不老；写到最后，还是回归到为自己而写。这本书写得很辛苦，业余时间也不是很多，于是一年来几乎少有娱乐。

也许，这本书能解决你的某些专业上的问题，但更多的，它是为了我自己而写。它不是一本工具书，虽然它包含了很多知识点，它是我的前半生。这本书在追寻一个答案：活着是为了什么？

工作，一定是我们活着的一个理由，除了给予生存下去所需的一点点财物，还给了我们更多的启示——用劳动创造自己的生活，而刚好，你从事的劳动是你热爱的，玩在其中，乐在其中，在劳动中不断地尝试新鲜事物，去冒险，去创造，去指导别人，也被别人指导。

也许你把整容当终生的追求，也许你把无所事事当终生的追求，也许你把老婆孩子热炕头当终生的追求，也许你把成为“比尔·盖茨第二”当终生的追求，也许你没有追求。这都没什么不好，这是你的人生，你有权力选择过你觉得舒服的日子。而我的人生，一直是加速度，我的终生追求是不断地超越自己，活出更多的可能，这样的人生才赚到了。我希望在上天给我们的公平的、有限的时间里，更多地发挥我的智慧，这智慧能为公司、为社会、为看到我的文章、听到我讲课的人，带来一点点好的改变。通俗地说，我希望传递我的能量，只有传递出去，才遵循物理世界的能量守恒：我得到，所以我反馈。

还记得两岁半上幼儿园时，我稍稍能看懂钟表，感觉挂在墙上的钟快要到下午上学的时间了，但太奶奶一直说不急，再三催促下，她仍然忙自己的事，于是两岁半的我，摸着墙独自去上学，中途还过了一条窄窄的马

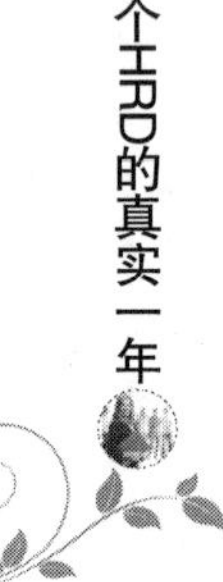

路。从小，我就表现出独立的特质了。

读幼儿园时，我一直学不会写“3”，在墙上画着画着，突然就会了，就是把“2”再加个尾巴呀，于是我学会在已知的问题上解决未知的难题。

记不清是在学前班还是一年级，我单手拉着足球门栏杆转圈圈，脑子里思考着为什么1+1就要等于2呢？把自己转晕后，我得出结论：因为规矩就是这样制定的。这成了我人生的守则，找到一个基本规则，在此基础上衍生，懂了最基本的规则，衍生物变得容易理解。

在工作中，童年的感悟影响着我的行事风格：独立、在已知的问题上求未知问题的解、找基本规则。我负责任地告诉你，这三条规则同样适用于人力资源工作。工作中一切的演化逃不过这三点。独立，是我最推荐的。独立，会让你有自己的思想，有自己的认识，有自己处理问题的风格，少了很多猜心、博弈、厚黑、宫心计。

人人都说社会复杂、公司复杂，生活中充斥着各种七大姑八大姨，工作中充斥着各种的钩心斗角，我也承认，这些都存在。可喜的是，你的高度决定你的眼光，你的独立决定你看到的一定是问题背后的答案，而不是中间的一地鸡毛。

基于已知的问题求未知问题的解、找基本规则是懒人必胜法则，不需要在工作的难题海里游弋，不需要专业精通到论文写得比博士好，你仍然可以把工作做到卓越！

我生长在一个全是男孩的大家族里，身为女性，我反而得到家族里更多的资源供我读书，我知道自己太幸运了，心怀感激，同时也惴惴不安，我接受了一份沉重的礼物，而我一直无法回报。我相信，获得和保持都需要勤奋，一步一个脚印。多年来，我未曾停下脚步，一路上的经验，都在这本书里，不仅仅希望你能通过这本小册子，了解到一些人力资源工作的独立思维，形成基于已知的问题求未知问题的解的能力，找到制定基本规则的小法器，也希望通过这本书告诉我的家人，我找到了自己最爱的事业，其中神圣的、兴奋的、创造性的快乐都让我着迷，我身处其中，感觉很好，这是我对家人最好的回报。

大白兔77 赵颖
QQ交流群：378174004
微信公众号：dbt77
2015年12月28日

目录

第1季 春季

1.1 立春(年度人力资源规划篇) / 4
1.1.1 5个步骤做好真正的人力资源规划 / 4
1.1.2 年度人力资源规划的沙盘演练 / 7
1.1.3 年度人才盘点 / 8
1.2 雨水(有效招聘篇) / 9
1.2.1 小A历险记——校招 / 9
1.2.2 招聘是件性感的事 / 11
1.2.3 面试时我们脑中的问号 / 13
1.2.4 简历会说话 / 15
1.2.5 我在庙里捡了个总监 / 17
1.2.6 奇葩说之招聘 / 18
1.2.7 招聘减压计 / 20
1.3 惊蛰(面之有术) / 21
1.3.1 “相亲”进行时 / 21
1.3.2 两情相悦指数 / 24
1.3.3 3年被炒7次 / 26
1.4 春分(聘之有道) / 27
1.4.1 内部竞聘化“猪瘟” / 28
1.4.2 招聘狗转码记 / 32
1.4.3 HR怎么做背调 / 35
1.4.4 多元化的就业规则 / 37

1.5 清明(个人职业规划) / 38

1.5.1 金三银四，再不跳槽，更待何时 / 39

1.5.2 转行前你在想什么 / 41

1.5.3 假如流水能回头(我是谁) / 42

1.5.4 蒙面歌王(我在哪里) / 44

1.5.5 保安大叔的哲学(我将要到哪里去) / 45

1.5.6 我需要怎么样才能到达 / 47

1.6 谷雨(人力资源进阶分解) / 48

1.6.1 HR进阶路线分解 / 49

1.6.2 小小的HR左手打右手 / 51

1.6.3 大大的HR应知应会 / 53

1.6.4 Super HR专注于一个点 / 54

1.6.5 叫醒你的是梦想，还是包子 / 56

1.6.6 小爷，上份职业规划 / 58

1.7 案例分享 / 61

1.7.1 毕业季的问候 / 62

1.7.2 抛开一切 / 63

1.7.3 高跟鞋并不是你一定要有的鞋 / 66

第2季 夏季

2.1 立夏(绩效管理实施) / 72

2.1.1 与大佬开会的小心机 / 72

2.1.2 备忘录不是打小报告 / 74

2.1.3 CEO再战博士 / 76

2.1.4 绩效管理的爱的箴言 / 77

2.1.5 生，还是死 / 79

2.2 小满(看懂薪酬绩效的背后) / 81

2.2.1 薪与酬 / 81

2.2.2 为什么不能干脆地回答你薪酬、绩效的问题 / 84

2.2.3 啊哈，灵机一动 / 86

2.3 芒种(在董事会与CEO之间斡旋) / 88

2.3.1 恼人的猎头协议 / 88

2.3.2 不做女警 / 90

2.3.3 你站队吗 / 92

2.3.4 有芒作物 / 93

2.4 夏至(如何管理下属) / 95

2.4.1 小A升职记 / 95

2.4.2 我不知道怎么去管人 / 97

2.4.3 没方向了，求指点 / 99

2.5 小暑(新公司人力资源项目的重构) / 102

2.5.1 听执行总经理讲那过去的故事 / 102

2.5.2 项目制的人力资源管理 / 105

2.5.3 员工访谈 / 107

2.5.4 找出重点工作 / 108

2.5.5 和业务接轨的考核指标提炼 / 110

2.6 大暑(HRD的效率小妙招) / 114

2.6.1 才华定不辜负 / 114

2.6.2 工作中的超级记忆术 / 115

2.6.3 重度会议厌倦症 / 118

2.6.4 半夜的惊魂电话 / 120

2.6.5 挤一挤总是有的 / 121

2.7 案例分享：我们的爱不随意 / 123

第3季 秋季

3.1 立秋(成为终生学习者) / 130

3.1.1 学习必须在工作中 / 130

3.1.2 学习，从提问开始 / 131

3.1.3 致某小孩 / 133

3.2 处暑(培训师的核心能力) / 134

3.2.1 培训界的“林奕华” / 134

3.2.2 人人都是培训经理 / 136

3.2.3 从0分到30分 / 137

3.2.4 你说A，我说F / 139

3.2.5 论语与八卦 / 140

3.2.6 培训术之金字塔原理 / 142

3.3 白露(建立学习型企业) / 143

3.3.1 烧脑的年度培训计划 / 143

3.3.2 培训总监之“死” / 145

3.3.3 我的困惑 / 147

3.3.4 他挂在树上下不来 / 148

3.3.5 迷人的花束 / 151

3.4 秋分(培训的用户体验及结果转化) / 152

3.4.1 培训工作程序与方法 / 152

3.4.2 培训的用户是谁 / 153

3.4.3 培训的执行与商业结果转化 / 155

3.5 寒露(培训课程设计技巧) / 157

3.5.1 培训之企业的实际情况 / 157

3.5.2 培训的核心是解决问题 / 158

3.5.3 华丽袍子的背面 / 161

3.6 霜降(培训技巧) / 162

3.6.1 为了避免明天的挑战吞噬我们 / 162

3.6.2 微课堂 / 165

3.6.3 你应该和马东一样 / 166

3.7 案例分享 / 169

3.7.1 难道说，我的理想，就是这样度过一生 / 169

3.7.2 为什么我比你们厉害 / 172

3.7.3 给自己几个外接移动硬盘 / 173

3.7.4 先“声”夺人——声音表情实战演练 / 174

第4季　冬季

4.1　立冬(应对变化及复杂关系)　/　180
4.1.1　不一样的烟火　/　180
4.1.2　董小姐　/　181
4.1.3　亲密关系引发祸端　/　183
4.1.4　白富美的反击　/　185
4.1.5　与A君的最后对决　/　187
4.1.6　这个女人来自地球　/　189
4.2　小雪(人力资源管理的本质)　/　190
4.2.1　HRD的最强大脑　/　191
4.2.2　爱我还是爱大白　/　193
4.2.3　谁是江湖大佬　/　194
4.2.4　HRD的富裕　/　195
4.3　大雪(突发情况的处理)　/　197
4.3.1　被邮件闪瞎的周一　/　197
4.3.2　一则人事通告　/　198
4.3.3　爱他，就给他所想　/　201
4.4　冬至(HR的情怀)　/　203
4.4.1　冬至将至　/　203
4.4.2　青春二三事　/　204
4.4.3　有所坚持　/　206
4.4.4　正能量姐　/　207
4.5　小寒(不得不说的管理遗憾)　/　209
4.5.1　HRD的淡淡忧伤　/　209
4.5.2　过眼云烟　/　211
4.5.3　奇葩说之欠薪　/　212
4.5.4　你可以保持缄默　/　214
4.6　大寒(高管的管理)　/　216
4.6.1　年终奖的故事　/　216

4.6.2 暗“贱”伤人 / 220
4.6.3 辞退高管 / 222
4.7 案例分享 / 224
4.7.1 我就想知道人力资源总监都做哪些事 / 224
4.7.2 我还是想知道人力资源总监都做些啥 / 226
4.7.3 别人家员工为啥不离职 / 227
4.7.4 标准化不是童话是神话 / 229
4.7.5 最简单的，最有效 / 231
4.7.6 关于工作氛围如何改善 / 232

后记 / 235

第1季　春季

HR新感情

40年前，人类只有图灵机；5年前，人类拥有20亿台计算机；现在，人类有了60亿台计算机。过去5年的发展超过之前的35年，我们的生活已被机器欢乐地颠覆，我们的工作呢？新浪潮袭来，身在其中的我们，除了要学会“游泳”和“冲浪”，还能做什么？我经常会问自己一个问题：HR的价值在哪里？我的目标是什么？每个阶段，答案都不一样。

当我还是新人时，聚会时同学问我的工作内容是什么，我都答：居委会大妈，扯皮的，拌嘴的，平衡的，协调的，多是这些活；三五年后，同学又问我，我答：人口贩子，东家贩人，卖与西家，在全中国找到那个最合适的人；10年后，再问我，我笑而不答。管理是门科学也是门艺术，我很想回答，我在做艺术家的活，看花不是花，是宠辱不惊；看云不是云，是去留无意。但如果我真这样回答了，同学该说：你要吃药了。在我的内心深处，我觉得，我就是艺术家。Maybe，想成为HR界的艺术家。

艺术是什么？辞海说，艺术是人类以感情和想象作为特性的把握世界的方式，是借助物质与工具，运用审美和技巧，进行充满激情和活力的创造性劳动。通过辞海这么一解读，我们HR真是搞艺术的了，每一天无不进行着激情的创造性劳动。

当我把自己看作艺术家时，我学会了甄别人力资源管理工具的有效性和时效性。比如无小组讨论，当年一片叫好声，老大说，我们也要与时俱进，要在招聘中用。我悠悠地说，如果在拍摄《赢在职场》，那我们不妨用用，否则想要了解一个人的个性和领导风格，还是从真实的相处中找答案吧。

当e-hr软件登陆中国时，我又坚持要上系统工具，人力资源信息化的建设，能提高工作效率，能让沉默的组织数据说话，任何一个时间断面上的数据是无法分析的，而这个管理工具能累积数据。

观看过一场网游里的比武大赛，记忆犹新。GM装扮得像上帝一样，披着长袍，顶着光环，跑来跑去。第一场，清点选手啊，确定观众啊，就拖了一个多小时，然后，GM在屏幕上打出红字：比赛马上开始。一阵烟花，两组人混战，放水的放水，放火的放火，用土砸的用土砸，赛台上一片姹紫嫣红，甚是好看。一不留神，GM被误伤了。人群还没反应过来，有人喊话：GM被打死啦！这时，我实在忍不住狂笑。技术是好事，但炫技不是好事，一个不留神就杀死GM了。

50年前美国的桑塔格描述了一种“新感情”。“新感情”是内容少得多、道德结论冷静得多的各种艺术形态，这种感情远非超然冷漠和空洞无物，有更丰富的象征。

新的一年，我的“新感情”是脚踏实地又充满理想——面对现实，才有机会实现理想；独立思考又身体力行——一路向前，才会遇到绿灯。2016年你的“新感情”又是什么呢？

1.1 立春(年度人力资源规划篇)

对于大多数人而言，春是温暖，是鸟语花香；是生长，是耕耘播种。对于我而言，要立春了，则表示“立春雨水到，早起晚睡觉”，我又要开始熬夜、晚睡觉，通宵加班做人力资源年终规划了。当然，加班之后，是7个说不起就不起的早晨，7个说不睡就不睡的深夜，和7个说不出门就不出门的春节长假。

我们经常在公司听到的抱怨是这样的：你们HR连业务基本知识都不懂，怎么来帮我们，你们HR就是收资料的；你们总是关起门做各种制度方案，然后挂在墙上，时间久了，就掉在地上；你们是算钱发工资的，你们是招人的，但总招不到人。其实，他们说的真没有错，我们就是那个办社保、发钱、扣钱、招人、辞退人、做各种文件、关起门自娱自乐的人。但我现在不是，那么我是怎么走出这个初级HR的怪圈，做好真正的人力资源管理呢？很简单，5个步骤就够。

1.1.1 5个步骤做好真正的人力资源规划

第一步，“学外语”

这里的“学外语”不是指学英语，也不是学法语，是学业务的语言。比如建筑行业，业务人员总提到的“四大员”是啥；销售行业，他们说的“地推”是啥，SKU是啥。如果你不懂别人在说啥，你和他的沟通就进行不下去，现在网络如此发达，知乎、百度、果壳，都是我们去学业务语言的好去处。另一个简便的方法，就是买一本行业相关的书，一周看完，专业词汇就能懂七八分了。

第二步，开会

虽然我一直不喜欢开会，但你接触一个行业的初期，一定要抓住各种开会的机会。周例会、月例会都是很好的学习业务的机会，遇到没听懂的，会下找相关的同事请教，你周围的人都是你信息的来源。

第三步，懂业务流程

无论你的企业属于什么领域、什么行业、什么层级，都可以用画图找到它们的规律，只需4个环节，就能瞄准和阐释任何商业问题的核心：观看—观察—想象—展示，只要会画圆圈、方块、箭头、小人即可。其实这本书讲的就是逻辑辩证。我的经验是，当我遇到业务上的问题时，我会拿出纸和笔，用圆圈、方块、箭头画出业务流程，小人我都省了，遇到我画不下去的，我就去咨询业务人员，等我的图清晰表达出来，往往问题的症结也就浮出水面。

第四步，了解业务目标

我在关于招聘的课中也讲到了，招聘工作为什么总是在救火，是因为我们自己站得不高，看得不远，对业务目标提不出建议。同样，人力资源工作一定是和公司的战略目标息息相关的。

第五步，对业务目标进行人力资源的配套设计

很多HR朋友对解决方案的实质始终参悟不透，是洋洋洒洒写个方案出来吗？大家有没有注意到，很多提问的朋友直接在群里问：谁有某某方案吗？

我们在校园的教育历时15～16年，专科15年，本科16年，你要继续读，时间更长；而我们的工作经历，才三五年，所以，大家习惯用校园的解题思路去解决工作中的问题。在学校学习不就是这样吗？遇到问题了，一定会有标准答案、解题步骤，这就是他们的方案。百度上也有很多啊，大多数人做方案，是不是先百度一下，再修修补补，还有的人直接把公司名称全部替换，就变成自己公司的方案了。

下面我们来讲个故事，你就会懂解决方案到底是什么。

最近A公司销售业绩很不好，连续几个月业绩低迷，于是呢，人心涣散，有七八个员工提出了离职。这个时候，销售总监杜总来找小明，对小明说："你赶快招人呀。"

小明这个人呢，善于与人沟通，于是他就和杜总聊起天来。他说："杜总啊，您说业绩不好是大环境的影响，那据您所知，新东方、学而思这几个月业绩好不好呢？"杜总说："奇怪，他们的业绩倒没受大环境影响。"

小明接着和杜总聊，于是呢，他们发现，业绩不好的根本原因是：公司与员工的沟通不够，员工觉得压力大，公司只会逼业绩；公司对员工发展的关注也不够，离职的人员好多是做了半年，觉得在公司没有发展；另

外，公司对员工的激励不够，公司的提成不到其他公司的一半。

得出这些结论之后，小明提出了一套解决方案。第一，加强与员工的沟通；第二，主动去关注员工的职业发展，在部门内实行轮岗；第三，加强物质和非物质的激励，激发团队活力，小明配合销售总监杜总进行情景式的培训学习。

这个解决方案实施了两个月后，销售部员工的士气明显得到提升，离职率大大降低，业绩也逐步上升了。

通过这次经历，小明发现，解决方案原来就是从现状描述到根源分析，再到解决方案设计与实施的过程，原来并不仅仅是几张纸。

让我们根据小明的案例，总结一下，解决方案是什么呢？

解决方案就是为了解决问题而提供的方案。首先要问为什么，导致问题的根本原因是什么，然后是怎么去做、做什么。

HR在其中不仅仅要针对业务部门提出的诉求做出回应，还要更全面、更准确地找到业务部门的痛点，而这个痛点，他们自己往往并没有意识到。另外，HR提出的解决方案，还需要因地制宜。因地制宜是什么意思呢？就是要更适合企业的发展阶段，比如对初创企业而言更多地需要有关基础工作的方案。

在解决方案中，用数据和案例说话才有说服力。

有了数据和案例，就有了话语权，就有了说服力，就有了竞争力，数据及数据背后的逻辑思维能够支持决策。

哪些问题可以用数据解决呢？具体包括：公司的薪酬水平与行业的对比，人员离职原因分布，人员结构分析，不同部门与层级的人员变动情况分析，员工薪酬增长趋势分析，不同层级的人员年度培训小时数，等等。对比这些数据，你能看出问题所在，并找到解决方案，做出合理的人力资源管理决策。

一个具体的解决方案由下列因素组成。

第一，要解决什么问题：包括分析业务部门提出的诉求是什么，在这个诉求的背后，真正的痛点是什么。

第二，分析根本原因：引发这些问题的根本原因是什么，我们要解决的核心问题是什么。

第三，方案的设计：包括政策、流程、活动、实施、工具模板。任何方案都要考虑实际情况，没有最好的，只有最合适的。好方案一定是针对业务场景的设计。

如果你的方案里有具体的实施措施，那就能打80分；如果你加上了实施中需用到的工具，比如各种表格，那能打90分。现在回头看看，你通过百度搜到的方案，大多这两项是缺失的，因此只能打70分。你完全可以做出更好的方案。

第四，对解决方案实施结果的评估：一件事做了，是要追溯的，就跟放箭一样，你只管射出去，是不对的，你要看看中了几环，中几环是好的，中几环是不理想的。也就是如何衡量实施的结果，设计定量的评估标准。

在解决问题、引导员工分析方面，最好用的一句话是：你觉得这个问题是由什么引起的呢？

1.1.2　年度人力资源规划的沙盘演练

沙盘，顾名思义可以看作一种容器，在它里面所做的一切都可以推倒重来，军事上常用沙盘来进行一些战争区域的地形模拟，这个你见过吧？不用了可以把沙子推平重来。

年度规划这个沙盘咱们怎么玩呢？我个人最喜欢的是“两横几竖”。

第一“横”：每个月必须做的基础工作，常规性工作，工资、社保、考勤、试用期考核、劳动合同续签、档案管理。做到这一“横”，老板给你80分，但你和其他人并没有区别，很容易被取代。

第二“横”：每个月或季度的重点工作，比如11月公司会开始要求做各部门预算；12月目标责任状要签订了，年度绩效考核要开展了；1月干部考核和调整要准备了；3月任职资格要更新了；4月校园招聘要准备了；5月年度薪酬调查要开始了；6月半年度调薪要实施了。做到第二“横”，老板会给你85～90分，你已经不错了，是个专业人才，有一定的竞争力。

那几“竖”：就是你比其他人更厉害的地方，并非单一模块性的工作，更考量你的整合能力，以及致力于辅助公司运营的能力，和内外部环境结合得更密切。

比如你新加入一家公司，埋头做横向的工作，没有给老板惊喜；埋头做竖向的工作，基础往往又不牢固，一个失误就会害死你。所以这两者要结合起来做，“横”是一定要做的，“竖”要看公司情况和个人精力，有选择性地做。

我们总结一下，年度人力资源规划就是画出下一年人力资源工作的全景图，就跟你打开百度或高德地图开车一样，有了GPS给你领路，就会更安全、更高效。

1.1.3 年度人才盘点

年终，大多数单位都会进行固定资产盘点，但会不会盘点人呢？大多数都不会吧。所以，我们人力资源就不能用专业的方式来展示我们的专业性，老板只会把我们当打杂的。下面就讲讲，到了年终咱们怎么盘点人。

下面举例说明人力资源部的人才盘点汇报工作如何开展。

2015年，我部门编制10人，在岗10人。其中，工龄三年的1人，1年的6人，半年的3人。目前的架构：HRBP组4人，招聘组2人，人事事务组(工资、绩效、社保)2人，人事经理1人，人事总监1人，培训组4人(同时兼BP)。

从今年一年的工作开展情况来看，HRBP组表现最突出，部门投诉从去年的3起到今年的0起，因此仍沿用此架构。同时观察培训BP组在培训上的专业度。其中，我想重点培训A，A的情况是这样的，有本科学历，在公司工作1年，稳定性比较好，据平时了解，他对我们公司及部门的管理是很满意的，希望在公司好好发展，他个人的职业规划是人力资源经理，所以，在明年计划将他调入人事事务组，了解薪酬绩效的核算，为以后全面发展做准备。另外，招聘组的B毕业半年，协助招聘组长做简历筛选及面试安排，他细致耐心，安排上从来没出错，提高了面试效率。在入职签批方面，他积极主动，涉及给分公司老总签批的，都马上发邮件确认，并电话跟进。明年，准备调他到BP组，学习跟业务部门打交道。其他人的稳定性都不错，另外C明年5月预产期，我准备让A过年后就配合她的工作，以免临时人员调配造成不便。我的经理通过这一年的配合，其整合能力和工作调配能力是很不错的，需要加强的是绩效管理，从今天给他的三个项目的执行情况来看，完成得很不错，明年会继续给他绩效方面的项目，将他作为我的副手培养，而将AB两人作为经理后续人才培养。最后，新入职的D，热情很高，经常加班，大家也看到他的表现了，事务性工作做得非常踏实，改善了员工欢迎牌不及时等我们部门存在的问题，对于他的表现我会继续观察，适当给予重要工作，作为高潜力员工培养。

人才分布表，如表1-1所示。

表1-1　人才分布表

		绩效		
		优秀	达标	有所贡献
管理潜能	高	当前具备升迁到更高管理层级的能力	将来有能力晋升，但首先应该在目前的岗位上做得更加出色	在新的工作岗位上还没有表现出应有的绩效水平，但具备较高潜能
	中	有能力在目前的管理层级承担更高、更广泛的工作职责，比如从普通经理到大区经理	有可能在目前的层级承担更多的职责，但是应该努力达到优秀的绩效	某些工作方面表现良好，但其他方面表现不佳，应该努力提升当前层次的绩效水平
	低	有能力在同一层次的相似工作岗位上高效地工作，工作老练	需要向更优秀的绩效(第三格)努力	在自愿、稳妥和有能力的基础上，必须帮助其绩效达标，否则需重新安排一个更适合的岗位或者帮助其寻找其他工作机会

1.2　雨水(有效招聘篇)

东风既解冻，则散而为雨矣。雨水节后“鸿雁来”“草木萌动”，年前忙完年终奖，来年即忙招聘了。

1.2.1　小A历险记——校招

HR小A，昨天蹬着高跟鞋参加校招了。

“我们读书的时候都参加过校招，这次可不一样，是我面人咯。”小A

心里暗爽。

回想她当年参加校招，身着职业装的姐姐在台中央，慷慨激昂，她说："No Stop！年轻的××，更欢迎年轻的你！我们漂洋过海，只为与你邂逅在这里！"

小A当场被电晕：原来漂洋过海，只是为了我呀。于是速速线上填简历报名。

官网上的职位说明是这样的：

(1) 执行母公司的相关制度和管理，拟定适合本公司及下属子公司的人力资源规划。

(2) 全权统筹子公司的人力资源招聘、绩效、薪酬、员工关系板块管控，配合母公司进行人才培养、培训。

(3) 持续改进工作流程，完善各种制度和方案、流程。

任职资格：

(1) 本科及以上学历，综合能力强，心态强大，强势有气场，形象气质佳。

小A：这不就是在说我吗？我是宣传部委员，学生会副会长，四年大学生涯，组织了不下10次大型活动，综合能力绝对强！心态强大？是说我不易被小恩小惠蒙蔽吗？从来不赴小男生的约会，姐志存高远。强势有气场？我的母上一直这么夸我呢。形象气质佳？当然，小A，是不折不扣的小美女，美到没朋友。

(2) 心态积极正面，能应对复杂的人际关系问题，善于处理员工关系。

小A：本人心态可积极了，补考从来不哭，积极面对，和同学、辅导员关系都处得不错。

(3) 工作积极主动，团队意识佳，能承受较强的工作压力。

小A：想当年，同时修两个专业，我也挺过来了，抗压？No Problem！

入职三个月后，小A重新解读了职位说明：

(1) 执行母公司的相关制度和管理(一切行动听指挥)，拟定适合本公司及下属子公司的人力资源规划(所有提报的规划，并没有一个人愿意看……小A仍然任劳任怨地做，等有一天有人要的时候，甩到他脸上)；

(2) 全权统筹子公司的人力资源招聘、绩效、薪酬、员工关系板块管控，配合母公司进行人才培养、培训。

小A：除了招聘，其他全没有。哦，员工关系是有的，业务部的李姐和财务部的张姐为10块钱的提成吵架，小A甩出20块：姐们，别吵了。

(3) 持续改进工作流程，完善各种制度和方案、流程。

小A：头儿总说工作流程太复杂，小A用绘画天赋给他做了极致简约的流程图，头儿又说，每个人入职，还是要通过我。这流程不又回到从前了？既然要通过您老人家，您下面的4个“老总”，当然不能越过。

任职资格：

(1) 本科及以上学历，综合能力强，心态强大，强势有气场，形象气质佳。

小A：气场一定要强，不强谁都指挥你打杂；综合能力也一定要强，因为，你就是在打杂！

(2) 心态积极正面，能应对复杂的人际关系问题，善于处理员工关系。

小A：4老板说这个事这样办；3老板说那样；2老板说，你看着办；最后到大老板，大老板说，小A，你办的啥事，你要我怎么签，让他们统一意见再来找我！这关系复杂的……

(3) 工作积极主动，团队意识佳，能承受较强的工作压力。

小A：连续一周陪同事们加班到晚上10点，嗨！原来这就是团队意识和抗压能力。

今天，小A，也人模人样地去校招了，看着小伙伴们崇拜、渴望的眼神，小A心里想：进来，进来，你就知道了，从此开启少年Pi的奇幻之旅吧。

1.2.2 招聘是件性感的事

大多数人入行HR都是从招人开始的，专职做招聘的人总觉得自己不如做综合人事工作的人，我身边有很多人都有这样的困扰。

我分析他们觉得自己不如人的理由有如下几个：

(1) 工作内容没涉及薪酬、绩效、社保、福利，以后的职业发展还是只能做招聘。

(2) 面人无数，已无感，招人跟买卖似的，不断地讨价还价。

(3) 招聘是个体力活，校招、现场招聘会、街头贴“牛皮癣”，哪样不是考验体力？做招聘的就没有一个胖子。其他HR岗位的工作内容，不是坐在办公室里敲敲电脑，就是光鲜亮丽地做培训，指点江山。

(4)、(5)、(6)、(7)、(8)条请各位自行补齐。

我刚入行是做薪酬绩效的，大概是因为我算账算得好呗，这个大家都知道了吧。一直以来，我觉得招聘是个高大上的活，问问题是多么有技巧，看人是多么准确。等我的工作也涉及招聘，才发现招聘绝不止会说话、会看人这么简单，招聘是件性感的事。

第一：和各种行业精英擦肩而过，你引导得当，能收获到一堂顶尖课。

第二：练习发问的技巧，你的提问可以是一座完美的金字塔。在你的金字塔中，问题之间可以是纵向的、层层递进的，也可以是横向的、多个角度出发的。当你掌握了提问的技巧，你会发现，你有做侦探的潜质了。

第三：利用工作之便，收集到不同个性人士样本，你的人生阅历远远比他人丰富。你看过面试抖脚的，也见识过不愿意做面试题拂袖而去的，高矮胖瘦自不在话下，某天，你还会发现你面试过的前台，站在相亲节目上。

第四：你成了信息园地，薪酬经理会借鉴你的薪酬指标库，你面试过不同地区、不同企业性质的同种岗位员工无数，你的一手信息源比各大网站还有效。你会在企业的薪酬调整中成为顾问型人物。

第五：你会发现，你抢了总经理的饭碗。据统计，成功领袖70%的时间用在招人上，其中一半的时间用在挖掘人才上。各大CEO到竞争对手门口抢人的故事，你一定有所耳闻，21世纪要打人才战的说法，你也心知肚明。“别人站在让‘猪’起飞的风口，你早就先人一步站在风里头。”

第六：人，对带他入门的第一人，都会心存感激和信任。你会发现，员工有问题，喜欢找你咨询，你的QQ好友也是HR部门中最多的一位。甚至他们离职，也要先问过你的意见，你比任何人都先知道员工的心理动态，要知道，这个世界，抢先一步有多重要。

第七：这是最后一条，还有很多写不完，但我规定自己写任何东西，不超过七条。最后一个性感之处在于——你可能会偶遇你的另一半，你接触的适龄对象比其他人多无数倍，这还不够吸引人吗？

回到文首，你觉得自己不如人的地方还在吗？通过不断地和行业高手交流，你掌握了最先进的管理方法、薪酬结构、福利政策，你甚至都做了总经理的分内事。你与员工建立了信任关系，如果做员工关系你也是一把好手。招聘，比其他任何板块的综合度都高，一个好的招聘经理，转岗到劳动关系岗、薪酬岗、培训岗等都不在话下。在实现对行业、岗位的透彻领悟后，做到业务负责人也没有问题。

任何一个岗位，研究透彻，领悟到精髓，触类旁通，都是很有发展前途的。

1.2.3 面试时我们脑中的问号

古时候是没有标点的。到了汉朝才出现“句读”，宋朝有了“逗号”。“问号”，是新中国成立后才出现(参见《古代标点符号发展史论纲》)的。古时候的问号用疑问词来表达，比如我们熟知的“然”“矣”“乎”等。

在我的脑子里，最多的就是“问号”和“惊叹号”。问号让我永葆青春，永远是好奇宝宝。最妙的是，不论我的教育背景如何，时不时冒出的关键问题，让我的推理分析能力提高了。在此高呼，本人学历并不高，但能力很强。学历不高的朋友们，看到我！自信点！

“惊叹号”让我充满正能量，改天说。今天我们专门谈谈面试时的“问号”。

1. 招聘甄选的方法

招聘甄选的方法有面试、笔试、测评、角色扮演、公文筐等，我最喜欢面试，面试时最喜欢用行为面试法。

2. 行为面试法

行为面试法，我将其评价为“从过去预测未来(确实是有这本书的，我强烈推荐)”。简单地说，我不知道候选人未来能给我们带来什么，但我能通过他过去干过什么，来推测他将来能做成什么。这是不是很有趣？

所以，HR爱希区柯克是对的，我的同行邹老师就最爱他，我最爱阿加莎和东野圭吾。

3. 设计面试题的STAR原则

STAR原则即候选人以前碰到的情形S(Situation)和任务T(Task)； 他是怎么做的呢(行动Action)？； 他做了以后，结果怎么样呢(Result)？是不是很简

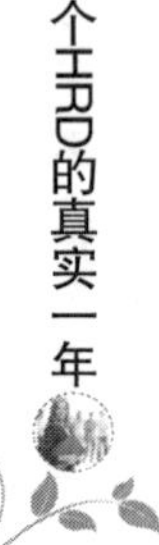

单？在实际操作中，按STAR原则设计问题即可。

4. 面试时开门见山

个人觉得讲述工作经历是浪费彼此时间的面试方法，我从来不问“请你介绍下你自己”。我直接从“给我讲讲你觉得最有趣的工作经历”开始问起。也可请他讲讲有难度的或记忆深刻的工作经历，具体要看你面试什么岗位，如果候选人经历不够丰富，可以从有趣开始问，以免吓到他；对于从业经验很丰富的，从难度开始问，一开始就吓吓他。

5. 面试题要有维度

面试题要有维度，要从多角度考察候选人。人资的面试不强调候选人技能，因为我们也不够懂啊，我们强调简历的真实性以及与公司文化的匹配度。

比如你们公司需要主动、独立的人，不妨问“你认为你所在的公司有哪些规章制度需要改变，你为此做过什么”或者“作为部门领导，你如何促进部门的绩效改进”。

如果你们公司注重执行力，可以问“当你发现工作中需要改变，你会怎么做，有没有这样的例子，为什么会这样做”。这句话不是一次问出的哦，要根据候选人的回答，步步深入。考察执行力还可以问“当你很忙，但还有更重要的工作需要你做，你将如何保证每件事都顺利完成”。

6. 常规性问题的日常收集

比如你们公司需要经常加班，可以问候选人对加班的看法，正如建立婚恋关系前明确双方的生育观，免得好不容易走到一起后，发现一个是丁克主义，一个不是。

7. 必问问题巧妙问

离职原因是一定要问的，但“面霸”都知道怎么回答，比如他们说为了发展啊，为了和爱人团聚啊，其实呢？其实，70%的离职都是对上级不满，可候选人都不敢真实回答。这个“不满”有可能是上级的原因，也有可能是候选人的原因。

比如可以问“你所在公司的目标是什么？你怎么理解？为达成这个目标你做了什么”等。这是个好的诱饵，能听出候选人是否因为与前东家目标不一致而分手。

面试问题库当然不止包括这些内容，下面我们继续。

1.2.4 简历会说话

有一天，一个叫陈老实的姑娘给我发来邮件，她问的问题可不老实：她说她不知道自己需要完善哪些技能或能力，才能实现远大的抱负。我问她远大的抱负是什么？她说，要像我一样。

隔不久，一个叫小夏的姑娘问了同样的问题，我傻傻地把她们当成一个人。为什么我会把小夏当成小陈呢？我深深地陷入思考中：因为她们同样年轻？因为她们同样爱笑？因为她们的远大抱负都是像我一样？

这个事是我错了，年老记忆力衰，没啥说的，但我想到，年轻的姑娘，你们完全可以不要像我，你们有自己的独特标签。

有的人就是"一招鲜"走江湖，也混得不错，你们可以找到自己的那一招；有的人是"招招鲜"，也在江湖上混得风生水起，你们同样可以训练自己多会几招。但不论一招还是多招，想让人记住你，一定要有你自己的样子。

公司要招人事主管，硬件要求：同岗位工作经验2年，这样筛选简历，你猜能搜出多少？一周内的新简历50份。你的简历如何才能与其他49个人不一样？

如果你的简历是这样写的：

(1) 负责人事工作制度的制定与完善；

(2) 负责人员招聘；

(3) 负责人员培训；

(4) 负责人员日常管理和考核；

(5) 负责工资审核；

(6) 负责人员提升和晋级的考察；

(7) 负责不合格人员的辞退。

你猜我会不会约你面试呢？基本不会。这样的文字，和招聘需求单位写的招聘简章没有两样，我会认为你并不懂人事管理，只是东抄抄西抄抄拼出来一份简历。

如果你这样写呢？

1. 负责人事工作制度的制定与完善

工作业绩：通过座谈、调研，了解公司现状，结合行业特点，短期内制定出一系列人事工作制度，在推行过程中，因实用、有效，获上下级好评。

2. 负责人员招聘

工作业绩：曾在一周内招聘到10名基层员工，1名中层管理干部；月度及年度招聘达成率为98%以上。

3. 负责人员培训

工作业绩：通过培训需求调查，整合公司及员工的培训需求，制订科学的培训计划并实施，保证年度培训参与人员500人次。其中业务类培训占60%，管理类培训占20%，企业文化类培训占20%。独立开发的管理类、企业文化类培训课课后评估达到90分以上，业务类培训形成手册，形成公司的无形资产。

4. 负责人员日常管理和考核

工作业绩：通过各种形式的沟通，及时了解员工心态，在考核执行中，得到员工配合，考核完成率为100%；通过分析考核数据，对员工表现提出自己的考核结果，供部门负责人在管理中运用。

5. 负责工资审核

工作业绩：本人个性严谨，能熟练使用办公软件，在工资审核中无一例失误，无一例员工投诉。

6. 负责人员提升和晋级的考察

工作业绩：通过各种培训和员工活动，如内部晋升活动、人员梯队建设活动，对员工的能力进行评估，并设计晋级方案。在一年内，内部晋级达到30%，为公司节省了外聘等人工费用若干，同时增强了员工活力，员工离职率从15%下降到8%左右。

7. 负责不合格人员的辞退

工作业绩：熟悉当地劳动法规、政策，并具备一定的谈判技巧，在员工辞退工作中有理有据，无一例劳动纠纷。

我一定会约见提供如上简历的人来面谈，我对她列举的事例非常有兴趣，从文字中我能看出，她严谨、条理性强、实战经验丰富，这就是标签。

以上只是举例，仅供你们借鉴但不可照搬，你们一定有自己的故事，那么就在简历中写出来，打动自己，打动面试官。变得像我一样，没啥厉害的，我一直在说，等你们像我这么老，你们一定比我厉害，不信，我们赌赌看？

1.2.5 我在庙里捡了个总监

运营总监要离职了，我们平日感情很好，临行前与他举杯话别。他幽幽地说："7总，你待我不薄，今天跟你说个实话，我曾坐过牢，蒙你不弃，举荐我，此恩永不忘。"

听君一席话，顿时汗如雨下，这要是被总部审计出来，我背调不过关，只能以死谢罪了。幸好，他要离职了……

一年前，新来负责招聘的小朋友第一次去人力市场摆摊，我去关怀她，顺便去晒秋天的太阳。收摊后去附近的禅寺看宝塔。放生池前，小朋友问："您说摆摊有用吗？一上午没见几个人。"我指着放生池里的鲤鱼说："你说放生真能赎罪吗？不过求个心安，摆摊也一样，说不定就捡到人了。反正闲着也是闲着，顺便做做公司品牌宣传也是好的。"

这时，旁边一个打扫的人凑过来，拿出一个证件。我暗想：我没随手丢垃圾吧。这时他说："我是禅寺的居士，这是我的居士证。刚才无心听到你们的谈话，非常抱歉。"我和小朋友都有些错愕，这还是我们第一次见到居士。他接着说："冒昧地问一下，你们是在招聘吗？需要什么样的人？"

"居士您好，我们是一家集团公司，在招行政总厨，您有推荐的人选吗。"我礼貌地回答。我只是出于礼貌，绝不指望居士能推荐人。居士笑而不答，缓缓从怀中掏出高级厨师证，且是中西餐均有。我顿时两眼发光，在本地人才市场上，有这个证的人不多，且都被星级酒店收了。我们只是做中央厨房的，属于批量作业，高级厨师是不屑应聘的。于是，我们在放生池边，完成了面试和填表。

第二天我便出差了，在动车上接到总部人力中心的电话，因大老板有空，让我把积攒下来、悬而未面的候选人速送到总部，包括昨天发给他们的行政总厨。我随身正带着这份从庙里"捡"来的简历呢，准备到总部给大老板过目的。于是便赶忙通知居士，请他速购票，与我在总部会合。

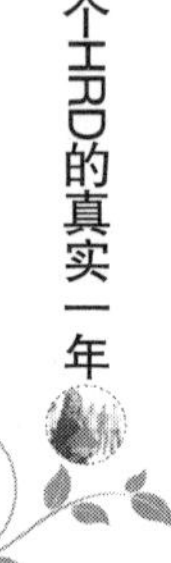

事后问居士，大老板面试都面了啥。居士说：“让我做鱼，我拒绝了，因为食材不够新鲜。后来，让我做毛式红烧肉，配好的料，我不用，我要自己切配，我说自己的刀工能让这个菜更出色。”

各地选送的选手中，我们拒绝做鱼的居士荣获第一，然后他就成了我们的运营总监，后厨几百人的统领。只是一年后，他离职时，告知我：他坐过牢。

一个大咖问“背景调查如何做”，估计是想要借提问让小辈长知识，不是真的问问题，但突然让我想起这段陈年往事。在这里也谢谢这位高人，他的文以及只言片语都能给我启发。

背景调查，有效性高不高？不高，我可以肯定地回答；要不要做？要做，我也可以肯定地回答。不做，就如当年的我，捡了个宝，也捡了个炸弹。

很久很久以前，有一个班长，带了头一天的营业款跑路了。一天的营业款不过万元，这点钱发不了财，也用不了多久。人事部的人员找到他家里，劝他还款，并承诺不报警。当时英资老牌公司的要求是直接接触营业款的人，要求做家访。我们都曾嫌此举麻烦，发生这次事故后，我们不这么想了。班长当年20出头，如果不是之前做过家访，如果不是第一时间找到他，他就会成为有案底的人。

背景调查中，对于大部分岗位，只要核实过往工作经历的真实性即可；对于重要岗位，做做家访、知根知底也是必要的。这里提及的岗位指重要岗位、核心岗位，不是所有岗位。特说明，怕看文的人误会。个个岗位都做背景调查，那不是人力资源部的职责，恐怕需要请求警察局帮忙了。

背景调查，重不重要，我肯定地回答：重要。

最后说句题外话，居士和我共事时，有次上班路上遇到，就这么闲聊着，一辆公交车冲上马路，迟钝的我被居士猛地拉到一边。

我在庙里捡了个总监，后来，他救了我一命。或许，缘分就在于此。

1.2.6　奇葩说之招聘

某天午饭时间，部门其他同事都去吃饭了，办公室就剩下我一个人。一个保洁大姐带了深山来的亲戚找工作。

我的办公室在一栋独楼的最里间，面试的人四十岁上下，高高大大的，少言寡语，简单交流了几句，说普通话他能听懂，他说自己能吃苦，又是男的，太合适了，我们这缺的就是有力气的男的。

简单地填了登记表之后，我问他："您身份证带了吗？"这个中年男人突然红着脸，解起裤腰带来，我噌地站起来，他站在门口，我要夺门而出，还必须撞开他，他这么高大，估计还撞不动呢。于是我转念去摸桌子上的手机。这时，中年男子从裤腰带里拿出身份证："俺姐让我随身带着哩。"我很想跟他说：以后，别当人面解裤带了。但鉴于我们是第一次见面，男女有别这个话我没好意思说出口。

招聘中，我最好的朋友是保安，你信不信？

有段时间公司搬家，要搬到荒野的园区。厂房扩建，需要一周内增加百余名工人，老板很紧张，一直问我准备怎么招到这百余名工人。搬家前，我去园区转了转，给保安们发了名片。保安的工作其实挺枯燥，有人和他们搭讪，还是女人，他们通常都会热情回应。除了名片，我还留下招聘简章。经验告诉我不出三天，我的电话就会被打爆。果然，头两天很安静，这是保安们发布消息期，第三天开始，我的电话给专人了，必须有专人接听、记录、通知面试时间。你都想不到保安人脉有多广，除了工人，技术员、品管各类人才均致电咨询。

我猜想，保安们在传递消息时会说："我认识某某大公司的人事老总，她们在招人，我帮你去打个招呼。"小道消息永远比正经渠道传播得迅速，而大多数求职者的心理，更喜欢通过熟人打招呼进去，他们觉得这比正经投简历更靠谱。

成功开发保安这个招聘渠道后，我又开始开发的哥这个渠道，还别说，同样有效！都是寂寞的人，现在有了个新话题："我认识某某大公司的人事老总，他公司在招人，我帮你去打个招呼。"

有一段时间在高档写字楼工作，公司把猎头的费用拿出一部分，让我们用猎头的方式招聘高端人才。很多个下午，我们微胖的招聘经理都在跟我抱怨："7总，今天都去楼下星巴克见了三个候选人了，咖啡真喝不下了，能换个人去吗？"因为是多年的同事，非常要好，我总揶揄她："喝咖啡减肥呢，你加油。"选咖啡馆招聘的好处是，费用不高，环境轻松，人容易说真话。就算候选人不选我们公司，看在一杯咖啡的情分上，也会

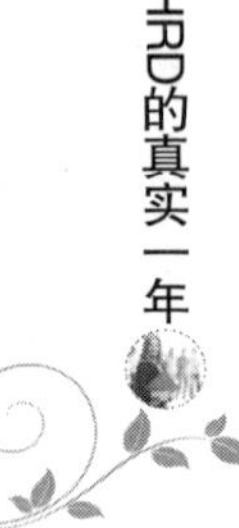

给我们推荐他的朋友，招聘的局面就打开了。

某天，轮到我去喝咖啡了，在预定面试时间前十分钟，候选人发来短信：堵车，会晚10分钟，见谅。这次是复试，如果条件谈妥，会为公司挖到一名大将，所以我很耐心地等着。面试时间过了10分钟，候选人又打来电话：还堵，要晚半小时，可以吗。我回复：好的事务和人，永远值得等待。这场堵车一直堵到下班，候选人见我一直等着，他居然守信用地踱步一个多小时赴约。结果呢，当然是他愿意加入我们。这下轮到招聘经理笑我了，但凡候选人约好又不来，或迟迟找不到合适的人，她都用我的话回答我：好的事务和人，永远值得等待。

1.2.7　招聘减压计

招聘，我从不避讳，它是个体力活。我的诀窍有两个：一个是渠道，庙里都能捡到总监，可见渠道不拘一格，QQ群、论坛、小广告、豆瓣、旧同事、面试没通过的人、面试通过的人、行业友人等，你就把你自己当微商吧，无所不用其极，这是表扬，做微商的朋友不要介意。另一个是下苦力，一个总监要5个候选人，能约到5个必须通知15个，要找到15份合格简历，必须打50个电话，一个月要进10个人，就必须打到500个以上的有效电话，这就是我说的苦力。

省力气的方法有两种。

其一：你刚好在一个行业做了3～5年，你刚好认识一群这样的人，你刚好和其中几个说了你需要人，刚好其中一个给你介绍了一个，那一个又给你介绍了一批。这样的好事我遇到过几次，有中大奖的感觉，会连吃一周大餐，表扬自己。

其二：另外，听说某老总亲自当专车司机，就在他要的人所在的区域接单，接到客就开聊自己的公司，据说这样也成事了，我觉得挺好的，只可惜我不会开车。我在考虑要不要派人到我要的人的区域送外卖，积攒一堆候选人点单时留的电话。

招聘压力大？77送几招减压。

其一：找朋友聊天，在舒缓压力的同时，或许别人就帮你推荐到人了。聊完天，你记得一定要说：你有其他接触过这类人的朋友的联系方式吗？能给我推荐几个吗？根据六度分割理论可推测，你能通过6个人，找到全地球范围内你要找到的人。这个我试过，朋友要找捷克音乐人，好像只通过3个人就找到了。

其二：我招前端开发工程师招了好几天，到招聘网站上的简历全被点灰，百无聊赖之际，点开几个网页，有做得不错的，再辗转问有没有认识对方公司的人，结果还真找到一个。然后，就不方便说了。实在压力大，这么做好像也不受道德谴责，我只是把自己当成了猎头。

1.3 惊蛰(面之有术)

“春雷响，万物长。”惊蛰时节气温回升，在面试这个亘古永流传的问题上，我，也是见过“惊雷”的！

1.3.1 “相亲”进行时

今天能像模像样地和各类总监候选人侃侃而谈的我，也曾有过面试切菜小工的经历。

有个至今被我当谈资的故事，当我还在餐饮业时，面试官中有一位职位颇高的、从北京总部特派来的老者，对其中一名女性小工的手摸个不停，当时我心中无比澎湃：这是家什么公司，如此变态！

这时，剧情反转了，老者说了一句话：“手上有茧啊，是做过两年切菜的。”

原来，面试不止动眼、动脑、动嘴，还可以动手。

这次面试的是集团财务总监候选人，CEO想有更大的审批权限，董事会不愿意给，离职而去的财务总监夹在中间很为难，所以新财务总监的人选在我理想中应是个专业能力很强、沟通能力很强、可以用专业去说服CEO的人，否则仍然要做“汉堡人”，呆不了多久又会离去。

为什么不是说服董事会？并非因为CEO都是董事会任命的，我要抱更粗的大腿，而是CEO本身是职业人，他不懂人情，却会在道理前让步，董事会成员都是有钱人，有钱就是任性，说服比较难。

这次面试共有三个候选人，一位来自猎头推荐，一位来自公司内部推荐，一位是我们主动搜索的简历。猎头推荐的人选对薪资要求高于我们对岗位的定位，但如果面试时确实出彩，亦有机会；内部推荐的学历差些，但胜在可靠度有保障；我们搜的那位，学历不是最高的，薪资要求也不是最高的，从简历上看不出优势。

面试之前我们已经请三位候选人做了上市公司账务处理的案例题，从专业的角度来看都无问题。面试官的组成：我，人力资源总监，主要考核候选人的气质与公司文化是否合适；公司财务顾问，主要考核专业能力；CEO，综合评判。

面试前的分工：笔试成绩占20%；专业问题占60%，不超过6个问题，由财务顾问提问；综合素质类问题占20%，不超过4个问题，由我提问。面试到高层时，虽然专业问题占了80%，但其实走到这一步的人，专业能力都差不多，就拼最后的20%。简单地说，也就是人岗匹配度、人司匹配度。通俗地说，就是相亲时的两情相悦指数。所以说，好的HR一定会是好媒婆，我们的职业前景很广阔！

我提出的4个问题很简单：

(1) 介绍你自己，如果有你觉得特别值得跟我们分享的案例请举例说明。这个问题可以考察候选人工作的连贯性、真实性、表达逻辑性、对事务重要程度的判断、对自我的定位及判断等。

(2) 在你前面提到的某某案例中，你觉得你扮演的角色是什么？如果当时是另外一种情景，你会这样处理吗？这个问题可以考察候选人在团队中的角色、应变能力及适应环境的能力。

(3) 说一个你在工作中克服的困难，当时你是怎么做的。这个问题可以考察候选人对问题的判断和处理能力。

(4) 有什么问题是想向我了解的。这个问题可以了解候选人最关注的是什么，也许就是他的个人核心价值观。

猎头推荐的候选人A回答问题时有些高冷，我担心与狮子座的CEO相处不来；内部推荐的候选人B过于保守，遇到问题的处理方式是请示，不适合我们洋派的CEO；倒是我们自己搜寻的候选人C，虽其貌不扬，但有审计师背景，冷静客观的思维模式深得CEO的心，处理问题不走偏锋，虽中规中矩，却稳重可靠。

上面提及的案例其实并非面试的全部过程，面试的技巧更多地在面试之外，我也经历过失败——明明面试时过往业绩很不错的人，实际工作起来业绩就是不行；或者明明面试时口才很好的人，与上级沟通就是受阻；抑或明明在湖北区域很牛的人，去了湖南就整个人都不好了……

那段时间，各类面试宝典也看了不少，霍兰德职业测评、MBTI等测试也运用了，失败案例仍时有之，于是开始涉猎旁门左道——星座学、九型人格，甚至还学习了传说中曾老大撰写的《冰鉴》，最后的结论是：要想招聘到人岗匹配的人，相面或看星座是不靠谱的，最重要的是弄清楚"岗"的性质和要求。岗位描述大家手上都有，但岗位描述绝不是岗位说明书的全部，把岗位胜任能力弄明白，"望、闻、问、切"都是必需的。

"望"，也就是观察，光明正大地到群众中去观察亦可，偷偷摸摸从眼角眉梢领会亦可。

跨界开会是大好的"闻"的机会，看各部门之间争执什么，疑难未决是什么，老大反复强调什么，大多都能反映其部门核心岗的核心能力。比如业务会上区域总监反复强调某项目负责人难搞定，可以判断其下属业务人员的谈判能力是核心能力。

"问"不必多说，非正式的问最能问到要点，员工到你办公室倒苦水或你到其他部门去"串门"，都能通过只言片语了解各个岗位遇到的核心问题，并分析出解决问题需要的能力。

"切"是诊断，想要做个企业的好"医生"，需要经验的积累，也需要逻辑能力，我的入门导师是《麦肯锡方法》以及《思维的金字塔》，还有大学时蹭课的《逻辑学》。

切菜小工的核心能力就是拿刀能力。如果问面试者做过几年，面试者会为了争取到更好的待遇而说谎，因此看看握刀的手是不是个"练家子"更简单、粗暴、有效。推而广之，如果你"望、闻、问、切"了各个岗位，就不难发现核心能力是什么，面试提问要点是什么。

当我们把岗位描述弄清楚之后，还需要把招聘需求弄清楚。例如，老板招秘书，虽然岗位描述上都写着秘书，但我们需要清楚老板是需要一个听话的小跟班，还是需要一个能排时刻表的大管家，此时询问提出招聘需求的本人最可靠，即使他是老板，也不妨交心地问问。比如这次对财务总监的要求，除了有上市公司财务经验，能做投资项目尽职调查、统筹财务部工作、推动公司预决算制，还需要在董事会和CEO之间有所坚持、有所不坚持，这个“潜条件”岗位描述上永远不会写。

1.3.2　两情相悦指数

在《“相亲”进行时》中，我们聊了面试的故事，有位看过文章的朋友另辟蹊径，对文中提到的“两情相悦指数”产生了浓厚兴趣，刚好，我也是八卦之人，今天，就讲讲工作中“两情相悦”的故事。

根据我多年的观察，工作和恋爱一样，有一个运动曲线：从初恋的两情相悦，到热恋的电光石火，到蜜月期的如胶似漆，到纠结期的相看两厌、一地鸡毛、七年之痒，最终，大都会回归到平淡期的亲情或恩情。

我和某世界500强企业的“两情相悦”是从大学毕业求职开始的。在我刚毕业时，在经历了半年没收到复试通知、屡面屡败后，我开始转变求职思路：与其去迎合公司要求，不如平等地“谈恋爱”。

公司和人一样，有自己的历史，有自己的性格，经历过改变命运的事件。找到一份好工作和嫁对人一样，有可能是一刹那的心有戚戚焉，有可能是日久生情，那么，用谈恋爱的心态找工作会怎样？

设想一下，我会怎样恋爱？首先要了解自己吧，自己是个怎样的人，有哪些优缺点，想找个什么样的人？就像歌中唱的：不是他给的爱不够多，是我不知道要些什么。作为职场新鲜人，留在一家公司的理由不多，无非4点：有没有发展前途、有没有学习机会、有没有适合你的环境、有没有合适的薪酬。这4点也要根据自己的实际情况有个权重，我当时最看重的是学习机会，老牌大公司无疑是最好的选择，如果现在，就不会这么选了，当然，也没有如果。

知道要什么，就可以开始寻觅了，通过“婚介会”即各种求职网站也可，通过朋友介绍也可，自己去寻找也无不可，总之渠道多多益善。如果看中了，也不要轻易抛绣球，回到本文开始提到的，你得看看他适不适合你，逐步了解他的性格(上公司网站看看就知道了)。看一家公司的“性格”，就看它的经营宗旨。比如，经营宗旨是诚实正直、尊重他人，一看就是个稳健的公司，想创新的你看来不适合他；经营宗旨是精益求精，如果你不是个注重细节的人，他再好，你还是放手吧。总之，不要为他改变自己，因为自己的性格太难改了，何不以四两拨千斤之势去发挥你的优势呢？

如果最终挑中一家公司，就发封简单明了的“求爱信”，千万不要太复杂，记得留下最方便的联系方式和一个紧急联系方式，方便对方接招后“约会”呀。实际上，在我做了人事后，我发现我收到的求职信有30%都没留联系方式。

终于谈到“约会”了，对于诸如世界500强面试题的书，建议还是把它当做饭后消遣，其实我需要的只是语言得体、真实、站在对方的角度表述。比如问道：为什么想应聘这个职务。是喜欢就说喜欢，是想求发展就说求发展，不要揣摩对方的意图，也许你是想在这个职位上做两年再看有没有内部提升，又担心对方觉得你不稳定，偏偏表现得自己乐意从事这个职位，但这家公司向来就用空降兵，最后，你虽然找到了工作，却发现不是自己预期的，白白浪费双方的感情。总之，展现真实的你，双方判断合不合适。合适了，也就是“两情相悦”了，这还真没有技巧，只有机缘。

“两情相悦”的基础在于：你的个性，你的技能，你对未来的职位定义，你的价值观和你面试的公司大体无冲突。以上种种，我们能努力的，只有技能，其他都是我们与生俱来的或多年养成的特质。

如果我要做人事，基本技能是什么：听，说，读，写，算；最基本的职业习惯是什么：会抓重点，系统化思维，高效判断与执行，通感。这些都能通过练习去达成。

当然，单纯靠技巧也有找到高端爱人的，结婚后，委曲求全地迎合对方，长久下来，不是疯掉就是离掉；也有忍辱负重后长相守的，这个高度我达不到，在此就不说了。

现实生活中，一次恋爱就结婚的，还真不多，屡次相亲还没结果，也别气馁，只能说明缘分未到。那些因为某种原因，急于把自己嫁掉的，只

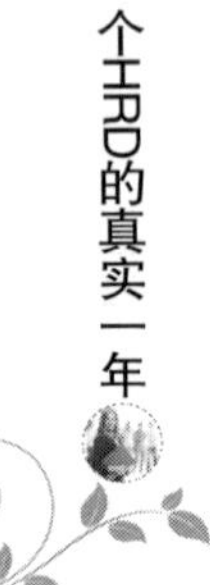

要不是等米下锅，就还是再坚持以上“恋爱法则”吧，总会有一个合适的“他”等在某处的。

那些在犹豫“离不离”的小伙伴们，看看自己和公司的“婚姻期”处在哪个阶段，回忆下最初选择它的理由是不是还在，是你变了，还是它变了。不妨去看看某热播的唱歌类节目，听听夺冠歌曲《情人》：是缘是情是童真，还是意外，有泪有罪有付出，还有忍耐。最后决定：是我心如水，你不必痴醉；还是多少崎岖不变爱。我想，你会如我一样Beyond。

最后说一句：“恋爱”时要睁大眼睛找；“结婚”了，就要睁只眼闭只眼了，你不是完美的，公司也是。

1.3.3　3年被炒7次

又到招聘季，也是求职季，接到大姨妈、二姨夫、朋友的朋友的朋友的咨询电话，问题种类繁多，诸如黑道、红道、黄道(从教、从政、从商)哪个好？地域、行业、企业哪个更重要？

我想起一个多年前的故事，美女小云，大专毕业，年轻貌美，吃苦耐劳，性格温顺，但就这么一个好姑娘，3年被炒鱿鱼7次。小姑娘举例：上午总经理安排发奖品、写报告，部门经理安排校稿，她拗不过部门经理去做校稿的活，到下班也没发奖品、写报告，于是被炒。当时的舆论是：小姑娘委屈了，不会说“不”，多个工作任务，自然干不完、干不好。而我的想法是，小姑娘不灵光，不会见招拆招，不会时间管理，不会在工作中练级刷经验。

下面讲一个培训课上的常见案例，讲师通常拿出个杯子和一堆石头、沙子，让学员将石头和沙子装进杯子。最后讲师会先放进大石头，再放进小石头，最后撒沙，于是全装进去了，然后告诉学员，这大石头啊，就是最重要的工作任务，要优先，否则让琐碎小事占了时间，大事无法完成啊。大多数学员都会赞叹：有道理啊有道理啊。

我也曾被这个游戏打动了，清醒过来，发现我就是那个撒沙的人，且屡教不改，每当有琐碎小事袭来，便迅猛处理掉，免得总惦记，变成压死骆驼的最后一根稻草。选择这种工作方式后，我处理事务的速度越来越快，判断力越来越强，抵抗被打岔的能力逐步提高，即便被打岔了，思维也能迅速归位。那还是使用DOC语言的年代，为了撒沙撒得更快且不动脑，我找到工作中的关联性，设置公式，别人做一件事的时间我能做五件事。

此时再想想那个打动过我的培训游戏便能找出其中的漏洞，时间不是玻璃杯，时间是有弹性和潜力的，工作任务也不是石头和沙，会随个人技能而变化大小、长短、难易，游戏的立意基础本身就是错误的。从此我在培训中更谨慎，避免以权威的名义传递误人子弟的信息，在给人建议时也慎之又慎，我不是他们，不能代表他们去做决定。

当年的我，以我之心去度小姑娘，我自以为是的练级于她而言就是砒霜，只是我更主动去适应社会，我是小强，但不应强求人人是小强。

至于什么是好工作，也是“甲之蜜糖、乙之砒霜”，没有好不好，只有合不合适。一个认识多年的财务经理，QQ签名10年未改：我们连生命都无法掌控，还能掌控什么？最近改为：道心永恒。我浅显地理解为，他最终决定上善若水，柔弱不争，这是他选择的工作模式。另一个朋友则选择了一家待遇低得多、工作时间灵活得多的新工作，他更爱自由。给小表妹推荐份公司名头很响的工作，她却不愿意，她喜欢现在能在商圈上班，工作之余能Shopping。小表弟更绝，薪水低得中餐只吃得起热干面，给他机会，他说，他更爱和现在这帮同事在一起……

生活压力指数这么大，还有一群人，只选自己想选的，做自己爱做的，并乐在其中。安静而孤独，也是人生的美好体验。3年被炒7次，现在看来，也没什么大不了，只是在路上，只是在找寻让自己感觉最舒服的生存方式，美女小云，你找到了吗？

1.4 春分(聘之有道)

年底减了综合部的编制，收编了综合管理部总监的一干秘书，按老板指示，重新拟定了年终奖方案，年资长的综合管理部总监庄小姐因年度考核居中游，奖金明显少了。庄小姐把我当做她的臆想敌，一系列麻烦不断，难道这是“桃花开，猪瘟来”的节奏？

1.4.1 内部竞聘化“猪瘟”

庄小姐拿着年底老板签发的编制，来找我要人。庄小姐娓娓道来：“77，按编制我有20人，现在只有15人了，剩下的人15号一定要到岗。”

开年庄小姐的部门20人都还在呢，我记得清清楚楚，怎么眨眼就剩15人了？莫非我老年痴呆提前发作？我对庄小姐说：“行政3人，信息3人，管理部8人，前台3人，您，两助理，不刚好20人吗？”

庄小姐说：“ABCDE5个人提出离职，我刚批了。”

我一口血要喷出来：“老大，离职是有流程的，您是做流程管控的，不是批了就能走，我招人是要有时间期限的，原则上一个月，争取提前，您是老臣，这些您比我更清楚吧？”

庄小姐说：“情况有点特殊，我跟老板解释了，他们都是自然淘汰人员，我们要输新血，招聘需求表上，老板可是亲留御笔了。”

我看看，还真是，老板要求人力资源部半个月补聘以上人员，既然有老板特批，那就只能干活呗。看来，老板看准我比庄小姐好说话。

找来负责招聘的董小姐，董小姐撇撇嘴，没事：“我能搞定。”我追问：“在内部有可以晋升到这些岗位的人员吗？我看了，都属于内控人员，如果是熟悉公司流程的内部人员，那可比外部人员更合适。”董小姐继续撇撇嘴：“OK，我去推动一个内部竞聘，也找老板签去，东西南北大区都有这样的人才，只要个人愿意，他们老大应该都没意见，就看庄小姐看不看得上吧。外部的我也给她找，一起比较。”

董小姐做招聘驾轻就熟，办事牢靠，和我配合默契非凡，她说行就一定行。

不想，在内部竞聘过程中，老板钦点了几个上年度的优秀员工，庄小姐总不能说优秀员工不优秀吧，这换血换得庄小姐的人都成了“四大天王”调入的人，“四大天王”可开心了，办事有熟人更便捷；但庄小姐可不开心了，这次我真不是故意的，顺势而为而已。

顺便介绍几个好用的招聘表格，如表1-2至表1-5所示。

表1-2 ××公司招聘工作分析表(月)

序号	岗位类别							应聘人数		有效简历率	面试人数			录用合格率	实际到岗人数	到岗率	到岗时间	未到岗原因	招聘责任人
	公司	部门	岗位	建议薪资职级	计划编制人数	上月底在编人数	计划招聘人数	初筛简历人数	通知面试人数		初试	复试	录用人数						
1																			
2																			
3																			
4																			
5																			
6																			
7																			
8																			
9																			
10																			
11																			
12																			
13																			
14																			
15																			
16																			

表1-3　招聘未达成原因具体分析

<table>
<tr><th>项目</th><th>未达标部门</th><th>问题分析</th><th>解决办法</th></tr>
<tr><td>1</td><td>研发部</td><td rowspan="3">1. 技术总监：因领导出差改到下周安排复试
2. 测试主管：公司福利待遇未达到对方要求，求职者主动放弃
3. 其他：
① 由于招聘的岗位均为技术型人才和高管，不适合采取现场招聘和校园招聘，猎头费用过高，因此目前使用的招聘渠道有限
② 目前使用的付费招聘渠道简历更新量少，几乎无主动投递简历，搜索到符合要求的简历较少且大多数处于在职状态
③ 市场同类岗位招聘需求量大，用人竞争激烈
④ 公司薪酬福利及地理位置无优势，大多技术型人才都偏向于软件园或者离家近的单位</td><td rowspan="3">针对问题1：①已与老总约定复试时间
② 继续与候选人保持沟通，以免中间有变数
③ 周一再次确定复试时间
针对问题2：①与领导反映候选人放弃的真实原因(福利：公司无公积金、下班时间太晚、薪资水平低下)
② 与用人部门沟通是否有内部可培养对象
③ 继续拓展招聘渠道、搜索简历
针对问题3：①与研发新老员工沟通，看是否有推荐人选
② 通过相关QQ交流群以及论坛发帖、微招聘等方式扩大招聘信息覆盖率</td></tr>
<tr><td>2</td><td>产品部</td></tr>
<tr><td>3</td><td>营销部</td></tr>
</table>

表1-4　竞聘申请表

姓名		部门		现岗位	
到公司时间				学历	
毕业院校				专业	
联系方式					
竞聘岗位	1.		2.	3.	

工作经历(含到公司前后经历，请注明时间、部门、岗位及职务)：

参加培训情况(含到企业前后培训，培训课程名称、培训期限)：

在公司期间主要工作业绩描述(可另附页)：

对应聘岗位的相关经验和工作设想及本次活动方案(请另附页)：

表1-5 竞聘评分表

述职人			姓名1		姓名2		姓名3		姓名4	
评价内容	评价维度		内容记录	评分	内容记录	评分	内容记录	评分	内容记录	评分
工作业绩(65分)	工作目标达成情况(25分)	目标的达成结果								
		工作的执行情况								
		采取的策略								
	工作难易程度(10分)	超出原定工作计划的数量								
		工作中的创新程度								
		开展工作所需的时间								
		工作是由个人完成还是由多人一起承担								
	工作计划(20分)	下一阶段的工作计划的完整性								
		工作计划中重点工作是否突出								
	重点工作完成情况(10分)	达成的成果								
		进度情况								
		对公司的贡献程度								
管理业绩(30分)	团队管理(15分)	团队专业能力提升情况								
		部门氛围的改善情况								
		本人及下属员工在部门间的协作情况								
	标准化建设(15分)	流程建设情况								
		制度制定与完善情况								
呈现技巧(5分)	内容重点突出、条理清晰(1分)									
	表达流畅、准确，声音、语速控制适度(1分)									
	时间和进度把握准确(1分)									
	灵活应对提问(1分)									
	工作体会、经验总结深刻，有借鉴意义(1分)									
小计										
评分说明	1. 被评分人员的分数不可一样 2. 呈现技巧部分评分标准：每项可打0～1分，也可是以“.5”结尾的分数。时间要求控制在标准时间前后5分钟之内，否则为0分									

评分人：

1.4.2 招聘狗转码记

搞定庄小姐，又接到分公司博士总经理的邮件：77，由于业务调整，上个月公司决定停止A产品的研发工作，将A小组并入研究方向相似的B研发小组，由B项目经理全权负责。关于这件事，上个月的会议讨论你也参与了。这个月，A小组的成员快走光了，你高薪聘的那位博士也提出了离职申请，现在需要补充人员！小王一个人搞不定！

博士不是90后，但爱极了感叹号，邮件发得触目惊心，胆小的人会被吓得一团乱麻。我胆子也小，但我冷静，“博士公司”的离职扯皮琐事，我是这么转码的：

第一个电话打给小王(分公司人事副经理，分公司人事部仅她一人，后面会介绍她的故事)：

我问道：“每周人力周报我都看了，没走几个人啊，怎么博士说快走光了。”小王说：“周五有两个人提出离职了，还没做进周报，今天早上，新招的博士也提离职了。”

这个小组本来只有5个人，3个人提出离职，是快走光了，博士总经理倒是没夸张。我继续问小王以下几个问题：

(1) 你掌握的离职原因是什么？

(2) 据你判断，有没有挽留下的可能？

(3) 如果不能挽留，他们的最后工作日能坚持到什么时候？

之所以调小王去，是看中她的机灵和热衷八卦的爱好，每天能打50个以上招聘电话之余还能找人聊天。通过小王了解到的情况是：A小组的成员普遍反映无法与B小组的成员合作，在工作中受到忽视，重要的研发会议从来不通知他们，只让他们做一些类似输入数据的简单工作。有个性的“程序猿”哥哥们于是纷纷提出离职，其实不想走，只是想通过这种形式说明B小组的项目经理做得不对。

我以前也和研发部的兄弟接触过，以为他们是直肠子，有事说事，慢慢发现，他们都是不敢表达的宅男。多容易解决的事，竟然会变成集体离职事件。

第二个电话打给博士总经理：

(1) 刚问了小王，她了解到的离职原因是工作配合上有点问题，也没啥大问题。

(2) 建议您与提出离职的员工聊聊天，了解他们的真实想法，如果能满足他们的要求，也许他们就不离职了，我也不用招人了，招新人需要从头适应，又耽误事。

(3) 公司是有员工申诉制度的，也谈不上申诉这么严重，您可以跟员工说，以后有事找您反映情况或找小王都行，公司会帮他们解决问题，毕竟大家都是一条船上的兄弟嘛。

(4) 至于离职员工提出的工作分配问题，我觉得也不全是项目经理的问题，我从他的角度考虑，对不熟悉项目的人，先从熟悉入手，暂不委以重任也没错，我负责去跟项目经理沟通，有情况再跟您汇报。

听完我的话，博士总经理在电话里只发出"哦"的一声，他只是想到大家要走人，没想到为什么走人，我怕他脾气火爆转头就去质问项目经理，便主动把这个活揽下。

第三个电话打给项目经理：

了解到的情况是：一方面有我说的新人不熟悉项目的原因，另一方面也有项目经理只带过小团队、团队变大、不知道如何分工的技术原因。我安慰了下项目经理，说公司会在近期组织相关培训，也请他帮忙做下提出离职的员工的思想工作，就说前期因为不熟悉项目工作会比较难开展，现在大家对工作都熟悉了，可以尽情提合理化建议，大家一起把工作做好。

第四个电话打给博士总经理：

(1) 老大，跟项目经理说好了，他承认分工不周到，是他疏忽了，他也会跟员工解释。

(2) 这个月你们团建费用都没花出去呢，要不组织场羽毛球赛？赛场上一笑泯恩仇？

这事基本上就这么化解了，提出离职的员工都收回了辞职信，比赛中还赛出黑马，新招的博士和总经理的"双博组合"得了男双第一，老总很开心，他终于遇到旗鼓相当的队友了。

事后：

给小王布置作业，遇到类似事件应该这样处理。

(1) 做好平时基本功，确保与员工良好沟通，如有疑问，应请他们第一时间找你，而不是交辞职信。

(2) 新组建团队，要密切关注，组织团建活动要形成惯例。

(3) 在子公司倡导沟通制度。倡导的方式可以是培训，也可以是案例分享，还可以是总经理做表率，每周主动找一位员工共进午餐。

(4) 万一人家还是要走，那就好聚好散，代表公司感谢他们对公司所做的贡献，消除负面影响。

(5) 在这次项目合并方案出台后，我已经发了提示相关注意事项的邮件，但在落实上有问题，小王尚需加油；我也有问题，我应该及时去子公司，关注他们的心态变化和需要协助事宜，我也要加油。

(6) 后续培训要跟上，不论是跨部门沟通的培训，还是项目经理领导力的培训，都要及时提上日程。

(7) 你再想想你有什么心得，写个小体会，在我们部门例会上交流，下次大家遇到类似的事，你就是他们的老师。

整个转码用了5个电话，分别打给人事副经理(线人)、总经理(事件发起人)、项目经理(当事人)、总经理(给予反馈)、人事副经理(给予反馈)。5个电话加起来不过20分钟，就达成了4个目的：避免继续招聘补位人员(可能需要团队工作好几天)，找到了公司工作分工存在的问题，给予人事副经理业务指导，反省了自己的不足。

一件琐碎的事，如果能不花费很多时间，如果能做出意义，好像就不那么琐碎了。

顺便说个八卦，昨天接到一个电话，正午睡呢，心中怒火燃起。对方普通话挺标准的："您好，您是××吗？你昨天在亚马逊买了××书吗？付费××元？"我回答是。

对方接着说："因后台收银系统有误，您这笔款项没入账，我们能做退款处理，改为货到付款吗？"我回答好。

对方接着说："那你现在能打开电脑吗？"我回答没有电脑。对方又问："那您手机现在能上网吗？"我回答不能上网。

对付骗子电话，你不能顺着骗子的思路走。同理，对付很多工作指令，也可以按照自己的工作模式走。一旦你有了自己的模式，别人就会按你的来；如果你没有，抱歉，你只能永远配合别人的节奏和模式，把自己累成狗，且是不出工作成效的狗。

看到某人的qq签名：得按你想的去生活，否则迟早只能按你的生活去想！这句挺有道理。

本人个性素来不喜琐碎，很早一份工作是行政人事经理，琐碎事一箩筐，虽以个人极度负责任的态度和控场力，能高质量完成，但内心不爽，后来专攻人力，以为不琐碎了，结果依旧。细思量，任何职务只有做到顶层，才能大张旗鼓地去做规划、整合类的事务，甚至这类事务也是在大量琐碎事务的基础上才能推进。再则，经理或高级经理层面，他们的工作7成到8成仍然是以琐碎事务为主的。再换吗？好像并不是最好的解决之道。以上就是我从工作中找到的奇门绝技，按我的方式来，能将7成琐碎事务转码。

1.4.3 HR怎么做背调

Lucy的问题让我想起一个遥远的故事，于是我给故事中的男主角打了一个长长的电话，放下电话，我睡不着了。

他是我曾经的背调对象，后来成功成为我的同事，背调结果并不好，对方人事给的答案是：他就是一个刺头，难管理。我相信我面试时的感觉，他是个专业人士，个性纯良，哪会是刺头呢。于是我继续找联系人，找到前两家公司的法人，大概是因为我音色动人，大老板没拒绝我，说了他的工作表现，是个狠角色，在工作上。

入职后成了朋友，我问他："为啥你以前公司的人事对你评价不佳呢？"他的回答，让我至今难忘。原来，他们部门以前招聘是部门自己负责，人事只负责审核资料，后来调整了工作职能，人事要负责招聘了，可总招不到人，他好心推荐，人事觉得他藏私心，从此有了芥蒂。所以，有时候，我们的同行，职业道德也并非那么好，在做背调时，很有必要多问几个人。

背调一般我是这么做的：

第一优先，找人脉。一个行业做久了，千丝万缕总能找到个熟人，这种调查结果最靠谱了。如果候选人还在职，一定要有职业道德，装作不经意地打听。或者说：我搜到这个人的简历了，原来他是你们公司的啊，你

放心，我不挖人，我也就好奇问问，他简历上写你们待遇这么高是真的吗？你们还招人不？有机会通知我啊，我要高薪。

第二优先，搜他简历中倒数第二份工作的所在公司的联系方式，直接把自己伪装成第三方。“您好，我是第三方人才公司的，这个人在我们的人才库中，想冒昧地跟您核实下他的资料。”沟通对象一般是人事或部门负责人，都有职业素养，也会好好配合。结尾顺便说下：“谢谢您的意见，我方便把您的资料也放进我们人才库吗？有合适的岗位向您推荐。”这是真的，有合适的机会你真的会“挖”。

第三优先，网络调查。比如查学历的专业网站，搜索他在其他公司供职时的网上消息或通过媒体发布的宣传信息。一般情况下，高级人才多少会在企业内部或外部的宣传资料里有所提及。

第四优先，你有钱，可以找专业的调查机构去做，各大招聘网站都有这个服务项目；或者说，你调查的对象是竞争对手公司的，比较敏感，自己不方便做，也可以委托专业机构去做。

第五优先，其实已经不优先了，你可以使用候选人提供给你的原单位联系方式，但这个信度有限。

我们单位有个姐姐埋怨我，背调必须知会候选人，她觉得麻烦。虽然身边很多人不在乎隐私权，但我个人在乎，这是我应该具备的职业道德。所以，应聘登记表后面都会注明：“以上所填内容如有任何伪造、隐瞒，我将失去此次申请资格，即使将来被录用，也将导致无偿解雇，我在此授权，雇主可针对所填信息进行诚信调查。”

现在，你可以拿出你们公司的应聘登记表看看是否有这一条。大多数都有吧，但大多数人没想到为什么会有这一条吧？

另外，除了签字确认以上内容，我还会跟候选人进行口头确认：“可能我司会进行背调，但不会影响你现在的工作，只会询问到前几家，在此征求您的同意。”

背调要说啥呢？如果问到候选人上司，可以问问他的业绩和能力；如果问到下属，可以问问他的管理风格；如果问到客户，可以问问专业能力；如果刚好问到人力资源的同仁，则可多问工作经历、团队情况。

最后补充说明一点：你招的员工，应请他人来做背调，这是为了避嫌。

1.4.4 多元化的就业规则

linda提问：在面试过程中，曾经遇到过这类情况，有一些主管级别的人因为工作地域的更换、家庭原因、生育等问题重新进入社会就职，应聘一些专员级别的岗位。这类候选人工作经验很丰富，可以很快进入工作状态，也不需要带得很辛苦，但就是稳定性不高，有时候很难选择，想听听77的意见。

有舍才有得，这是恒定的法则，你知道鸿鹄之志，鸿鹄也知道你这里并非安身立命之所，如果是我，我会选择她，我们心照不宣。

1. 数据上的支持

且不说现在企业的平均寿命为3.5年，且不说求职者的平均跳槽周期为1.5年，我们只算算经济账。你先算出你们公司同类岗位的平均在岗时间，我们姑且按1.5年算吧，新人培养周期为3个月，实际发力时间=18-3=15个月。

再算算主管级别的人从事专员级别岗位的情况，假设平均在岗时间是9个月，在职期间对公司的贡献分别为：新人1倍贡献率×(18个月-3个月培养期无贡献)=15；主管级1.5倍贡献率×9个月=13.5。

从以上数据看，两者给公司带来的效益差不多，当然，你可以算一下你们公司的在岗时间的数据。

2. 人性上的取舍

我们自己会不会因为工作地域更换、家庭原因、生育等问题重新进入社会就职？当然会有，特别是女性，因家庭原因而高职低就的情况更多，还有如我这般的懒人，既然钱多活少离家近几乎是不可能的，那么我会选择钱少活少离家近的工作。这样的人，也不在少数。这是一个价值观多元的社会，“爱自己”不仅仅是QQ群管理员姗姗的口头禅，“做自己爱做的事”不仅仅是小文子的内心渴望，这也是我们很多人的座右铭。

如果是我，在重新选择就业时，很希望别人给机会，不会计较高职低就。当你有这个权限给予别人机会时，不妨给予。确实，等她找到感觉了，还是会继续跳槽，我不妨就做一次跳板，感受下被“利用”的感觉，被“利用”，至少说明自己还有价值。

3. 对对方适应力的判断

有些人，从将军府少帅到江湖谋士，他的转换力、适应环境能力极强，比如梅长苏；有的人，从主管做回专员，会一百个不适应，他习惯去指挥、安排，不习惯做具体的事。你要从面试中判断，这个候选人他最渴望的是什么？是一份安稳的工作？是发挥自我才干还是混日子？对于渴望一份工作的人，我一般不会拒绝，只要你工作超过半年，我就觉得值得当初给你这个机会。

4. 长远的眼光

现在的社会，所谓的“长远的眼光”实则期限也就一年，你能告诉我，一年后你会怎么样吗？三年呢？回答一年还能脱口而出，预想三年好像就有点困难了。我们的一生，受各种因素的影响太多，可控的太少。你以为找个与岗位匹配的人，能安心到老，可惜，半年后，连你自己都不在这家公司干了(好像婚姻也是这般道理，帅的花心，不帅的未必不花心)；我以为找个高职低就的，他半年就会跳槽，结果他硬是做满一年(好像婚姻也是这般道理，有钱的不体贴，没钱的未必体贴)。长远的眼光并没有那么长远，可以一年为周期做判断的基准线。

德国之所以福利好，是因为有很多的短期工，你可以拿很低的薪水干三个月，公司给你交社保(德国叫啥不清楚)，如果我们的社会也接纳更加多元化的就业规则或潜规则，我想，就业率会更高，人民的幸福感会更强。

1.5 清明(个人职业规划)

人人都说金三银四，可凭我多年经验，这一说法并无依据：一场接一场的招聘会是挺多的，可招聘会上拉不来人。从相关统计数据来看，年底和年初是离职、跳槽最“旺”的时候，能比二三季度高出30%左右。好吧，我承认，金三银四是针对夏天的惨淡而言的，好那么几分而已。

1.5.1 金三银四，再不跳槽，更待何时

“谁听见海里面，四季怎样变迁，谁又能掀起那页诗篇，谁能唱，谁能让怀念停留在那一天永不改变，谁哭了，谁笑了，谁忽然回来了，谁让所有的钟表停了。让我唱，让我忘，让我在白发还没苍苍时流浪。”

这是由高晓松作词、朴树作曲的《春分》中的一段歌词，唱这首歌的人上吊自杀了，她在遗书里说：“其实我是没办法，因为我天生十分忧郁。”

我也是，我天生七分忧郁，有句话叫“菜花黄，痴子忙”，具统计有1/3～1/2的精神分裂症的初次发作是在春季，而约一半的躁狂症也是在春天发作，也称“桃花癫”。

每到春天，天气回暖时，我的情绪开始波动，开始不安分，开始惦记外面的世界。金三银四，再不跳槽，更待何时？和我有同样想法的同行挺多的，纷纷致电咨询我，问题汇总有以下几个。

1. 毕业不久，要不要换工作？

(1) **原则上毕业不久，在一家单位多学点比较好**。我认识一个人从实习生做到副总经理，也不过用了短短5年，一方面是因为公司不错，发展迅速；另一方面是因为人不错，能够不断学习，对公司各部门工作都了如指掌。

(2) 但如果毕业后工作只是为了谋生，可以打破原则换一换，在一家企业，**只是为了谋生，那么换个谋生的地方也没什么差别**。

(3) 还有一种情况，你非常清楚自己要什么，比如你一直就想做设计，刚毕业不好找工作，托熟人做了个普通文员，**业余没放弃设计方面的学习**，公司正好也有类似岗位，没事你就去帮忙，一年后羽翼丰满，跳出去也不无可能。这样的例子，我看到好几个了，都转型成功。

2. 工作3～5年，比较稳定了，要不要换？

(1) 我算是一个利己主义者，确切地说，是不损人的利己主义者。如果一份工作稳定地做了几年，我会问自己：**是不是所有我能做的都做到了？是不是都做到行业极致了？在现有岗位上还有学习或晋升机会吗？这份工作除了薪水还能给予我其他的东西吗？**

(2) 通常问过自己后，我会发现，某类工作我绝对没有做到极致，或

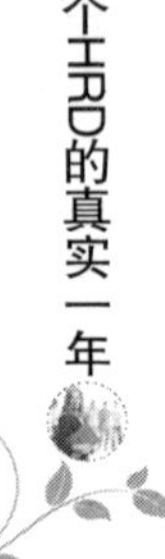

者说，工资马虎，但每天上班好开心，其他部门的提案偶尔会让我心里一动。

这个时候，当然不换啦，应该留下来继续深挖岗位价值。

(3) 如果问过后，都是否定答案，在现有工作上你只是在倒货出去，没有新货进来，你想尽办法也找不到新乐趣，好吧，你该换个更有挑战性的工作了。

3. 老板或上司性格有缺陷，非打即骂，这个时候换不换？

尊严，是社会生存的底线，没尊严，那就赶快炒了老板，即使靠这份薪水养家糊口也要快炒，能保护尊严还能赚到钱的工作还是有的。

4. 我一直有一个梦想，想做设计师？

又是设计师，那你为这个梦想做过什么吗？没有？那就让梦想一直是梦想吧，你要安心做好现有的工作。

5. 我快中年了，现在工作还不错，人事主管，我还要不要换？

面对这种情况，该问自己3个问题：

(1) 5年后，我还能比较容易地找到同岗位的工作吗？残酷地说，快40岁的主管市面上太多太多，建议还是给自己定位为经理级，如果现在换，你觉得没底气，那赶快趁这5年丰富自己。

(2) 我离经理的距离有多远？经理需要什么技能或能力呢？独当一面，综合能力强，见招拆招的应变能力。如果你在现有岗位上，不论是不是经理岗，你已经具备这些能力，建议你勇敢地去尝试、去面试，即使没录用，也能找到差距在哪里。

(3) 我还有什么致命缺陷？劳动法盲，控制不了情绪，决断力差等，这些都是管理者的致命缺陷，速弥补。

法盲好说，看看书、研究研究案例就能扫盲，在控制情绪时要找到惹火你的根源是什么。我活了几十年，终于发现，能让我失控的，只有一件事。什么事？保密！因为我知道了软肋，遇到时我会提醒自己：看，我马上要情绪失控了，快！转移注意力，微笑，深呼吸，暂不理会。如果我克服不了，我就先躲开。

决断力是可以训练的，训练自己迅速作判断，一旦做了决定，就坚持，如果发现是错的，可及时修复。

6. 我懒，不想换

没事，继续懒吧，内心不想换，一定是这份工作还有吸引你的地方，哪怕是只能让你偷懒，也挺好的。

7. 其他

如果以上6点都不符合，那就是一件工作干疲了，没有激情了，七年之痒了，想看看外面的世界。

这种情况，我建议你请个假试试看，如果仅仅是工作疲倦了，休息下会满血回归的。如果工作生活俱疲，或许该看看正规的心理医生。这是我精神科的老同学建议的，我同意她的看法。有时候，问题不是旅行、休息、换工作就能解决的，要看看自己是不是有情绪病了，看心理医生并不可怕。

1.5.2 转行前你在想什么

我没学过人力资源，没学过管理，在投出第一份人事岗位简历的一个月前，我是门店经理。

自开专栏以来，也许是我的职业经历太狗血，收到大量读者的邮件，主题为我想转行！

比如：我没有人资背景，专业不对口，但我想做人资，怎么办？都面试6次了，但是感觉表现一般，一开口就被人听出是专注打酱油多年，我确定要转行吗？我现在是行政专员，真的不喜欢现在的工作，特别想转人资，可我又完全没做过，在面试时我能说什么呢？

一开始我长篇累牍地回复简历怎么包装，回答怎么设计，后来就回复得少了。

都是类似的问题，都是一样无奈的年轻人，重复着一样的死循环问题：我想干的和我学的没啥关系，但我就是想干，我可以吗？现在的工作郁郁不得志，平庸至极，我该怎么办？

这些问题都没有答案，因为他们所说的只是表象。通常我会鼓励说，如果你想，就去尝试，年轻不要留遗憾，即使错了，也是种经历。而真正想转行的人，不会把转行挂在嘴边。

某次一群初结识的朋友聚会，趁酒兴，随口问大家："如果今天你没做这行，你会在做什么？"四周一片沉静，突然一个傻子冒出来回答："即使我没进这家单位，不论做啥，现在我也一定干得不错。就算扫地，我也是扫得最干净的那个。"

其他人说："你是几个意思？有好项目介绍我们？你要挖我们？"

于是，大家问我："那你呢？你会在干吗？"我说："喝酒、聊天、写书、画画、睡懒觉，这是我最想做的。"

本是无心问的，但傻子给我留下深刻的印象，我要写书的梦想，也给他留下深刻的印象，后成为至交。而我，还真向着实现喝酒、聊天、写书、画画、睡懒觉的梦想在迈进。

后来我和傻子合计，当天那么多人，怎么就我俩投缘呢？我们总结出，其他人也都挺好，但面目模糊，没有从人群中跳脱出来，故记不住。

这个经验，被我用在面试中，是在我被面试的时候。

我通常会在列举案例的时候讲故事，讲当时自己的感受，通常这招会给面试官留下深刻印象，我也因此脱颖而出。

一个有梦想的人，哪怕是不切实际的转行的梦想，也比没有梦想的人看起来与众不同，头顶光环。

转行前，我想的是：终有一天，我会整天喝酒、聊天、写书、画画、睡懒觉！

1.5.3 假如流水能回头(我是谁)

走上HR这条路，你后悔吗？总有人这么问我，我也问过自己。

HR是个啥呢？裁人王？扯皮后？招聘牛？培训狗？就差没说"心机biao"。想到这里，真有丝丝悔意：早知道就坚持做财务了，做个安静的专业人士。

时光倒流17年，出纳77数着钱。如果77坚持做财务工作，当年的同学现在的样子约等于我的样子。

同学中考上注册会计师的以及沟通能力、管理能力强的，现在是CFO。80个同学中有1～2个是CFO。考上研究生的有1～2个，现在是专职翻译和家庭主妇。绝大多数是主管会计或财务经理。前几天去某证券公司开金融交流会，还偶遇几个做证券的同学，热情地向我推荐证券产品。

没考注会也没考研的我，在财务上的资质，应该是绝大多数那一拨。混得好能混上财务经理吧，还不会是大企业的，因为我的财务领悟力确实后劲不足啊。

假想下，做财务经理的77，焦头烂额地给营销总监打电话："王总啊，这个月的营销费用超预算了啊，我真签不了，签了也要被老板打板子的。"王总在电话那头说："我说老7，你做财务也不少年头了，怎么就这么迂腐呢？这个月超了做进下个月啊，我知道你能搞定的，就这样，客户还在等我。"

"啪"的一声，电话被挂断。被营销总监呛了的77，抹把脸上的汗，偷瞄下办公室外面的同事们，担心他们看见自己的囧样。

月底，要关账，这时总账会计老陈敲门进来，"啪"的一声把分类账放在桌上："7经理，这账我做不了，张会计是怎么回事，月月错，上个月已经加班了，这个月我可加不了，你知道的，明天陈董寿宴，我是要去的。"

陈会计是公司陈董事的亲戚，拉出大老板来，77也不好吱声，本来最近陈会计天天加班，寿宴也不让他去，陈董问起……

"老陈，你辛苦几个月了，我去找张会计对账去，你安心忙你的。"77只好赔笑脸，拿起分类账。

77把费用会计张会计叫进办公室："张姐，麻烦你今天要加班了，账有点对不上。"张会计一听，哭了："7经理，对不住啊，每天我都认真地记账了，这个月还不对，这工作我真做不了，我辞职。"

"啪"的一声，张会计关门出去了。

夜已深，77和出纳、成本会计忙着核对凭证。张会计坚决要辞职，先请假回家了。幸好出纳和成本会计是年轻人，好说话，陪着77一笔笔核对张会计的账目。

77去茶水间冲了个咖啡提神，端着杯子回来，隔着门，听见里面在嘀咕："你说7经理怎么坐上这位置的，天天被营销总监掐着玩，会做账有什么用，管理能力也不行，新人管不住，老人又不敢得罪，只会欺负我们没后台的，怕是凭美色上位的吧。”

“啪”的一声，77的杯子摔到地上，今天都被“啪”4次了，怕是要被pass了。77老泪横流，心里想着：走上财务这条路，太后悔了。月底、月初必加班不说，以为做账是专业人士，不用看人脸色，结果上下左右的脸色都要看。

美色？哪有美色，明明圆滚滚。做HR多轻松，长端正点，那叫形象气质佳，招人就是聊天，绩效就是扣钱，培训就是瞎折腾……

假如流水能回头，77要去做HR。

1.5.4 蒙面歌王(我在哪里)

这一天开始的时候也和平常一样，她睡了4小时后起床，穿上头天准备好的衣服，精致的低胸墨绿吊带和白色开衫，在厨房的餐桌边喝了一杯柠檬水，之后，她出门开始一天的工作。

上午也和平常一样，匆匆处理完手头的工作，打几个电话，接几个电话，发几封邮件，回几封邮件。中午也和平常一样，见事做事，游刃有余，午餐有同事特意为她准备了凉面，身边的人总对她好。

然后，她洗了把脸，感觉有丝凉意，于是披上细麻质的披肩，她总对自己好，喜欢各种各样的披肩，天气变化时总不忘带上一件柔软、细腻质地的披肩，裹住自己的时候像在情人的怀抱里，旅行中做枕头用时，像可以依靠的肩膀。

多年来在电脑前工作，虽然已使她腹部逐渐凸起，但在精心裁剪的衣服的掩饰下，她看起来还是要比她的实际岁数年轻，她还可以熬夜、喝烈酒，她经常在完成一件工作后，自己表扬自己，自己奖励自己。

她并不见得是个生活有规律的人，但从未耽误过每天的例行发呆，甚至连发呆的时间都从未改变过。

如果没有特别的事，在短暂的发呆后，她通常会和同事笑闹几句，让同事们很开心，然后在公司四处看看，询问领导明天的工作安排，让领导很满足。

像这样的人，当然很开朗。

平常发呆的时候，她有时候喝茶，有时候喝咖啡，有时候喝谁送的饮料，有时候甚至会喝一点点酒。

今天，她冲了包同事顺手给的速溶咖啡，听了会儿音乐。突然，她站起来，对同事说："今天的咖啡忘了加糖了。"同事讶异地提醒她："你喝的三合一。"

她才知道，是心里的感伤，终于还是满溢了一点出来。时间的遗忘率是无穷小的函数，趋于零但永远也不会是零。

绚丽舞台上的蒙面歌王们，都曾在某个时代、某个瞬间，刹那芳华，闪亮地划过天际，然后，堕入凡间，化作一枚泥土中的石头。时间的遗忘率对于他们而言，也是趋于零但永远也不会是零。于是重披战衣，遮挡本来面目，去唱一首首不属于自己的歌，也许是抛开一切后，更无限地做自己，也许是躲在面具下，做一次别人。

抛开姓名、面貌、过往战绩，仅凭实力说话，台上的他们，虽然蒙着面，可在她看来，是赤裸的，无依无靠地来战，就比那一嗓子的惊艳。好像现在的她。

有着大企业HRD、中企业VP的光环，虽然那光环现在并不值钱；是三茅专栏作家，是百度阅读畅销书作者，抛开这些呢？和其他HR蒙面客肉搏，她能胜出摘下面具，还是默默离场？拼得也就是专业度的惊艳。

除非得了阿尔默海茨症，每个人的时间遗忘率永远不会等于零，在过去的故事上创造新的自己，你敢吗？你敢做蒙面歌王吗？

1.5.5 保安大叔的哲学(我将要到哪里去)

建了个同行交流群，群里很热闹，以八卦居多，偶尔讨论问题，可归结为三类：第一类问题，有关国家法规、政策解读的，比如工伤办理、公积金提取。对于这类问题想要得到最快速、准确、完整的答案，我觉得可以先百度个大概，再打当地官方电话，想清楚你要得到什么，列出你可以问的若干问题，人民的公仆们会解答的。而在群里问，得到的多半是零碎的、不系统的答案。我这么回复小朋友了，如此真挚的回答，他说我瞧不起人，轮到我哭晕在厕所。

第二类问题是各种关系的处理，与上司、与下级、与老板、与平行部门，等等。我懂问这类问题的朋友们，当我们初入社会，发现瞬间从黑白世界到了彩色世界，学校那套完全不适用了，可惜社会中也没有导师制，没人教如何八面玲珑。

针对这类问题，我的建议是，做不到八面玲珑无所谓，而做到的人，多少会让人产生“人精”的恐怖感。在各类关系的处理上，没有正确答案，按你的风格做即可。可考虑周全，但不必想太多。

有一种关系叫“同事”，同事不是闺蜜，所以不可对同事说秘密；同事不是老师，所以不要指望同事指点你；同事不是你妈，不要觉得同事应该照顾你。你在任何的同事关系中，遵循诚实、正直、尊重他人这个基本原则即可。

第三类问题，归结为“我现在很迷茫，不知道要学哪些，不知道前途是怎样的”。这个问题我们公司的保安大叔每天问百次：“你是谁？你来干什么？你要到哪里去？”

用了一个月，每周练习一次，让群里的小伙伴们回答保安大叔的问题：你是谁？你来干什么的？你要到哪里去？第1个练习有20人参加，到第2个练习时近10人参加，到第4个练习只有3人坚持。一点没有怪大家懒的意思，比懒能比得过我吗？只是想说，找自己好难呦(如果你喜欢志玲姐姐，请带入尾音)。

公司新版本的面试表中增加了“是否接受EQ测试”这一条。伙伴们问我：“我们公司有EQ测试吗？”我正想回答没有，这种测试没啥意义。制表的小伙伴静静发言了：“这一题就是我们公司的EQ测试。蠢到填否的，EQ测试不过关。”我为她的解读点赞。在公司现有的大环境下，没这点幽默、机智及自我解嘲功力，恐怕很难坚持。

据调查，每6个人中，有5个人都在考虑换职业。可见这是多么普遍的心态。而唯一没考虑换职业的那个人，我猜想，他读懂了那道EQ题。对于没有准备好的、无意义的，诸如“是否接受EQ测试”这类交差似的问题，给出应付的答案：打勾即可。不用想太多，任你怎么测，我还是我。 我知道我是谁，我来干什么的，我将要到哪里去。

1.5.6　我需要怎么样才能到达

前面我们说到了职业规划，现在假设，大家都已经选择人力资源管理这个职业，也就是HR，该如何一步步提升能力呢？

我们抛开HRP、HRM、HRD、HRVP这些职位不谈，职位与能力不一定相等，按照彼得原理，在一个等级制度里，每个人都趋于被提升到他所不能胜任的地位。故，大家看到自己的上司，总觉得他！配！不！上！这是有理论依据的，真不是我们小心眼。

通过下面这张图(见图1-1)，我们可读懂HR。

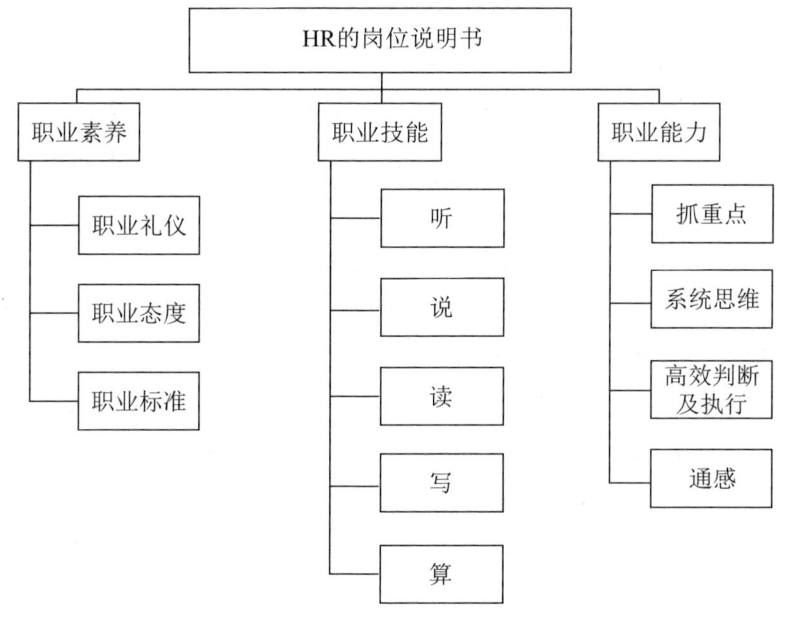

图1-1　HR岗位说明书

1. 素养

(1) 一段话说完对HR礼仪的要求。礼仪是道德的外在表现形式，良好的道德会令人自然展示优雅得体的仪态，HR的礼仪有：**公正客观**，不要以自己的好恶来评说他人；**诚实守信**，办事守原则，遵守承诺；**摆正自己的位置**，不能越权；**Open**，正确地看待自己，也正确地看待别人；**微笑**，语速不疾不徐，落落大方，记住别人的名字，着装整洁得体、大方优雅。

关于摆正自己的位置，我再啰嗦两句，同事评价我过于谨慎，其实我只是不越领导的权，事再小，不在我的授权范围，我必须汇报，否则，职场就成了菜市场。

(2) 7个词说完HR的职业态度。主动、服务、分享、多赢、自省、团队精神、尊重他人。

(3) 3句话说完HR职业标准。敬业爱岗我懒得说了，敬，是最基本的要求，拿了钱就得办事。爱不爱，则是自己的事。爱，一定好处比较多；不爱，累的是自己的心。

设定比领导要求高一点点的工作水准，站在比现有职位高一点点的位置思考工作。

保密、保质、保量、及时。

2. 5句话说完HR职业技能

听，是学会倾听。我算会听的人，但也经常在听别人说的时候，想自己的事。这不算真的会听。真的会听，是别人说的时候不去想自己下一步该说什么，要集中注意力去理解。

说，是口头表达能力。大白兔77会不会说？大家的一致答案应该是会，对吧。但我很少说，我只说重点，比如解决方案、进一步追问，等等。废话，无目的、无逻辑地说，是我最反感的。说，其实也是思维的表达，练习说的能力，简单的方法还是训练思维，思维通了，表达自然通。

读，你会读书、读报告、读眼色、读身体语言吗？读书读经典，其他是点缀，读报告看重点，读眼色和身体语言凭经验。

写，是书面表达能力，同样以思维能力为前提，同说。

算，涉及数据录入、整理、分析、挖掘、运用能力，你算的能力到哪一步？

1.6 谷雨(人力资源进阶分解)

仓颉造字，惊天动地，传说仓颉造字那天“天雨谷，鬼夜哭”，所以把这一天叫作谷雨。在谷雨时节雨水会增多，古人说“雨生百谷”，大约是指趁着雨水，好好干活。你和我，也要开始好好干活了。77向大家分享个免费的职业规划吧，趁春天，整理好自己，开出自己的职业花。

1.6.1 HR进阶路线分解

跟朋友抱怨说最近忙于招聘，新来的伙伴的段位不高，要培养他们也不能一蹴而就，不敢把招聘的活给他们干。

于是大伙议论：哦，原来招聘是九段HR做的活啊。承蒙大家夸奖，我尚达不到九段，一段到九段只是个比喻。

仔细一想，大伙说得没错，在我心中，招聘的确是个高段位的活。但高段位的活不仅只有招聘，或者说段位尚低的伙伴，不是不能做招聘，但做的只是招聘环节中某一部分工作。

我们先说五段(大白兔77的节奏果然与众不同，不从一开始，也不从九开始，要从中间值开始)，五段HR绝对是好HRM了。

五段HR：

(1) 他做任何事务性工作尽量不会出现失误。

(2) 他有强烈的计划意识、时间节点意识，早上一定会开简短工作会，下班前一定会检查当天工作进度。

(3) 绩效管理、胜任度模型、员工辅导、培训体系、员工关怀、劳动法规及实操，但凡和人资工作相关的，他都有自己的见解并且有至少两年以上的实际操作经验。

(4) 沟通、理解能力足以准确上传下达。

一段HR：

从五段HR的应知应会，我们可以倒推出一段HR是入门级：知道人资分几个模块，每个模块大约有哪些活。一段HR会涉及其中某些工作，主要有算考勤、算工资、招聘基层员工、办理社保。

入门级，我觉得有三个月人资岗的经验，足已达到，前提是，他带着脑子在干活。

也见过入门一两年还是一段的例子，这就很可惜了。通常这个段位的HR以为自己学过专业课或做过人力资源，不觉得自己和高段位的HR有啥差异。

这个阶段，也可以归纳为：**不知道自己不知道**。没有任何贬义，我们也都是从这个段位走过来的，只是花费的时间有长有短而已。

二段HR：

我觉得半年经验就能达到，即在一段的基础上，领悟到各项人资工作的相关性，能准确高效地完成各类报表核算，也开始知道招什么样的人是适合公司的。这句话的关键词是：**准确高效**。

如果仍不能达到准确高效，专业词汇懂得再多，也只能继续在一段徘徊，不能将知识转化成工作成效。

三段HR：

(1) 有一年以上人资工作经验，除了能高效地完成工作，还可以开始组织培训工作，能顺畅地拿下制度类培训。

(2) 有些开始涉及绩效，但不建议三段HR设计绩效方案，最多做执行者。

(3) 三段HR在招聘时会讲究方法，他会沙里淘金，发掘有效招聘渠道及有效简历；他会与部门负责人对话，找到基于胜任度的用人标准；他会开始规划自己的职业发展，开始发现自己不懂的还很多。

这个阶段归纳为：**知道自己不知道**。

恭喜我们的群友，你们大多处于这个阶段，才会去寻觅大白兔77的群。

四段HR：

(1) 从职业发展来看，开始担任主管或副经理，甚至经理。

(2) 他能统筹规划工作，他不仅仅自己做培训讲师，也开始发掘内训师。

(3) 绩效方案可以自己去做了，有些还做得很不错。

(4) 他开始爱这份职业，他知道ROI要如何灵活运用。他在搜简历时会兴奋，约面试往往一击就中，他的热情和真挚往往感染了求职者。

OK，四段说完，回到五段，五段即**不知道自己知道**的阶段，其实这个时候的HRM已经可以冲刺更高职位和段位，缺少的只是机会而已。我们27岁的欧诗特，认真完美地做了一套HR内训课，她谦虚地问我，是不是不够高大上？是不是要讲更多有层次的内容？其实，她罗列的内容如果大家都完全掌握，就已经是优秀的HRM了。我们的孙孙，做人资时间不长，跌跌撞撞的，我感觉也快有五段的架势了。

最近忙于招聘，是补位。

不懂补位的HRM或HRD都不是合格的HR。有重要紧急的情况发生时往往需要补位，且补得漂亮的HR在六段。他能胜任任何模块，无任何技术上的问题能难倒他。然而，六段不仅仅是会补位及玩技术，还有更炫酷的表现。

至于有哪些表现呢，且听下回分解吧。

1.6.2 小小的HR左手打右手

对HR段位的理解，仅凭个人经验，并没有理论支持和论证。所以，严谨的学院派朋友可以忽略此文，超过二段的朋友也可以忽略。

二段，我在前文中提到，能领悟到各项人资工作的相关性，能准确高效地完成各类报表核算，也开始知道招什么样的人是适合公司的。这句话的关键词是：**准确高效**。如果做不到准确高效，专业词汇懂再多，也只能继续在一段徘徊，不能将知识转化成工作成效。

表1-6列举了大多数公司HR的常规工作，除了制度类，其他类都要会做且做得准确高效。有人可能会问：我在公司只负责招聘，没有机会涉及薪资、培训怎么办？

别人培训的时候，你去听，带着脑子去听，不要一听而过。看别人怎么组织、筹划，流程是怎样的，讲师怎么把握现场节奏的，等等。

薪资，只在核算层面，其实不难。学点Excel应用，一天给自己布置一个目标，花10分钟学会一个小手法。等你有机会做薪资核算，绝对是最炫酷的那个。

人事事务类工作，如流程的办理，有经验的人做起来是快些，但没经验的做过一次就变得有经验了。有经验的可能会墨守成规，没经验的反而会有自己的工作方法。

表1-6中列举的工作，你们公司也许有，那就在工作中观察别人的做法；如果没有，可上网搜索关键词，看个例子也就会了。

某某说，他是半路出家的HR，我也是。我认识的一开始就“出家”的HR朋友问我：“我觉得我经验好不够哟，工作也没人教。”学人力资源专业的HR朋友也会说：“书上学的和工作中还真不一样，我不知道怎么办。”

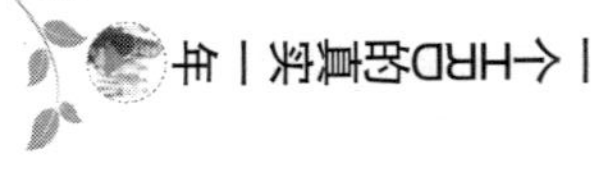

表1-6　某公司人力资源部职责梳理表

职能模块	内容	表单	提交人	周期	备注
程序文件	岗位描述	各部门岗位职责汇编		年度	
招聘管理	招聘计划	组织架构、人员规划、编制表、招聘计划表		月度	编制内更新或扩编报批
	用人申请	用人部门申请招聘岗位报告		随时	
	简历筛选	筛选合适的简历发送至各用人部门负责人邮箱进行甄选		每天	
	通知面试	通知简历合格者安排面试		每天	
	面试	对面试者进行初试		每天	
人事管理	入职办理	新员工入职前相关审批流程，入职时间通知，入职手续办理		随时	
	退工办理	离职交接清单，离职申请，离职通知，离职证明		随时	
	合同管理	合同管理一览表/合同签收表		月度	
		保密协议签收表		月度	
	相关社保	协助集团代办		月度	
	档案管理	简历、证书、身份证、照片等		随时	
	人员信息管理	通讯录(协助行政更新)		随时	
		花名册及薪资盘点表		随时	
薪资福利	考勤	外出、请假、调休等单据		随时	
	月工资核算	工资表		月度	
	福利	话费报销额度核定		月度	
	人力费用	预算表/环比成本核算分析表		月度	
绩效考核	试用期考核	转正申请表		月度	
	月考核	月考评表/后台人员述职书		月度	
	年度考核	年度绩效工资盘点表		年度	
	奖惩	人事申请表		机动性	
培训与开发	培训调查	制作调查表并发放至每个员工，调查汇总		月度	
	计划	培训计划		年度	
	组织及记录	培训记录		月度	
	评价	培训评价		月度	
员工发展与企业文化建设	干部梯队建设	员工访谈、职业通道设计、职业发展培训、干部梯队建设		季度	

你看，能否做好HR工作和什么时候“出家”，学什么专业没有关系，我们只是对自己的技术缺少点信心。在工作中多一点点的观全局的眼光，对自己的技术有那么一点高于旁人的要求，我们就能顺利通关。

1.6.3 大大的HR应知应会

大白兔77整理过往可以给团队成员参考的资料，突然发现7年前的薪资和现在一模一样，一模一样啊。她沉默良久，安慰自己，用钱换和家人相处的时间及健康的身体是值得的。

七段HR最大的特质应该是**耐得住寂寞**(不仅仅是金钱上的寂寞)。这个时候的HR，有可能是个不大不小的集团VP。在时间分配上，一半工作一半家庭，挺均衡的。在工作时间的分配上，1/3在开会，1/3或更多时间在串门聊天中，剩下不到1/3的时间才用来做具体工作。具体工作更多是规划类，类似设计师在画建筑结构图。外墙保温用什么材料，幕墙采用何种形式，诸如此类的设计灵感，均来自源源不断的业务会议与串门。

处于此阶段的HR已拥有VP的属性，最大的要求是**时间管理能力**。8小时工作时间如不合理安排，就要挤占与家人相处的时间。而这8小时中，一定要学会拒绝。某次串门的目的达到，一定要及时打住，不要被各种八卦男的口水淹没无法自救。

对，这个阶段共事的同事，大多是男性。犹记得若干年前，刚做经理，总经理问：“与大多数成员是男性的团队共事，习惯吗？”我回答：“没什么特别的。”但其实还是有差异的。比如开会到半夜，中场休息，一样是去洗手间，男同事是去抽烟，处于哺乳期的我是去挤奶。会后娱乐，他们是去酒吧，我回家。但这些差异，都不影响工作表现。在21世纪，中国女性角色往往更坚强、更八面玲珑、更亲力亲为、更会控制情绪(请参考《花儿与少年》)。

战略思维能力是另一重要能力。个人认为，战略思维来自全局思维(不等于)，而全局思维源于系统思维(仍是不等于)。我一再夸欧诗特的系统化思维即在于此：这是其他思维模式的基础。看沙老师、夏天老师的文章，无不如此。看他们的文章就像看到一串葡萄，有主线，有脉络，有智慧结

晶，最终呈现的就是一串葡萄了(这时，大白兔77发散地想到精益管理中的葡萄图，想起在工厂上班时，每天用彩色荧光笔涂葡萄的乐趣)。

说到这里，也顺便说说**发散思维与联想思维**。发散思维与联想思维，曾在我的数学考试中立下汗马功劳。人人都说数学是归纳、演绎、类比、逻辑思维，可我觉得发散、联想占非常重的比例，另外还有：**突破定势思维**。

想起某个八卦男语录。八卦男是另一个VP，尤其爱拉我聊天。某次说到A想和B复婚。他说："离婚的原因是B嫌弃A打呼噜，睡不到一块儿，A都不知道离婚的**根本原因**是什么，即使复婚，仍会打呼噜，仍睡不到一块儿，仍要离婚。"我赶紧打住他(此处体现出我及时制止扯野棉花的能力)："您说得极是，犹如我们的员工关系管理，若不知道他的真实想法，在一起，仍不是"我们"。

窦先生的前妻唱到：要有多坚强，才能念念不忘。七段HR的才华之一：**随时遗忘，无须念念不忘**。过去的资历都过去了，活在当下，不断迭代，才是与时俱进。

Sorry，用了个老词，改为才能"**新红利，新活力**"。

1.6.4 Super HR专注于一个点

关于HR的段位修行，终还是要给大家一个交代，虽然77很不愿意面对这个难题。77说了，她是七段，虽然做到了HRVP，分管集团整个人力资源事务，也参与了组织层面、战略层面的管理，但她仍然觉得自己有不足。她心中的八段HR是这样的：

(1) 品德高贵，仪态雍容华贵；

(2) 知识广博，面试葫芦岛来的人，不用先百度是哪个方位；

(3) 专业技能超群，记忆力超群；

(4) 有非常好的凝聚力，大家喜欢他也尊敬他；

(5) 有自己独到的见识，谈到新时代也算半个专家；

(6) 业务上算是大半个专家，和其他VP对谈，彼此能激发新思维；

(7) 业余生活有自己的追求，有自己的兴趣爱好领域，在此领域拥有另一圈好友。

也就上面这7条吧，但77达不到。

关于第一点：品德高贵没话说，仪态雍容华贵必须减肥成功，胖子就是胖子，不是华贵。

关于第二点：这点最难，有些领域，比如地理、政治77完全不“感冒”，也只能放弃在这些知识领域的修行了，去修行“感冒”的，比如艺术门类和行业门类。曾有人这样说过：你的产品呈现出的审美，永远不会高于你个人审美。所以，要想提高自己呈现出的任何事物，首先要提高审美能力。

提高审美能力的几个方式：

(1) 广泛阅读。不拘泥于只阅读专业书，看小说是增加人生阅历的另一种方式，看传记可通过别人的人生找到自己的精彩，看业务书纯属个人爱好，对不懂的事务，喜欢去弄明白，一切新的领域，对我而言都是有趣的。在这个阶段，好像不用看HR专业书了，看了，反而束缚自己的思维开创性。

(2) 欣赏音乐。音乐的起源，据说来自劳动，我是相信的。劳动中的欢乐、痛苦、恐惧，引起的欢呼、跳跃、长叹、顿足，组成了音乐，于是音乐也反作用于劳动。

(3) 有时间还可以写写大字、画画、绣花，这些我都在做，但并不精通。

关于第三点：在专业技能上，77马虎达到，实在不会的，也知道哪里能找到资源，记忆力超群这个事是达不到了，不让记忆力退步就不错了。

训练记忆力的小技巧：

(1) 每天快走30分钟；

(2) 左手端茶杯；

(3) 每天吃点甜食；

(4) 做个倾听者；

(5) 每天找个时间专门背一些东西。

关于第四点：我的问题在于，大家都喜欢我，但我不在工作以外与其他人有交集，其实适当增加交集是可以的。

关于前文提到的八段HR之七点应知应会，其五、六、七点其实是一个

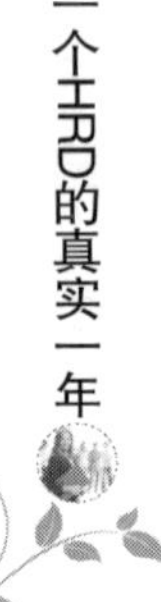

意思：不排斥新事物，每天进步一点点。

至于HR的最高段位九段，我不认为是单纯的HR了，他应该是资深专家、顾问、讲师。经常有人问我如何开发课件，我的回答是对所开发的领域有深刻的研究，再谈开发，否则只是做一个课件。

对一个领域的深刻领悟，我还在摸索中，因为喜欢的领域太多，但精通一个，只一个，是非常有必要的。专注于一个点用力，成就会大很多。

我还在寻找我的那个点。

1.6.5 叫醒你的是梦想，还是包子

截止到现在，我的前半生，每天叫醒我的，都是对早餐的期许。读书时，晚上玩得不想睡，室友对我说，你想想早餐热干面的香，你现在睡，睁开眼就能吃了。我觉得她说得有道理，于是安心去睡。早上起不来，她也会把同样的话再说一次。

很感谢这位室友，她叫红红，曾在书中提到过她，学信息管理的，现在远在深圳。除了跟她蹭课，也学到用香喷喷的食物诱惑自己。

这样过了半辈子，有一天突然问自己，难道每天叫醒我的就是包子吗？写这段文字的时候，我收到自称是我的学生其实是一群HR伙伴送的礼物，45人的祝福视频集锦。看哭了，是不是很容易哭？我的梦想应该就是这样，给人帮助，然后他们帮助我。

从小就懒、馋，因为懒得起床，所以迟到，因为要迟到，干脆不上课，一直就这么混着日子。上班了，要养活自己，养活儿子了，才没那么懒，但该迟到仍然迟到，该请假仍然请假。

连续有一个月，每个休息日，早早地四点起床，不是因为压力大失眠，是开心地打开电脑，写书，连续坐一天，不觉得饿，不觉得馋，导致买的零食都放过期。这个时候，我发现，做爱做的事，一点不会觉得累，一点不会乏味，一点不会打瞌睡，连最爱的零食也不去想了。

我终于找到了叫醒我的梦想。

接着，我又思考了一个问题，虽然我很久不干迟到这个事了，但上班能不能像写文章那样，开心地去做？其实是可以的。比如我，一个行业干

久了，就没新鲜劲，频换行业对自己的职业发展并没有好处，我选择去一家能接触各行业的公司，投资公司。你看，只要你好好想想，总能找到与自己心意相同的工作。

职业锚的练习，正是为了帮你找到自己的职业偏好。

下面介绍几种类型的职业锚。

1. TF型：技术/职能型职业锚(Technical/Functional Competence)

如果经测试你是技术型，你希望通过施展自己的技能以获取别人的认可，并乐于接受来自专业领域的挑战。大家想到什么？精通劳动法的沙大哥，熟练使用Excel、数据分析的齐涛，薪酬专家闫轶卿，这些都是大家每天能看到的三茅网的专家。对，如果经测试你是技术型，你可以选择做某个模块的人力资源专家。

2. GM型：管理型职业锚(General/Managerial Competence)

如果经测试你是管理型，想想看，你有没有想升迁到更高的职位？如果你是管理型，你会更喜欢整合其他人的工作，并对组织中某项工作的绩效承担责任。希望为最终的结果承担责任，并把组织的成功看作自己的工作。

3. AU型：自主/独立型职业锚(Autonomy/Independence)

如果经测试你是独立型，你会念念不忘的是，按照自己的方式工作和生活，你希望有更多的灵活性，并由自己来决定何时及如何工作。当你无法忍受公司的约束，就会去寻找一些有足够自由度的职业，如教育、咨询等。宁可放弃升职加薪的机会，也不愿意丧失自己的独立自主性。为了能有最大限度的自主和独立，你也许会创业。

4. SE型：安全/稳定型(Security/Stability)

安全/稳定型的，大多数人是想安定的，特别是已婚已育人士，对家庭的责任，让他们更愿意选择稳定的工作，比如公务员、老师等。安全型的人，关注财务安全(如养老金和退休金方案)和就业安全。任何人(包括自主/独立型)都有安全和稳定的需要，在财务负担加重或面临退休时，这种需要会更加明显。有所区别的是，安全/稳定型职业锚的人总是关注安全和稳定问题，并把自我认知建立在如何管理安全与稳定上。

5. EC型：创造/创业职业锚(Entrepreneurial/Creativity)

如果你的职业锚是创造/创业型的，那么你最大的特征是爱冒险，想向

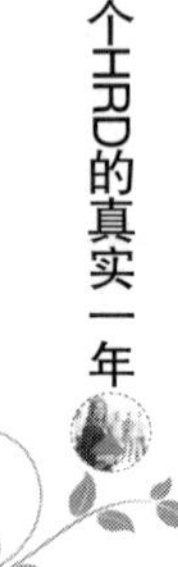

世界证明自己的能力。但不代表你一定会创业，有创造性的工作都是你喜欢的。

6. SV型：服务型职业锚(Sense of Service, Dedication to a Cause)

不知道你是不是服务型的，如果你的职业锚是服务型的，你将更愿意用有没有价值来判断工作是不是值得，这份价值也许是促进和谐，也许是改善环境。总之，是你自己觉得有意义的事。

7. CH型：挑战型职业锚(Challenge)

如果你的职业锚是挑战型的，你最喜欢的事，是去解决看上去无法解决的问题、战胜强硬的对手或克服面临的困难。对你而言，职业的意义在于允许你战胜不可能的事情。如果一件事情非常容易，它马上会变得令人厌倦。

8. LS型：生活型职业锚(Lifestyle)

如果你的职业锚是生活型的，你讲求平衡，平衡个人、家庭和职业的需要。你希望生活中的各个部分能够协调统一向前发展，工作有足够的弹性允许你来实现这种整合。我就是这个型，我是那种为了平衡可以毫不惋惜地放弃北上广的工作的人，甚至同一个城市，离家远的工作，工资再高，我也不考虑。

我不会在乎别人怎么看，我过自己的生活，按自己的方式发挥优势。

每一种职业倾向，都没有好或不好之分，如果你更清楚，更肯定自己要什么，那么就会少走一点弯路，会更容易找到适合自己的职业，会更清晰地划分工作重点，将更用心在你喜欢的领域。

1.6.6 小爷，上份职业规划

感冒一周了，仍没有好的迹象，头沉沉的，反而让我想起很多，关于自己一路走来的种种。于是拖个地，换块干净桌布，打开破电脑。

从小学起，我在做一件事，比如做作业、复习功课之前，会做三件事：拖地、收拾书桌、将一切杂物从眼前移开。这些举动，让我做事的环境变整洁、无干扰，故我能专注。我花在学习上的时间并不多，更多的时候在看闲书，但我成绩不错，我想，很大一部分原因在于我能专注。

成年后写点什么、看点什么，一样要重复这三个动作。曾经对考三级人力资源师的朋友说：关网，不喝水，不吃东西，不上厕所，看25分钟书，休息5分钟，这25分钟可以抵你玩玩打打地看书一小时。这是番茄工作法，推荐做项目、学新知的朋友试试看。我的时间规律则是，大约专注于工作40分钟，休息20分钟，最高效。这个规律估计是听多年上下课铃声训练出来的。

说这么多，是想说，**职业规划前，你必须安静下来，给自己一个专注的时间和空间**。

我24岁时，初为基层管理者，管几十号人，年老年少都有。其中有个30岁的班长，是从别处调来的。他算公司老员工，有能力，也有脾气，大概仗着自己的能力，和各大头目均不和。公司想辞退他，又怕他闹事，我一概不知这些内幕，人事部说调给我，我也就收了。我也是有能力的人，他会的，我都会，和大家一块儿干活，不摆架子，其实我才24岁，当时还不懂职业化穿着，大都是白连衣裙，跟高中生似的。我单纯地欣赏班长的能力，被我一欣赏，他也欣赏我的亲力亲为，故我们建立了互相扶持的关系。

某天，我们一起通臭水沟，大概他是被我不怕臭的精神所打动，他悠悠地说："我这个年纪，要养老婆小孩，我必须找钱多的工作，你有学历没家庭负担，你应该找有发展的工作。"我乐呵呵地回答："现在的工作很有发展啊，我是这个行业唯一的女性经理。"他问："然后呢？"

水沟终于被揭开盖子了，一阵恶臭，我屏住呼吸，只剩"然后呢"在脑子里回响。

后来外资撤资，大家被解雇，我帮班长写了封推荐信，找公司人事盖了章，他顺利地去到另一家公司，总经理告诉我中方非常希望我留下，同行业某公司他也可以推荐我去，总经理对我一直很好。

我想起当年臭水沟旁的三个字：然后呢？然后我一直在这个行业里，这是一个国企氛围很浓的行业，所谓的外资大多被挤压，我们公司的撤资，只是这个行业洗牌的前奏。我从国企出来，自然是不愿意再回去了。如果去了另一家同行外资公司，我还是做基层管理吗？最好的结果是转做市场、运营、安全管理，但作为女性，想要在这个行业里出头，似乎非常难。

我婉拒了总经理的好意，趁年轻，我正好换个行业去玩玩。

在安稳的时候，在自以为春风得意的时候，不妨问问自己：“然后呢？”这是职业规划的第一步。

二十几岁离开外资公司，我手上有的：会计证，两年管理经验，一点培训经验，各种办证经验，与不同部门、人打交道的经验，一点市场分析经验。我把手上的牌翻来覆去地看，做财务不适合我，我不够严谨和有耐心，这张牌废掉。剩下的牌，能组合成什么呢？

管理+培训+人际交往，我组合成行政人事管理工作，目标明确后，较顺利地从事行政人事了。一家大型台资公司，行政人事岗权利很大，发展前景也不错。在那里工作的三四年，我考到了一级人力资源管理师，开始转型专注于人力资源。

职业规划的第二步：整理、整顿你拥有的资源，把自己当企业来经营。所以，我让大家做了练习，找到自己擅长和喜欢的交集。我擅长财务，但并不爱，也有性格冲突，于是我放弃。

企业经营的内涵是什么呢？是一个组织在财务上维持自给自足的方式。企业经营会考虑到哪些因素呢？

(1) 客户；

(2) 价值；

(3) 渠道；

(4) 客户关系；

(5) 利润来源；

(6) 核心产品；

(7) 成本。

如果把自己当企业，要考虑哪些因素呢？

(1) 我能帮到谁(客户)；

(2) 我怎么帮(价值)；

(3) 如何把自己推销出去(渠道)；

(4) 怎么和对方打交道(客户关系)；

(5) 我能得到什么(利润)；

(6) 我是谁，我有什么(产品)；

(7) 我要付出什么(成本)。

看看当年的77对于这7个问题的回答：

(1) 需要办证的、员工培训的、招聘的、员工关系处理的企业都需要我。

(2) 我的过往经历，证明我有这些能力，但怎么帮，要根据客户所处的阶段和重点，找到一个突破点，逐步实施。比如有的企业的首要任务是组建团队，有的是提升管理者能力，有的是稳定局势，建立流程和标准等。

(3) 招聘网站、身边朋友、猎头。

(4) 我的客户即员工们，不同的员工喜欢不同的沟通方式，有的喜欢邮件，有的喜欢当面。根据他们的喜好，维护我的客户关系，但要保持自己的风格，比如有目的地沟通，比如沟通风格简洁，比如公开、公正等。

(5) 薪水、经验、学习机会、出差机会、晋升机会、帮到人的成就感、使别人有所收获的满足感。

(6) 我的核心产品是通过我的管理，理清公司各流程，提高效率，提高公司业绩，也提高员工满意度。

(7) 我愿意付出的成本是满负荷的工作时间，一月不超过两次加班，不超过两次出差，否则会降低我的生活品质。

通过这么一整理，对于自己想要什么，愿意付出什么，核心价值在哪，都清晰了，甚至对自己尚不足的地方也清晰了。比如，我要通过我的管理，理清公司各流程，提高效率，提高公司业绩，也提高员工满意度。除了现有技能，我是不是还应该学习标准化管理、项目管理、心理学、商业模式、谈判技巧、公司法呢？

我们通常在面临危机时，才会反思自己的职业和人生，比如我的“然后呢”，当时并没有想，一直到公司要撤资，才去考虑。**如果我早一点思考，也许我能提前掌握更多我需要的技能。所以，职业规划的第三步就是：早一点开始认识自己。**

1.7 案例分享

下面，给大家介绍几个实用的案例，为你加油。

1.7.1 毕业季的问候

在三茅网开专栏的半年时间，我收到很多朋友的邮件，有仅仅为了表达感谢的，也有咨询问题的。我并不是人师，但我在职场走过太多弯路，愿意分享我的坎坷。下文，是一名人力资源专业毕业生的来信及我的回复，希望对今年毕业的同学们，有所帮助。

网友亚腾来信：

(1) 本人喜欢人力资源这个专业，大学期间喜欢读书、写作、跑步，期间读了大量的书籍，也包括一些专业书籍。

(2) 毕业要从事人力资源方面的工作，现在产生的疑问是具体要从事人事的哪一模块(招聘、培训、薪酬)，还是不用细分？怎样才能更锻炼自己？我最近一直在考虑这个问题。

(3) 毕业后是去大企业还是小企业？选择国企还是外企或者民企？

(4) 从事什么行业有发展前途？

(5) 应届毕业生在找工作时最应该重视什么(知识、经验、薪酬、上升空间……)？

(6) 做人事应该到一线城市还是二三线城市？

(7) 想要做好一名优秀的HR，需要具备哪些特征(知识)？

(8) 从学生到职业人应如何做好角色转变？

大白兔77回信：

谢谢你的信任，问题也问得很清晰，是个逻辑能力很强的同学。我认识一个和你一样背景的朋友，一样逻辑很好。我把他的故事和你分享一下。

毕业后，应届生不太好找工作，他在亚马逊做了几个月的分拣员。在做的过程中，他了解了亚马逊是怎么考核一线员工的。然后做了猎头顾问，在一家小猎头公司做了半年的时间，攒了很多人脉，有客户，有候选人。后来去一家民营企业做人事专员，因为做过猎头顾问，招聘他很在行，同时学着做培训，做薪资。再后来，他是副经理，我猜想，他定会前途无量。

(1) 第一份工作做什么都不重要，去学习，找到你的兴趣所在，当然，如果你现在就知道兴趣所在更好。

(2) 刚进企业，不可能让你专注某个模块，你只能都涉及，再去找自己的优势，好好发挥。

(3) 能进大企业就进大企业，能去外企就去外企，这些地方系统性更强，能让你见世面，进不了也没关系，如上述的例子，也能发挥所长。

(4) 和衣食住行有关的行业，即便任何行业衰退它也不会衰退，在这些行业你总有饭吃，就看吃得好不好。金融、互联网、生物技术也是热门，没进入热门行业也没关系，工作是可以再换的。

(5) 能去大城市看看最好，不能也可以，随缘，但年轻时没去看看世界，好像总有遗憾。

(6) 优秀的HR，知识类：我想什么都需要，至少办公软件要很熟练，财务要懂一点点；素质类：沟通技巧也要有，企图心要有一点点，时间管理要能有自己的一套方法，持续学习能力也很重要。

(7) 角色转换，我相信你能做得很好。首先，你很主动，你会主动发邮件咨询；其次，你很有礼貌，礼貌的人，谁都喜欢；再次，你很有想法，有自己的见解，这些在职场上都有用。

暂时想到这么多，诚实、正直、尊重他人、见人微笑、主动请教、少说多做，把握这几点，我想你会很成功，祝顺利，记得来报。

1.7.2 抛开一切

77老师：

您好！

我是您的忠实粉丝，最近有个关于个人职业规划的问题一直困扰着我，想跟您请教。

(1) 我在2008年12月研究生毕业之后就直接来到这家集团公司，当时集团才成立，总部人力资源部门就只有2个人从事母公司基础的人事工作，随着公司发展，总部人力资源部门经历了从2～16人又回到4～5人的状态，我的职务也从基础专员到负责中心的副总再到中心的总助。

(2) 集团领导对人力资源工作很重视，也有很高的要求，但这些要求比较理想化，并且行动上的重视并没有配套，所以这几年集团人力资源规划类的工作都处于虎头蛇尾的状态。

(3) 目前，中心老总是由集团一位资深的领导担任的，在人力资源、财务这块属于集团内很有权威的领导。从他担任我们中心老总后，因为中心工作开展一直达不到董事长的要求(两人的观念有一些不一致)，一直处于很被动的状态，中间也提出过几次不做这个岗位了，但因为各种原因董事会没同意。公司虽然一直说要招老总，但也一直没正儿八经地招，几个中心老总都是年龄偏大的“元老”，下面也没有合适的候选人，公司的人才梯队做得很差。

(4) 我在去年一月份生了小孩，从怀孕后就调整了原来经常在外出差的状况，以策划和内部支持工作为主。休完产假后跟中心老总明确沟通过我的定位，老总也很理解。所以现在的工作状态是在中心老总的安排下，负责总部办公室具体的人力行政工作，协助老总进行集团层面的人力资源体系的规划工作，同时协助他管理中心日常事务，说实话我还比较喜欢这种工作状况。

(5) 因为人员问题，以及公司人力资源环境的关系，人力资源工作的开展并不尽如人意，董事长找我单独沟通，希望我能有所突破把这摊子工作抓起来，否则就是“不进则退”，用他们的话说就是在“混”(虽然我并不认可，“混”也是在尽职工作的基础上)。而我，早已经没有了前几年对那个高职位的期盼和欲望，只想在近三年(至少小孩上幼儿园前)，能相对安稳地工作(不用出差，不用加太多班)。

这就是我困惑的地方：综合而言，我现在需要安稳的工作，在现在的公司，如果“不进则退”，我是继续埋头做事，直到董事长对我失望不理我或是看不惯把我“赶走”；还是要考虑调整一个新的工作？真的只能“不进则退”吗？

期待得到您的指点！

77的回复：

邮件收到，趁放假，我也好好想了这个问题，你的问题和我何其相似呢。

在旁人看来，现在我头衔没以前高，收入没以前高，权力没以前高，简直就是“三不高”成员。但我收获的快乐更多，与家人相处的时间更多，做自己的时候更多，甚至走更远的底气更足。

每个人，在不同的人生阶段，都有不同的追求，现在你追求安逸和照顾家庭，谁能说你错呢？

我们和公司的相处，有时候很像夫妻的相处。说个故事：一对夫妻，初恋修成正果。七年后，男的说，我一直在有所追求，而你停滞不前，我们目标不一致了，我们分手。或者女的说，你一天到晚在外忙碌，少了花前月下，少了温情脉脉，你已经不是当年的少年郎，我们分手。这样的故事是不是够熟悉？是不是总在我们身边上演？

我们与公司的关系，大约也是这样，曾经我们有相似的目标，我们一起奋斗；曾几何时，我们有了不同追求，决定和平分手。人生就是一段段的旅程，有时候我们同行；有时候，我们走不同的道路，在下个分叉口，说不定又相逢。

不进，是不是退？我想老祖宗早就告诉我们答案：退一步海阔天空。

回到你的案例，第一，我个人认为，你的选择没有错；第二，“不进”是不是就意味着“退”？不是，只是你现在暂时要休养生息；第三，面对董事长的殷切希望，面对他们沉甸甸的信任，不妨敞开来谈。

怎么谈：第一，你们一起经历了公司初创，你的能力，他们看在眼里，毋庸置疑，你要感谢一直以来他们对你的信任；第二，让你有所突破，你会好好考虑如何突破，但如果能突破，早就突破了，你认为现在更适合引进外援；第三，公司现在处于发展期，需要更多有闯劲的人加入，你愿意竭尽所能做好辅佐工作，这也是你擅长的，且一直以来你都是这样做的。

如果你坚定了近三年的个人定位，就去坚持，一个坚持的人，往往会柳暗花明。突破的事，让想做的人去做吧，公司除了尖刀班，也需要粮草组。

也许，因为你的坚持，会失去晋升的机会，甚至如你说的，被替换掉，如果这是最坏的结果，也要有心理准备，是否承担得起，是否愿意承担。当然，好的结局是，董事们认可你是一流的辅助人才，继续用你。

至于着手调整新工作，谈了以后再决定，以你现在的资历，找一个不需要你拼的公司有难度，除非你愿意低就，做更大的取舍。

祝顺利！

1.7.3 高跟鞋并不是你一定要有的鞋

在中国，2013年的男女收入差异是40%，这仅仅是通过表面数据能看到的。那看不到的呢？在我收到的邮件中，有三分之一这样问：我们能兼顾家庭和事业吗？我们如何在生产后重新回到岗位上？我想照顾孩子，我们能不那么拼吗？职场妈妈真的不进则退吗？我不知道我的回复对她们有没有一点帮助，每当收到这样的邮件，我就会想：如何和作为女性的自己相处，是我们最该找的答案。

我不知道正确的答案，恋爱、婚姻、家庭都是极致的个人体验，我的经验仅仅是我的。甚至所谓的职场通则，也不存在。我分享的，适用你拿去；修改下，成为自己的；不适用，千万不要怀疑自己不对。

但我知道，找爱人，并不等同于招聘，找的，是灵魂伴侣；办公室恋情，能不开始就不开始，如果开始了，离职的一定不是女人；结束异地恋，不一定就是女方要去男方的城市；已婚的男人，再好也不要碰。高跟鞋并不是你一定要有的鞋，爱情一定不是生活的全部。

第2季　夏季

蔡康永肩膀上的乌鸦

蔡康永的肩膀上曾有一只乌鸦。他现在不用乌鸦了，常把羽毛、磁铁、网球、回形针等各种玩意挂在脖子周围，同一件衣服就变身为各种新衣服。他从“乌鸦时代”变身到如今的“以不变应万变”时代，我觉得，他想穿了某个问题，所以，他不做《康熙来了》这档节目了。

不知道蔡康永是怎么想的，我觉得，我的肩膀上也有一只乌鸦，隐形的乌鸦，不是隐形的翅膀。

3号头的秘书来叫我：“77姐，3号让您去他办公室一趟。”秘书当然说的不是3号，是某总。

我知道他要说什么，他要说为什么这个月他们部门的绩效这么低。

公司的绩效是和业绩以及管理分挂钩的，3号头的部门这个月的业绩说不上不好，但他们的管理分很低，原因是离职率偏高，还有两个员工打卡后溜号被抓。离职率是客观数据，员工被抓是行政出具的数据，都有数据来源，我不知道3号头要和我讨论什么。

3号头开门见山地说：“77，我觉得离职率高不应该算在我们部门头上。”77的个性里有点恶的本质，见不得人说自己不好，被说了就毛。但职场不是自己家，被人惹毛，是不优雅不职业，对身心健康不利的。这个时候，我肩膀上的乌鸦就在低声吟唱了：“冷静，77，深呼吸。”

乌鸦，就是起这个作用的，按捺住我心中喷薄而出的恶。

我对3号头说：“某总，离职指标的设定，在确定绩效考核方案时我们已经取得一致，新员工入职一个月内的离职，算我们人力资源部的离职率，工作满一个月的，都算部门的啊。”

3号头说：“自实施绩效考核方案这几个月来，我觉得这个指标不合理，当初实施方案时，你不也说了，在实际运行中，如果觉得有不合适的，我们可以调整的，一切从实际出发，这都是你说的。”

肩膀上的乌鸦又开始低声吟唱了：“77，把他当朋友，把他当朋友，就事论事，探讨下。”

我微微笑，对3号头说：“对，我说过在实际运行中，如果觉得有不合适的，我们可以调整，一切从实际出发，那您发现有哪些不合适的呢？我很有兴趣。”

当我说“我很有兴趣”的时候，我突然变得真的很有兴趣探讨这个话题了。

3号头见我不反对，反而有兴趣，也微微笑，开始讲他的观点：“77，是这样的，我原来觉得你说得没错，一个月内离职的人，一般是人力资源部没匹配到适合这个岗位的人，虽然说服别人进来了，或者说被表象蒙蔽，让人家进来了，结果，别人上一阵子班，发现其实还是不合适；或者说，实力开始显山露水，黔驴技穷。所以，一个月内离职的，算你们的指标，我同意。但我现在发现，有的人可以隐藏得很深，三四个月后才发作。”

77几乎要脱口而出：“这是隐藏得有多深，都可以做间谍了，人力资源靠面试那么一小时去判断一个人，都要背指标；您用一个月都还不够去观察一个人合适还是不合适，如果觉得不合适，一个月内就能退货，指标还是由我来背。”

但我的乌鸦小伙伴，在我耳边说：“好好说话，好好说话。”

于是，我是这么说的：“某总，我同意您的看法，确实有人可以隐藏很久，有可能一辈子，但那是谍战剧。大多数人还是能在一个月或更短的时间内，判断他适不适合岗位的。个案，我们不放在指标里，这个在定方案前，我们也讨论过。一个月内，安排的任务是不是有反馈，能不能完成得不错，与人沟通是不是合适，这些都可以通过工作的接触来得到啊。您觉得问题在哪？”

3号头说：“这个呢，其实我觉得小张、小王有点问题，心高气傲，眼高手低，但我觉得也许过段时间就好了，结果，过了两个月还没好，他们反而跳槽了，你说，这算人不合适呢，还是我们部门没用好人呢？”

我懂了，3号头想说离职的小张和小王，这情况我熟悉，面试时，我就说了，别人是技术控，技术控适合做研究，不适合产品转化，我的评估意见白纸黑字地写着呢。但3号头觉得人家真牛，满心欢喜地接受，想让他们为现有部门的研发进度贡献力量。别人工作了两个月，发现公司更迫切地希望产品问世，而不是精益求精，自然放弃了。

我接着说：“某总，小张、小王怎么入职的，我们都很清楚，当时我们也有不同意见。我觉得吧，先抛开绩效指标不谈，以后这样的情况还会有，我们不妨想个解决之道，也许解决之道出来了，绩效指标的问题就会解决。”

3号头想了想，也觉得我说得有道理，我提议：“就这个事，我们都各自再考虑下，看看有没有更好的人岗适配方式，明天再碰一碰，这个月先按既定指标来，您觉得呢？”

事后，3号头没有坚持当月即改考核指标的计算方式的要求，而我们通过共同商议，想到了一个比较好用的人岗适配方法。

因为肩膀上的乌鸦，我咨询过当专业精神科医生的老友：“你说，总有个虚拟的东西在我耳边说话，这是不是幻听？是不是什么精神疾病的前兆？”

医生问我："你知道是虚拟的？""嗯，我非常清楚，我只是在情绪亢奋，要打仗的时候，需要这个虚拟的乌鸦，让我心平气和地说话。"

医生接着说："人，谁没有情绪呢，谁没有个小个性呢，懂得收放自如，不是心理有问题，恰恰是心理成熟的表现，学会借助外力，比如，在肩膀上假设有一只乌鸦，或喜鹊，或者转一转手上的婚戒，或任何你觉得可以的暗示，也是一种情绪调节方式，你明确知道它是虚拟的，就没啥问题。当有一天，真的觉得有只乌鸦在你肩膀上，要么拍个照，确认真伪，要么就真的需要来找我了。"

听她这么说，我就安心了。

2.1 立夏(绩效管理实施)

随着立夏的到来，招聘工作变得不那么紧迫了，但人力资源部的工作一刻不得停歇。

2.1.1 与大佬开会的小心机

8:40，在等电梯的职场丽人中，我的装束有点跳脱，布裙有点过长且材质不高级，适合校园，显然是不适合这栋高档写字楼的。

昨天，CEO收到下属某公司总经理会议邀请的邮件，邀约其今天14时出席子公司关于推行绩效考核的讨论会。CEO转发给我，让我今天上午去他办公室商议此事。

当时我才入职一周，收到邮件亦明显感觉到两人的不合，关于绩效考核，CEO的观点是：现在子公司的工作重心是拿出切实可行的市场规划。子公司总经理的观点是：目前一切的运行不良，均因无绩效制度造成的。在明知CEO的观点后，子公司总经理仍提出会议邀请，在我看来，颇有“鸿门宴”的意味。

集团CEO是美籍华人，言语表达方式与我们印象中的外国人无异：直接、果断、不容解释。子公司总经理(下文简称博士)是工科博士，典型的书生，含蓄、纠结、不喜表达。CEO对子公司迟迟拿不出市场规划不满，博士对CEO过于宏伟的战略蓝图不苟同。中西文化差异、个性差异碰撞得一塌糊涂，我任集团HRD时，两人关系已成浆糊。

上午与CEO碰头后，无意外地，CEO委派我单独赴会，这也可以理解，HRD嘛，关于绩效的讨论是一定要参与的。而在今天清晨，为了参会，我做了唯一的准备：及地长裙——分公司是个连前台都是男人的“和尚庙”。

11:40，我到达所处郊区的子公司，但并没有如CEO嘱咐的，提前邀约部门的负责人吃便饭。瞒着博士请他属下吃饭，虽然CEO的本意是要与大家尽快熟络起来，但从中国人的观点看有点反客为主的意思。

11:45，我找博士的助理要会议流程(博士下午才能到公司)，助理说没有做流程表，分公司一贯如此，会议只有主题，没有流程。我说没事，仅建议以后开会提前做好流程，以便提高会议效率。助理因为自知会议没组织好，有点心虚，于是热情地带我与分公司同事们打招呼。

11:50，在博士助理的带领下跟各同事们认识。

12:00，几个个性活泼的同事礼节性地邀约我共进午餐，于是欣然前往，便饭中未谈及工作，听大家闲扯，适时接个话，饭是AA，我没抢埋单，也没接受别人埋单，只是饭后点了饮料送到公司。一顿饭的时间，和大多数同事混了个脸熟。一瓶饮料的传递，消除了大家对集团派来的人的敌意。

14:00，会议正式开始，博士迟到，助理主持。老大不在，大家不敢多言，就看着投影上的方案，做思考状。趁这个空当，终于见到会议主旨长什么样，不过一个中规中矩的绩效考核方案而已，可见博士是真性情，是真的觉得没有绩效考核，员工士气不高、公司业绩上不去、团队氛围不好，而想从绩效入手去改进。但从人资管理的观点来看，这些真和绩效考核有关吗？大部分应该是公司战略目标不清晰、员工工作目标不清晰、管理混乱造成的吧。但这些，我在正式会议上都没有说。

14:10，博士入席，首先致歉迟到，然后问大家对此方案的意见，各部门老大均表态无意见(应该是事前大家都达成一致，此次会议是想让CEO拍板定案的)。我的出现让大家斗志不强了，第一，我不是决策人；第二，谁愿意为难一个如大学同桌般的长裙女士呢。

15:00，讨论结束，博士问我的意见，终于轮到我了，等得好着急，因为下午5:00约了财务总监的候选人在集团面试。

“首先，CEO下午早已有其他安排，他为今天不能到场表示歉意，同时委托我把大家的意见如实带回去；其次，通过今天的会议，感受到了大家对工作的激情，也欣喜地发现我们的目标是一致的，都想规范化管理，都想提高制度对员工的激励性，都想借绩效管理这个工具，改进员工表现和公司表现；最后，这个绩效方案，我仅代表我个人，觉得是可行的……”

话音到此，我仿佛看到博士长舒一口气，他的提案居然无阻力地被肯定。

“为了这个方案在执行过程中更便捷、有效，我的建议是：第一，做绩效方案的同时也梳理各部门各岗位的职责、流程，这样考核起来有针对性和依据；第二，分解公司的战略目标作为考核指标的一部分，绩效考核的最终目的，不是扣员工钱，是为了改善员工表现和公司表现……”

听到不是扣钱，我明显感觉到会场气氛更轻松了。

博士不知道听懂我的话没，带头鼓掌：“就按7总的意见，各部门注意，下周就把职责和流程梳理出来交给某某汇总后提交集团人力资源部。”

15:30，会议结束，时间刚好来得及赶回集团。

HRD没一把专业的刷子不行，而专业外的，诸如如何不喧宾夺主，如何与人亲近，如何既表明自己的态度，又不得罪任何一方，如何引导业务老大欣然按你的思路走，就不能依靠专业书了，要靠发自内心的真诚，靠社会历练，靠对人心的揣摩，还要靠一点点小心机，比如那条长裙。

2.1.2　备忘录不是打小报告

17:00，参加完子公司的绩效研讨会，回到集团便紧锣密鼓开始财务总监的面试。面试是坐着，对方看不到不符合身份的长裙，只看得到上半身的深色衬衫。

面试对于面试者而言是一场表演赛，对面试官而言也是一场消耗体力的赛事。一个问题的提出，不是无缘无故的，一定有问题背后的深意。而当面试者回答一个问题后，结合他的回答要找出要点和值得追问的话题，挖掘出候选人过去的行为模式，以推测未来他可能的行为模式，是否是公司所需要的。总之，并非事前设计好题库就可以，一定要有现场的掌控力、推动力及应变力。

面试详情不表，过程和结局是另外一个长且有趣的故事。

18:00，已过下班时间，但工作没有结束。

CEO喜欢及时反馈的工作风格，而我也不喜欢事情过夜。打开电脑，开始写今天会议的备忘(以下为大意)：

(1) 会议主题是绩效考核的推行，会上各部门负责人都赞成。

(2) 从会议上每个人真诚的发言看，个人理解子公司推行此项目的背后意义是真的想改善工作。

(3) 他们的出发点是好的，只是对什么是绩效管理没有正确的认识，会上仅代表个人阐述自己的观点，绩效考核可以推行，但前提是先梳理各部门各岗位的职责、流程，这样考核起来有针对性和依据，需制定且分解公司的战略目标作为考核指标的一部分。

(4) 总经理赞成我的观点，拟定按我的建议操作。

(5) 我有此提议的目的：通过他们想推绩效这个契机，在做绩效的同时也正好让他们自发地制定迟迟未定的战略目标，找准靶子；也借这个契机，让他们梳理清楚流程，自然少了扯皮、推诿。

(6) 下一步我的工作：如CEO批准，我可配合他们做此项目，做一定的技术指导；解决目前工作氛围不积极、不主动的核心问题，下周再次去子公司调研、制订可行计划并在下周提报。

19:00，华灯初上，备忘只有简单的6点，区区三百言，其实煞费苦心，针对子公司总经理提到的员工士气不高、公司业绩上不去、团队氛围不好的问题，让他们在梳理流程、制定目标中自己去找答案，并适时增加其他我力所能及的辅助手段，即备忘最后一点提到的下一步计划。但这个计划，我并没有拍脑子提，一切的改善来自用户的需求，而子公司全体员工即我的用户，先去调研，其实也是给刚入职的我一点缓冲的时间。点邮件发送，终于可以收工走人。

20:00，归家途中，心里忐忑：CEO认同我的备忘吗？他觉得我的处理合适吗，还是太中国化？子公司总经理退让一步准备按CEO的要求制定目标，针对他的“退”，CEO是更进一步，还是也退一步？一切答案只能在收到回复的邮件后才能揭晓，我无法预知，但我现在能预知家里一定有热腾腾的美食在等待我，于是一个HRD真实的一天，在对美味的遐想中结束。

在这个案例中，我作为集团HRD是连接子公司总经理和CEO的中间人，第一，绝对不能在CEO和子公司总经理本已紧张的关系上火上浇油，偏向任何一方，对公司来说都是内耗；第二，要如实反映会议整个过程，起到CEO特派员的作用，但又不能违背良心说假话；第三，要有自己的观点，不能把问题重新抛回去让CEO解决；第四，以自己的专业能力，找出一个除非黑即白之外的解决问题之道。

2.1.3 CEO再战博士

CEO对子公司迟迟拿不出市场规划不满意。博士对CEO过于宏伟的战略蓝图不苟同。中西文化差异、个性差异碰撞得一塌糊涂。两人关系已成浆糊时，我刚到任集团HRD。

穿着长裙参加了绩效管理的会议，给CEO的汇报稍稍地起了调节作用，强硬的CEO退了一步。僵持也不是办法，我的邮件给了他台阶，他同意在子公司推行绩效管理，要求我提方案。

在中国，绩效还真不是个好干的活。

也许是我偏颇：不论是大型咨询公司历时半年做的绩效方案，还是咱们HR自己搞的绩效方案，两头讨好的案例是从来没有的，明知不讨好，要怎么做？

博士觉得有了绩效管理工具，能解决员工士气不高、公司业绩上不去、团队氛围不好的问题，他是想奖勤罚懒。

对于CEO的想法，我猜测他是这样打算的：①绩效做不好了，证明博士的提议有问题，正好让博士认错；②万一绩效能解决战略规划、管理混乱、流程不清的问题，皆大欢喜；③顺便考核我这个新人。

员工又是怎么想的呢？由访谈结果可知，打工者都是很简单的，只要能按劳取酬、按能取酬，公平、公正、公开，他们就满足了。

我带着民意去会博士，尚未进办公室，就看到堆积如山的桌面。有文件，有泡面，还有看不懂的机器，看得懂的人民币，真够乱的。与CEO光洁如镜的桌面有天壤之别。

第一句话，我说的是："我懂您的意思，您想向某某公司学习，想规范化管理，这是某某公司的全套绩效方案，我通过行业朋友拿到的，您先看看。我们不到百人的公司不一定要用千人公司的管理办法。您是做技术的，Oracle稳定、安全，当然好，但使用起来难度大啊。"

关于Oracle，从程序员聊天中听到一耳朵，总经理最近深深为我们正在使用的Oracle维护困难着急，其实我也只知道Oracle是甲骨文公司出的数据库，其他都不懂。我只想告诉他，大公司的方案我也能做，主要看你觉得是否合适。

收到某某公司的方案，总经理显然很高兴，某某公司是他经常提到的榜样，没想到我还有本事拿到方案，他觉得我对他应该是很重视、很尊重的，才会献这个大礼。这时，他忙不迭地说："办公室有点乱，你别介意，你坐，你坐。"

我环顾四周，拉了把椅子，在他垂直方向坐下，这么坐好说话，也能拉近距离。

我接着说："第二，大公司的方法自然有值得学的地方，比如他们的绩效面谈核心观点认为，员工出错，只是事做错，不是人有错，上级让他自己提改进方案，也给他提建议。我们公司都是高学历、高智商的年轻人，用批评的方式恐怕不妥，鼓励他们也许更好，只是建议，您可以参考。"

访谈中收到的小道消息，博士不善言辞，和员工交流，多以骂人结束，我也想借此机会让博士的管理从沟通开始。

"第三，这几天征得您同意，也和员工聊了聊对绩效管理的看法，绝大多数都是踏实做事的人，他们希望能通过多劳而多得，我们方案设计的主旨按这个思路，您看可否？"

公司很多员工都是博士带的研究生，博士像家长，还是喜欢听人说自家孩子好话的。

碰头基本成功，博士觉得我站在他们的角度去考虑问题，就方案的方向性达成一致，开始信任我。

但，这只是个开始。

2.1.4 绩效管理的爱的箴言

周一上班，刚倒了杯水，还没来得及喝呢，CEO就有请了。上周五，就与子公司总经理关于绩效管理方向写了草案，下班前，给CEO发了邮件。我通常先发邮件，给老大思考的时间，再去请示。这次，都不等我喝口水去请示，他就召唤我，是写得好还是不好，让他这么急？

一路小跑去见驾，进门透过眼镜看到双有笑意的眼睛，知道形势尚好。老大是这么说的："邮件看了，很好，有专业性，又能在这么短的时间分析出子公司的现状，很不容易。你说得很对，子公司是初创性公司，方案一不考虑，方案二、三都可以，你本周与子公司老总商议，选择其中一个修改后上报。”

周五交的邮件是这么写的(大意)。

方案一。优点：从公司发展、客户、学习能力、财务指标等各个维度考核，系统先进、准确度高；缺点：需要专门的绩效主管进行数据提取和统计，也需要各部门负责人有一定的管理能力，能准确运用相关考评和反馈系统。实施起来，前期梳理指标需花费较长时间，因现子公司属于初创阶段，对财务指标预估性把握不大，对因实施此方案带来的人力成本增减，也无法建模测算。

方案二。优点：以业绩考核和项目节点考核为主，数据容易提取，能在子公司形成业绩导向和Deadline的习惯；缺点：同样需要各部门负责人有一定的管理能力，能准确运用相关考评和反馈系统，实施起来，前期铺垫和项目管理培训都需花费较长时间。

方案三。优点：主要对阶段性业务目标进行考核，操作简单，对部门负责人的管理能力要求不高，适合目前子公司业务对象单纯、人员数量不多、人员结构简单的现状；缺点：附件为成本预测，总成本会略增加，但因效率提高等原因，成本率会降低。

建议：鉴于子公司现状，部门负责人都是技术人才，管理能力尚不足，最简单的工具应该最适合他们。另外，子公司人员不多，管理简单化也便于提高效率，个人建议采纳方案三。

关于子公司绩效管理方案的提案，我准备了三套，是不是有点多？其实我是有小心机的。

一套是源自同行同业大公司的，系统完善，指标精准。一方面可显示我有高度，另一方面方便博士参考别人的绩效面谈是怎么进行的。另一套是不超过我可控范围的，即使按这套来，我现有的能力和支持体系也能应付。最后一套是我想要的，简单的指标和维度，操作不花太多时间，对员工有一定的激励性，公司可能会多付出些人力成本。

我把我想要老大选的方案放在文末，心理学领域提出的首因效应和近因效应，我们可以得到这样的结论，中间的观点往往会被后面的观点冲刷掉——并非有意地遗忘。人通常只记得开头和结尾。面试也一样，会无意识地选择第一个面试者或最后一个面试者。第一个方案，凭直觉我觉得CEO是喜欢简约的，过于庞大复杂的系统他不爱，首当其冲，任他去砍掉，让老大有Cut的快感，这样再读后面的方案时会补偿性地不那么严格。当然，留给他Cut的方案也不能太低端，太没水平的开场白是对老大的不尊重。

写方案通常要写两份以上，有余力，可写三份。表面上看，给自己增加了工作量；但从成功率看，会高很多。如果只提一种，又不对老板意，打回来，就算再改，也难正中下怀。写方案是猜心的过程，多几个方案让老板选几次，他的个人偏好也就猜出来了，下次提案会更有的放矢。

箴字，从竹从咸。“竹”指远古时代竹制的针灸用针，“咸”指酸涩感觉。可见，箴言是针灸，刺中穴道最重要。

同理，收到没有个人意见的方案，我不会处理，自己都没想清楚，你想让我说什么呢？我当然可以什么都不说，让你重写，想清楚再来谈。这次给老大的方案也一样，摆事实后，我提出了我的建议，就差没说“择善而从之，则智者尽其谋，勇者竭其力，仁者播其惠，信者效其忠”了。

十分钟结束谈话，我心里哼着“我将你的背影留给我自己，却将自己给了你”一路小跑回办公室，那杯未喝到嘴的水，温度刚刚好。

2.1.5 生，还是死

带着绩效方案二和方案三，再次来到分公司，同时带了份培训计划：什么是绩效管理。博士心中的绩效管理大概就是分钱的游戏；我心中的绩效管理是提升组织效能和个人效能的游戏；CEO心中的绩效管理是提升分公司执行力的手段，让博士能更服从管理。

我所面临的形势堪忧，CEO把我当枪使，但人在江湖上，哪能不当枪，绩效不是个容易实施的工具，自己单枪匹马是否能驾驭？其实心里没底。

来到分公司，跟博士请示：“CEO同意我们的方向，我想充分调研后再拟订方案，您觉得呢？”博士是做研究出身的，他应该喜欢摆事实、讲道理，调研是充分尊重他和他的员工，我想他会同意。

博士没想到弄个绩效还这么麻烦，有点不耐烦，但毕竟是高级知识分子，做研究出身，修养还是有的。“OK，你需要几天，怎么调研？”博士问。我拿出培训计划："准备用一周，两个下午，每次2小时，第一次做培训，告诉员工绩效管理是什么；第二次，在他们了解绩效管理是什么之后，听取员工意见，不记名。这样做出的方案最真实。"博士饶有兴趣地翻着培训计划，里面出现的名词看来对他而言很新鲜。

其实，绩效方案怎么会完全来自民意呢，但引导民意正是我想要的。

培训围绕我的儿子展开，对，你没看错。大家都是成年人，谁也不比谁聪明多少，更何况在子公司硕士到处都是，他们能觉得在这一两个小时中，有一两个点让他们觉得有点意思，或有点用处，培训就成功了。

儿子的故事是这样的：他的卧室已经可以和狗窝媲美了，于是我要求他收拾干净。可惜效果不佳，因为儿子理解的干净和我理解的大不同，这是所谓的绩效目标不统一，考核指标不确定。说清楚了标准、检查时间，效果仍不佳，因为他知道了标准，但缺少如何做到的技能，这是绩效指导不够。经培训后，他再次收拾房间，在这个过程中，他觉得妈妈刁难他，一气之下撂挑子了，这是绩效沟通不良。最后，好好沟通了，他终于收拾好房间了，却问："有什么奖励呢？"我回答没有，这是绩效激励不足。

这场原本很枯燥的什么是绩效的培训，让在座的父母们和即将当父母的人欲罢不能。树立了我在他们心中绩效管理的权威地位。

第二次访谈就热烈多了，按照培训中的案例，大家积极讨论我们的方案中要规避什么、倡导什么，自己得出的结论，比我强加的要好执行。在谈的过程中，大家一致觉得，工作目标是什么要清楚，做得好是什么标准要清楚，工作中遇到问题找谁也要清楚，这正应了CEO提出的战略目标清晰、流程清晰、管理有序的要求。至于做好了怎么奖、做不好怎么罚，这个精算交给我，我的财务背景在这个时候派上大用场了。

两个下午，博士全程参加了，见大家坦言这么多问题，他略有菜色，以下是我的结案呈词。

爱丽丝问猫先生："请问我要走那条路？"

"那要看你去哪儿。"猫先生说。

"去哪儿无所谓。"爱丽丝说。

猫先生说："那么走哪条路也无所谓了。"

通过各位创业半年来的努力，我们知道了我们要去哪里；现在，我们也知道了要走哪条路。我相信，在博士的带领下，我们一定能战胜红桃皇后。我其实暗示：半年，做到这样不错了，博士无须惭愧。

从此博士多了个外号：白色皇后，他大度地接受了，从此和员工亲近不少。

在分公司这一战，我算侥幸活下来。

2.2 小满(看懂薪酬绩效的背后)

小满，物长至此，皆盈满地，还没看到枇杷开花，却见枝头满是枇杷。薪酬、绩效难不难？难。工作才一年的HR，我总规劝，功力不够，还是不要碰薪酬绩效比较好。但事实呢，薪酬绩效也并不是那么高深莫测，仍然是人力资源基础工作的积淀。

2.2.1 薪与酬

给学员上人资课，关于薪酬的，我嘴里说：薪酬包含经济性的和非经济性的，比如职业晋升通路、学习机会、各种激励方式、弹性工时等。心里暗骂：谁写的教材？谁规定要把非经济性的也算进薪酬？我们老百姓只想按时保量发薪，有口饱饭吃，住得起超过10平方米的出租房。职业通路、带薪假期那些是让我在这舒服干活的基础条件。

But，对于薪酬这么严肃的话题，我不得不说点严肃的。至于薪酬体系有哪些、如何进行薪酬的动态管理，我就不说了，各公司各有章法。下面的话都很严肃，请注意。

1. 宽带薪酬是什么

简单地说，宽带薪酬是“少即是多”，类似我们父辈那个时代的“八级钳工制”。钳工大多一辈子做钳工，要让他做车间主任，要么做不了，要么主任也就最多正副两个，没那么多空缺。怎么体现某个钳工技能强呢？定级。

但宽带薪酬又不全等于八级钳工，增加了钳工变车工的横向可能性。如表2-1中的箭头所示：可以横向、纵向、斜向涨薪，增加可能性。

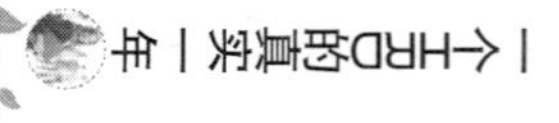

表2-1　薪级薪档表(集团公司，职能类)

级别		薪档									
		1	2	3	4	5	6	7	8	9	10
十级	高管级(Executives)										
	总裁助理、职能部门负责人(主任或副主任，总监或副总监)										
九级	总监级(Chief Inspector)										
	职能部门副总监(非部门负责人)										
八级	高级经理级(Senior Managers)										
	人力资源经理、财务经理、项目经理(指非销售类新项目)										
七级	经理级(Manager)										
	财务经理(分管)、行政经理、IT经理、总裁秘书、其他职能经理										
六级	主管级(Charge)										
	主管(总账)会计、人事主管(分职能)、IT主管、审计主任、常务副总秘书										
五级	主任级(专业技术人员)(Director)										
	IT专员、审计专员、一般会计(含分公司会计)										
四级	专员级(Commissioner)										
	人事专员、行政专员										
三级	助理级										
	出纳、会计助理、销售统计、人事助理、行政助理										
二级	员工级(Staff)										
	前台文员、行政司机、部门文员										
一级	辅助人员、临时人员										
	清洁员										

注：该薪资架构不计算销售人员的业绩提成

阶梯式薪资设计原理：

1. 一般分为五个档位，第一档为低于岗位价值的薪酬，第二档为应付薪酬，第三档为挑战薪酬，第四档为风险性薪酬，第五档为前景性薪酬，故设计时低位值一般低于市场值，高位值一般高于市场值，中间值为挑战薪酬。
2. 倒推级差，通过级别中点值/(中点值与最低值级数)、最高值/(最高值与中点值级数)，得出级差系数以确定每一级的标准值位。
3. 一般为了薪酬制度与薪酬标准的透明度与公开化，在级别里的数值只表示薪酬级档，而非具体金额，薪酬数=级档×预先设定点值，级档是公开的，点值数是非公开的。

2. 宽带薪酬怎么设计

(1) 和其他薪酬体系一样，首先要对企业进行分析：在哪个发展阶段？在行业中处于怎样的地位？有多大实力？愿意付出的薪酬成本上下限是什么？基于激励性还是基于成本控制性？

(2) 其次，对岗位进行分析：工作任务是什么？素质要求是什么？工作环境如何？和其他岗位之间有怎样的关系？

(3) 然后，就可以按上述分析得到的结论制定薪酬层级和标准，比如我们是两千人以上的集团公司，企业处于成熟、缓慢上升阶段，老板给的上限是薪酬政策保持与市场持平，于是我们采取低基本工资、中等激励奖金、中等福利的制度。薪级定了十级，薪档定为十档。

个人觉得八级八档足矣，但老板追求十全十美。在实际运用中，我们最多定到四五档，超过五档直接定到上一级，否则档位不正也不是好事，后患无穷。

而规模更小的公司可定三级三档，也可定五级五档，视实际情况，不要追求高规格，否则只会给自己增加麻烦。

3. 如何定级定档

定级定档可以采用职位定薪评估表，如表2-2所示。

表2-2 职位定薪评估表

职位名称	人事主管	**职位起薪档级**	六级一等	
项目	起评资历	实际	加减档	加减档说明
学历	大专	本科	加一档	
职位经验	三年	四年	加一档	
行业经验	一年	一年		
职称证明	中级职称	初级职称	减一档	
合计			加一档	
评定薪档	六级二档			

举例来说，人事主管在公司已经工作三年有余了，各方面评定都挺好的，相较于新招的主管来说，无论效率还是效能都要高一些，但上头的人事经理也没退位，升不了级就升档位，给他该得的，这是横着调

薪。如果这个人事主管综合能力极强，斜着升到行政经理也是有可能的。

宽带薪酬就说到这里了，想在一篇文章里说清楚薪酬，大概是不太可能的。

2.2.2 为什么不能干脆地回答你薪酬、绩效的问题

关于在博士公司推行绩效管理的故事，传递出的信息不知道大家看出来没有：绩效是基于一定规范之上的管理流程。

(1) 基于合理的组织架构、岗位设置之上；

(2) 基于可行的薪酬体系之上；

(3) 基于企业具备一定的管理能力之上；

(4) 基于对时代趋势、HR管理趋势了解的基础之上；

(5) 基于公司对人才有一套评判体系之上。

被说晕的请举手。我挑战下自己，看能不能用最简单的语言，把绩效管理说清楚，请提前鼓掌！

大多数中小规模的公司，上述管理基础多少都有些薄弱的，这也不是大事，企业都是从小慢慢发展起来的，从不规范到规范，或者从表面不规范到内在规范，只要对社会有责任，能养活员工，都是好企业。

一般对于管理基础薄弱的公司，我不建议做绩效管理，类似国足底子差，你请再好的教练来，提高程度也有限。不如先训练体能，保证队员能跑动起来，再去提高技术。体能训练对于企业来说可能是流程管理、员工保有计划等，视不同企业有所不同，在此不多说。

如果领导一定要在企业管理能力尚不强大的情况下，要求HR做绩效管理，我们该怎么做呢？抓住**两个重点：个人绩效贡献不同，绩效不同；个人能力不同，绩效不同。**

绩效管理首先是个闭环，我借用质量管理中的戴明环说明，具体内容自行百度，图示如图2-1所示。

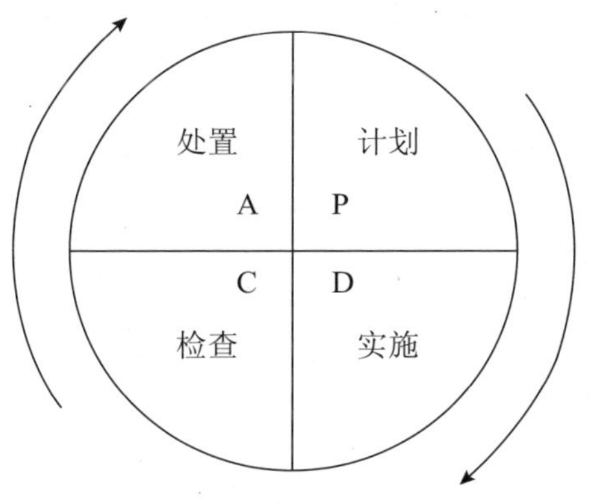

图2-1 绩效管理的闭环

绩效管理也一样，先有P：制定公司的、部门的、个人的目标，然后制订实施计划，在此过程中，顺便更新岗位职责。P做好了，功德无量，公司的管理瞬间上一个台阶。

下一步是D：就是Do，就是打分。虽然我们都不喜欢打分，但这是不得不做的事，要观察与记录员工表现，**要在P的基础上，做得科学有道理。打分只是Do中最小的一步**，还要继续Do。

再Do什么呢？你要把这个结果反馈给当事人，并给予指导。这个“你”，不是HR，是部门负责人。可惜的是，**我们的管理者大多是莫名其妙上马的，并不比员工更专业，就谈不上指导了**。所以，他们大多偷偷打分，不敢敞开向员工明说，好是什么，不好是什么，他们说不出来。

大约20年前，我看过一段视频，是关于绩效面谈技巧的，我觉得20年后，仍然适用，那不仅仅是绩效面谈的技巧，而是任何沟通的核心。

大致内容，我倾囊相授。请再次鼓掌。

领导把小王请到自己办公室，请注意，是**到自己的主场**，领导首先说的是：谢谢你本月对公司做出的贡献，比如什么什么什么(能列出具体的事件，说明成绩领导都看在心里了)。其中，你表现出了某方面的优秀能力(及时给予赞扬)。现在，我们一起回顾下，本月的任务完成情况吧(开始来找茬)。

哦，这一项，你没达标呢，你觉得原因是什么呢(询问员工真实想法)？小王解释一通。领导继续说，那如果下个月这项也没达标，你觉得应该怎么做呢(询问员工改进计划)？小王继续解释一通。

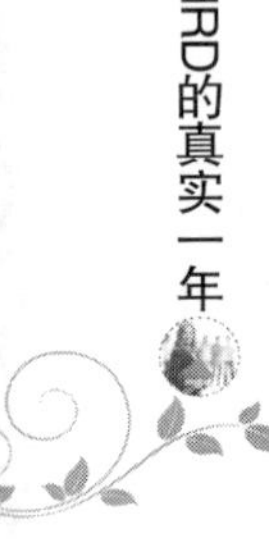

关键时候到了，领导说：你说得非常好，但其实还可以这样做，你觉得呢？(领导提出几条中肯的意见)。下一步工作目标是这样的，你觉得你能达到吗？会有什么困难？需要我给予什么协助？最后，领导和小王达成一致，握手告别。

另外，这个绩效的沟通，在员工工作中也要运用，当他有失误时，就要及时面谈，及时纠正，不要等到扣分再秋后算账。

下一步，说到C，即Check，前两个环节做好之后，这一步是顺理成章的事。前两步做不好，这个时候就会发生矛盾。这个环节包括部门绩效的评估、个人绩效的评估，或者360度评估，视企业情况组合使用。

A是绩效结果的运用，不仅仅是钱的问题，还有针对短板的培训，针对优势的晋升，针对绩效结果的改进计划，等等。

你看，关于绩效管理的操作，也写了这么多，咨询公司的一个团队往往要花几个月来做，且你们还觉得难以落地，这就是我为什么不能简洁回复你们问题的原因。

绩效管理，本质是对战略目标、经营目标的过程管理。愿意让你们插手战略目标、经营目标的老板有几个？或者你到没到插手这些事务的阶段？目前，我们能做的，就是**对员工能力的管理**。通过我们制定的绩效管理方案，提高员工能力，提高了员工能力，即提高了他们的人均产出，也即提高了业绩，这才是老板愿意看到的绩效管理。

附送三个员工能力管理宝典：①在企业内建立为正确结果负责的导向(舆论的、制度的)；②获得企业大多数成员的信任，让员工觉得被信任，充满斗志；③以业务需要为导向，每项工作都可以开发出发展个人能力的机会，同时给员工创造实现个人成就的机会。

2.2.3 啊哈，灵机一动

上周经历人员的分分合合，现在才缓过劲来，才觉得沮丧。

面对重大的创伤或变革，心理平衡被打破了，我们会经历愤怒、恐惧、沮丧几个阶段。我则好，跳过愤怒、恐惧，直接沮丧了。回想下，还是愤怒过的，撂过狠话的，只是说过即忘了。恐惧似乎就真没有一丝半毫，心如磐石大概也不过如此吧。

只是这突如其来的沮丧，让我坐立不安，一起吃饭、睡午觉的好伙伴就这样不在左右了，虽然她潇洒地请我大吃一餐后，快乐地去旅行了，俨然没被变革影响，而我，却沮丧了。

与各个部门的领导确定招聘需求时，我在想，她在就好了，这个活无须我做。张总、李总、王总各大巨头分布在不同角落，整整一个上午都在公司转圈圈，各有各的意见，有想要老的，有想要小的，有想要名企背景的，有想要只拿经理工资就能干总监活的。接她活的人不是没有，可不敢给新人做，新人闯过秘书见到几个老总，三天就要过去，还指不定收集到多少废话，不如自己去转圈圈，好歹得到的信息准确些。

拿用人需求与人才库一匹配，竟也匹配出几个，打了电话简单沟通，也勾搭来面试了。路过的同事探头探脑，都用眼神问我：打电话也要你亲自做？我用眼色回答他：不是我不愿意带新人，一段到九段，做不到一蹴而就。也就匹配出这几个，如果交给新人去沟通，几句不靠谱的话就会搞砸，不敢冒这个风险。

新人倒不乐意了，表态自己可愿意忙起来，不习惯这缓慢的工作节奏。亲们，你们先做到工资表一个不错、档案一个不差、社保一个不漏，再来说工作节奏慢好吗？

这话我只是心里想想，嘴上安慰：先适应环境，找到工作方法，再工作。如觉得工作不饱和，先把基础的工作做扎实。言下之意是，请练好基本功、磨好刀再上战场。现在我先顶上，转圈圈，我都没怨言，是怕你们上去一个死一个啊。

灵机一动，学盛大，我们也来玩积分。把工作任务按难易、强度高低、紧急程度、重要程度给个分值，把固化的工作先丢到共享里，大家去抢任务做，而临时性任务准备按需共享。

这下好了，我的固定班底太了解我的工作风格，静等大家先抢。容易的抢走了，他瞬间秒杀余下的工作任务。别人眼中难的，都是积分高的，可对于他，一点都不难。为啥？任何工作都有方法和工具，他至少是五段以上身手，这些都是小Case。

OK，现在没有分配工作不均衡的说辞了吧，任务是自己挑的，能拿到多少积分全看本事了。幸好，任务都是设定时间限制的，规定时间内完成不了，就给我吐出来，且倒扣积分。否则一个个活砸在手里，倒霉的还是我。

《啊哈，灵机一动》是一本数学启蒙书的名字，很喜欢，向它致敬。

2.3 芒种(在董事会与CEO之间斡旋)

芒种的意思是：有芒的麦子快收。芒又是什么？自然界某些作物上面的像刺一样的尖尖。人在江湖，你那点“芒”，用得好，就是你的救星。

2.3.1 恼人的猎头协议

前任VP的遗留问题：公司领导停止了与猎头公司的合作，尾款尚未结清。

这事是CEO和董事会的心结，我去主动挑事不明智，就当没看见这协议，坐等对方来找我，这一天很快来了。

“我是××公司顾问Shirly，我们为贵公司推荐的两名技术员，我对他们做过回访，他们正在贵司正常上班。按照双方协议的规定，在××日之前完成第二笔猎头费的支付，由于贵公司负责此事的××总已离职，我只能冒昧地给您打电话。能否与您见面协商一下费用的支付问题呢？”

美好的早晨，不美好的电话。前任留下类似几个问题，我在没有交接的情况下上岗，很多情况并不清楚，但又不能这么回答Shirly，显得自己不专业，也显得我们公司管理不专业。我对Shirly说：“很抱歉，你说的情况，我不清楚，但我一定会积极跟进此事，麻烦你就你了解的情况发邮件给我，我会在今天回复你。”

我是见过这份猎头协议书的，也问过了解情况的招聘经理董小姐，她的回答是：她完全不知情。问分公司人事，他的回答同样是不知道。

要邮件的目的是要有被追债的书面证据，可不是我在主动挑事。这事的前因后果我不知的原因之一，也是没有往来邮件，工作即留痕，是我喜欢的一种方式。

关于这份猎头协议，我唯一知道的，是在和财务熟了后，侧面了解到：经CEO同意签订的协议，已在履行中，但付款时，董事会不同意了。我猜测，前任离职，多少也有这个原因。

邮件到了，我转发给CEO咨询意见，邮件中，我假装白痴地问：①我查阅确有协议，确实签署过；②我查阅过在职人员信息，对方推荐的人确实在某分公司工作一段时日了，目前刚好试用期将过；③已安排分公司人事及部门负责人提交书面评估报告，评估被推荐人在我司的表现和成果并预测可否转正；④不论评估结果如何，按协议我方确实过了试用期，就该付款，如评估结果不良，我可以与对方公司协商付款款项，能协商多少，不确定；⑤查阅协议时，发现是以分公司名义签订的，可否让对方找分公司去协商付款，此事集团不再干预。

我在询问同事得不到来龙去脉后，也没再去多方打探，别人转述的话，不可尽信，还会干扰我的判断。遇到类似这样背后一定有故事的故事，我通常按常识去处理，不去调查真相。即使我知道了真相，我知道的也并非事情全部，那不如当不知道。

我的邮件应该给CEO提供了新思路，估计他会顿悟：原来协议不是和集团签的啊，原来他可以不管这个事啊，原来董事会责怪他是错怪了啊。

其实我也不知道当初为什么以分公司名义签订协议，大约是为了财务归口做账方便吧。但既然以分公司名义签，就经过了分公司老总签字这个环节，原来大家都签了字啊，那大家一起来处理这个难题吧。当时我还没来呢，就我没签字。

CEO回复得很快：你处理得很好：第一，与分公司某总联系，让他去处理；第二，评估继续由人事主导去做，仅作为普通员工工作评估。

解读CEO的意思：推吧推吧，此事推出去吧。评估该做就做，但别和这事扯上关系。

虽然他的意思是全推出去，但我实际操作时可不能全推，否则就落了个会打太极的新任以及不作为的新任的名声。

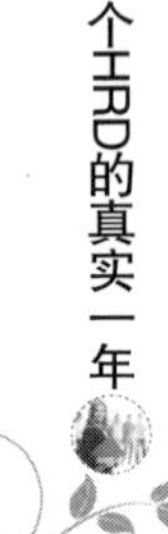

2.3.2 不做女警

分公司人事是个男孩，趁下午回集团开会，我单独跟他交代了任务：协议是和你们签的，按老大指示，以后猎头催付，我交给你了，你要问清楚总经理想不想付，再回复猎头，别自己下判断。

眼见难题转到自己头上，男孩说了实情：是他们申请要通过猎头招聘的，因为项目很急，且人员素质要求极高。人到位了，总经理对他们的工作挺满意的，但下面的员工觉得这两位工资太高了，找总经理抱怨，要求调薪。总经理平衡不了，只得向董事会提出全员调薪，董事会觉得用猎头这个事，破坏了整体和谐。董事会生气了，大家都装不知道这个事了。

我没责怪男孩之前为什么不说实话，因为他说的只是他了解和猜测的情况，没有证据，他可说可不说，跟我不熟时，也不该说。

我交代他：你问问，这人，总经理要不要，不要有不要的做法，我可以去和猎头公司谈。要或不要，都给我书面评估。

男孩照办了，评估结果是要。既然要，不好意思，我给总经理电话了：某总，评估报告收到了，我再跟您确认下，某某和某某您确定保留吧。他回答保留。我又说：这样，您跟我配合下，协议是跟你们签的，猎头要钱也是找你们，他找到您呢，您坚持不搭理她，让她继续找我就行。

给Shirly电话：下午正好有空，我去你们公司商议此事。

我自己送上门，是Shirly始料未及的，我的不按常理出牌，让她觉得我是来考察公司实力的。对不起，不好意思，这家公司确实不是在我名单中常出现的，我判断它实力牵强。

上门后Shirly立马请出他们的总监，表示尊重我，让同等级别的人对谈。Shirly的老大半英文半中文地说：①我司是一家国际知名猎头公司，现在办公场所简陋，是因为新办公室在装修，这里是临时办公地点；②贵司有名望，如果因为这个事，对名誉有影响是不好的；③感谢您亲自到访，我们也想邀请您来考察。

生平最烦被威胁，以及说话夹杂过多英文的人。你敢用名誉威胁我，还说这么多我听不懂的单词？对不起，我只好启动反威胁模式：我上门，表示我愿意解决此事的诚意；不是公司不付款，是审计部审计出问题，协议价格和市场价格不符，认为第二笔要付85%的过高，怀疑合同的真实性，在他们调查结论出来前，都付不了；从私人角度，我想说，合同不是集团签的，我得到的指示是，你可以找合同方去协商，对我们集团没任何影响，某司和我们并没有法律关系；我可以不管这个事，但我也做过猎头公司，知道大家都不容易，如果可以，你帮我申请一个友情价，我去探探上面的口风。

Shirly的老大愣了，他的官话套话对我无效，我按自己的逻辑谈。

临走时，我突然说：麻烦你给我一份你们通用的标版合同，我回去给审计看，证明你们和其他客户大多是签这样的内容。Shirly的老大又愣了，说没有通用合同。这话说的，哪家公司做生意没个通用合同呢？我大胆推测其中果真有猫腻。

随后跟CEO反馈：①签了协议还是要付款的，虽然从法律角度我们和分公司没啥关系，但总能找到蛛丝马迹；②分公司总经理也评估了，要留用两人；③我的建议是和对方谈个价钱，各让一步，一次性了结。CEO让我报个价，我说了，他笑了。

我报的价格是协议总金额的30%，我们已经付了10%，最终只付整个价格的40%，怎么说都是我们占了便宜。更妙的是，这30%刚好×万元，是分公司总经理可批的上限。

我把整个谈判过程跟分公司总经理汇报了，总经理已经被Shirly的连环夺命Call缠上，虽说是推给我，但总接到电话也是干扰，协议也确实是他们签的，虽经办事的是集团的VP，但VP闪人了，找不到接盘的，我再不管，真就是他的事。他愉快地和我达成同盟。

我继续找财务聊：最后可能会谈成这个价，你觉得可行吗？财务被尊重，也说了实话：董事会就是觉得中间有人拿了回扣，才压着不付的，现在这个价，谁还有回扣拿，比成本价都低了，我担心你谈得下来吗？

现在，我有三个同盟了，有底气再次谈判了。

这故事后来就在几次讨价还价中达成一致，宣告结束。

我不爱寻找真相，朋友说我推理能力极强，可以做女警，但我不滥用推理。没任何证据的事，就不能妄下判断，这对涉及其中的人不公平；暂时没得到同事的真心话，也不用急，更不用气，不说，自然有他们的苦衷，要体谅；但也不妨转嫁问题，这个时候，说不说不是卖我人情，是给自己解围；寻找同盟很重要，自以为自己处理得有多好，最好也问问周边人的建议，比如，财务，他们会从另外一个角度帮到你。

工作中，不做女警，于人于己都是好事。

2.3.3 你站队吗

月度经营会上，董事A又和海归CEO发生争执了，因为某子公司总经理C(非上文提过的博士)的聘用问题。CEO的观点：此人专业有余，人品待考证，慎用。董事的意见：子公司初创期，要不拘一格降人才，管他什么猫，会赚钱的就是好猫。

胶着期间，董事A目如探照灯，扫向我，我心里一咯噔。董事A知道CEO能听进去我的话，故眼神中饱含期许。CEO看见董事扫向我，立马提问："77，既然是用人，你也有发言权，你说，你怎么看？"

我，我怎么看？人是董事A的朋友推荐的，行业经验丰富，要价也不菲。走的是正常面试程序，当时CEO也没啥意见，只说月会上讨论。既然人推荐到董事会级别了，我当然觉得没啥问题。怎么，现在又有问题？我的老大，就是这么不爱说真心话。

此刻，我说可用，这个事就能定下来吗？不一定，CEO或妥协，或争取，机会一半对一半。此刻，我说慎用，董事A会说，那当初面试时干啥了？不行早说哇，浪费彼此时间。

但，挺老大，不是分内的事吗？于是我说："A董，情况是这样的，面试时，我们觉得C总无论专业能力还是管理能力都是市面上难得的人才，靠我们人力资源部，哪里能够寻访到这种人中之龙啊，还是您人面广。C总以前供职的××公司，正好我有一朋友，这两天才联系上，她跟我说了个事，C总之所以离开××公司，是因为和董事会大吵一架，具体吵什么，我朋友级别低，不知道。这事怪我，我背调结果来得太迟。我考虑是否要具体考察下，是为何事与董事会起争执。正好，看您了解这事否？"

这故事是真的，只是，我怕节外生枝，并没有跟执总汇报。

董事A哦了一声，说："行，那你们抓紧考察下。"会议室气氛瞬间从白热化缓和到17度。

会后，CEO问我："会上你说的事怎么没跟我交流？"我回答："我也是在会前才收到口风，都来不及跟您说呢，我想会上总有机会让我发言。"CEO没深究，总之，我挺了他，他管这故事是我编的，还是真的。

我其实选择站队了，这是否颠覆了众书友对我的印象？专业职场人也要站队？虽然站队这个话题，大家不齿，书上，嘴上，大家说，咱们有专业能力，不站队。但现实中，你是希望有个永远挺你的团队，还是倒戈的团队？站队是对你的工作汇报对象负责，这是我的理解。站队，是忠诚；但站队，不代表愚忠。

特别是在公共场合，老大不一定对的时候，你言语上的支持是一定的。事后，从中斡旋，去说服老大也是必须的。

那如果遇到工作汇报对象不止一个，怎么站队？我的建议是，从制度上改善，让你的直接上级只有一个，这样，站队这个事，不是你选的，是制度选的。BP怎么站队？BP的业务上级是谁就挺谁(这里的业务指人力资源业务，莫误会)。老板和老板娘都管理公司，怎么站队？建议他们有个明确分工，在某个模块，只有一个最终决策人，谁管你的模块，你站谁的队。

关于站队这个不可放在台面上说的事，冰清玉洁的我居然说了这么多，只好套用常用语"我也是醉了"。个人心得，并不适用每个人。还要看你的风格，你是赵子龙型，那不妨借鉴；你是韦小宝型，那随便你，天下的队，你爱怎么站就怎么站；你是攻城狮？恭喜你，你只需对你干的活负责，站队的事，谁爱站谁站去！

2.3.4 有芒作物

本人的笔名叫"大白兔77"，总有人问，这名字和大白兔奶糖有关吗？非也非也。起名字的时候，暗自神伤：自己老实得就像大白兔，多么地善良无公害，在这个时代，就是傻的代名词。可转念一想，不是还有"狗急了会跳墙，兔子急了也咬人"的古话吗？77，则是方言"吃吃"。简述笔名由来，以后大家就别问啦。

本人真名赵颖，是有故事的。爸爸是长子，家里有位太奶奶，我爸爸

的奶奶，执意要给我起名：赵引弟，为家里引个男孙来。所幸父母有文化，起了个谐音字“颖”。当然，我也真的“引”来一个兄弟，为啥说“兄弟”，不说“弟弟”？因为虽然他比我小，却如兄长，小时候的压岁钱被我骗来花，大了，骗他做各种苦力。

关于我的名字的由来，父母给出的版本是：史记里秦国攻打赵国，赵国的平原君去找楚国求助，需要谋士随行。有个叫毛遂的人自荐，平原君嫌弃他籍籍无名。毛遂说：我就是锥子，你把我藏在袋子里，也会透出我的尖尖来，藏都藏不住，会脱颖而出，我就是那个特别有本事的人。

父母说：颖，就是那个锥子的尖尖，很厉害，有本事的人，自然会显现。

董事会看中了一家小型科技公司，欲投资。CEO出马谈过一次，嫌负责人个性太张扬，不准备合作遂欲放弃。某董到公司，装作顺便到访的样子跟我东拉西扯，最后谈到要点：这家小科技公司挺好的，项目先进，投资不大，公司负责人和某董又是旧相识，一切好说话，我能不能说服CEO再去谈谈？这又不关我人力资源部的事，我是有多“岔巴子”。

我婉言：“老大，这也不是我们部门的事，这个话，战略发展部总监最有发言权了。”老大弹一弹她的真丝长裙，不经意地说：我最信任你。

您是信任我了，CEO可就不信任我了，董事会不参与经营管理，这是在与CEO的聘用协议上就写好的。我心里这样想着，但不敢接话。

就事论事，我也同意CEO的想法，投资，不仅看项目，最重要的是看项目的负责人和团队，气场不同的人，还是不要一起玩，不守规矩的也不要一起玩。虽然我不懂更深层的经营管理，但在我看来，项目合作跟嫁人一样，条件合适，没感觉，也嫁不得。虽然没参加CEO与对方的战略合作会议，但事后在周会上，也听CEO提到，对方个性不适合合作。

我只好对穿真丝裙的老大说：您看这样，下周不是有一次客户答谢会吗，把科技公司老总也邀请来，会上看有没有再次谈的机会。这个老大我是真心喜欢，不摆有钱人的架子，自己衣着永远得体，对我常年穿牛仔裤也不歧视。大度的人，我破例多了句话。

答谢会后，我将科技公司的老总和CEO安排在一桌就餐，科技公司的老总是个年轻人，思维活跃，妙语连珠，唯一的问题是，他不看周围人的眼色，自顾自地说。席上，有政界要员，有大投资人，不给别人说话的机会，也不看别人对他说的有没有兴趣。谈到某个明星，大投资人明显表示不喜欢这个明星，可这位科技公司老总一定要论证这个明星是值得喜欢的。

饭毕，大投资人对CEO说：这孩子不错，但社会经验不足啊，个性也太要强，不懂得配合，还要磨炼几年，过几年再谈合作吧。

我不需要跳出我的职位范围去说服CEO了，开心地干活去了。

我挺喜欢自己的名字，平时安静不露锋芒，需要露的时候，也能“颖脱而出”。

感谢太奶奶的执意。

2.4 夏至(如何管理下属)

夏至了，天气开始热了起来，泰戈尔在夏天写了《花的学校》：妈妈，我真的觉得那群花朵在地下的学校上学，他们关了门做功课，雨一来，他们就放假了。他们要赶着回家，回到妈妈的怀抱。他们也有他们的妈妈，就像我也有自己的妈妈一样。

我极少用到“下属”，我都称为“我的同事”，那些“花儿”，如我一样，也有自己的妈妈，我希望他们能过得好，在我们做同事的期间，他们的妈妈不会觉得他们的儿女遇人不淑。

2.4.1 小A升职记

到海归CEO这家集团有一段时间了，集团业务迅猛发展，子公司从5家增长到8家，集团人力资源部直管已经不能满足业务需要，我们部门也要随之扩张了。

盘点了下手中的兵，看看哪些是能胜任子公司人事经理职务的。抛开已经是经理的，尚有5名助理、主管。

A女，25岁，入职半年，负责筛选简历，安排面试。有两年工作经验，其中一年半在另一家公司做前台，其工作职责含面试安排。学的是软件专

业。当初看中她的同学圈，给了她转行机会。性格活泼，在每天打完50个面试邀约电话后，尚有余力聊天。

B女，30岁，入职一年，算A的师傅，负责收集招聘需求，发布招聘信息，指导A理解岗位要求，合理设计搜索词。有8年工作经验，其中5年从事人事各岗位工作，各岗位都有涉及，都不算深入。优点在于行业经验丰富，对岗位要求理解透彻。另外，勤奋敬业，工作起来有不眠不休的架势。

C男，28岁，有5年工作经验，原行政主管，负责外联办证。计算机操作熟练，因培训缺人，临时给调过来的，协助培训经理做微课开发，课程组织，在公司人缘很好，统计个培训需求啥的毫不费劲，布置培训教室爬高爬低也不在话下。在新岗位尚不足半年，干得挺带劲。

D男，23岁，毕业一年，进公司半年，负责协助薪酬福利经理做统计、核算，兼我们部门的小跑腿，签个字跑个流程，都让他去，免得他整天对着电脑发呆。

E女，32岁，公司元老级人物，薪酬福利主管，各公司社保都在她手上掌握着，也是爱岗敬业的典型代表，不爱说话，只爱干活。

首先，不考虑C调岗，他刚调没多久，培训也是他喜欢的发展方向。也不考虑D，经验尚缺，还需磨炼。现在剩下三名女性，B和E都是合适的人选，B胜在灵活性强，E胜在踏实，对公司情况较为熟悉。

E的年资长，有好事当然先给老人，于是我召唤了她。跟她说了情况，E考虑后回复我，她不喜说话，做薪酬最适合她，她就想老实地、安心地，在这条路上一路走到黑。

下一个应该找B谈，我略有迟疑。因为我还想下一盘更大的棋。微胖的招聘经理董小姐，相处下来，很是顺畅，我想给自己备个培养对象，万一我升职了、离职了或怎么了，可以给她一个机会。那么，能顶替董小姐的，非B莫属了。短期内，我不会升职也不会离职，为了留后招，牺牲了B的机会，不妥吧？

我召唤了B，B开心地跟我说："领导，谢谢你肯定我的能力，子公司那总经理，不好说话，这个机会我不要。"我也挺开心地说："没事，继续努力，以后还有机会。"

小A年资浅，经验也不丰富，家倒是住在子公司附近，上班可方便了。

她年轻貌美，全是男性的子公司，估计要把她当宝，不会刁难她。经验少，是可以教的。凭她那爱聊天的劲，做个线人很不错。子公司员工和她也很熟，半数是经过她办的入职，大家沟通无障碍。好，就她了。

另给微胖的招聘经理董小姐寻觅男助手，董小姐心直口快，她需要一个皮肉厚的与她亲密相处。

小A是《招聘狗转码记》里的小王。

半年前，她还只是前台。每个人都有升职机会，小王升职靠的是老人礼让，也靠她自己平日里够“八卦”。一个功底不差、性格可人的人，经验少点，都不是事。

新人们勿气馁，也许你就是下一个小A，机会来了，你能接住就好，想太多，真没必要。

2.4.2　我不知道怎么去管人

小A说：我不知道怎么去管人……

我回忆了下我的管人经历：

(1) 小学一年级时，我是值日生，课间四处巡查，抓疯逗的小孩，抓到三年级不乖的小朋友，指着他说：你不守纪律，我会记名字的，三年级的小朋友瞬间安静。

(2) 大学期间，我组织大家去武当山旅行，对于是买绿皮车站票还是买特快座票，住农舍还是住旅社，我请大家投票。

(3) 二十几岁，我第一次当经理，不会管人，自己带头干活，每个工序我是做得最好的，大家不得不服，谁“调盘子”(方言，找麻烦、惹是生非)，我能顶上，不服大可以走人。

小学生，用小黑账管人；大学生，用民主管人；初入社会人，用技术管人，这真不是管理。

当我自己也意识到，不能一辈子靠技术过硬来代替管理时，我在某些天，为了躲避家里吵闹的小朋友，坐在家对面的花坛前、路灯下，捧着各种管理书籍看。书教了我一些理论和说话之道，对管理有点帮助，但真的学会管理，是从管家中得到的经验。

首先，人都不喜欢被管，包括我自己，包括家里的小朋友，包括爱人。那么不要管，对，管理的最高境界就是别管。

其次，不管，家里就会丢满杂物，爱人就会大把花钱，小朋友啥时候想睡才睡。于是，建立共同目标，我们家的基本目标是健康，根据目标建立基本规则。围绕健康，我们要爱干净，要早睡早起，财务也要健康，不合理消费、影响财务健康的消费，自觉杜绝。

国家有基本法——宪法，公司也有基本法，就是员工手册。员工手册就是公司的“宪法”，员工一入职就应认可。

再次，有了基本规则，大致运转有序了，人开始有更高追求。爱人提出来要吃好的，本人不善烹饪，这个问题可以协商解决，这就跟员工提出加薪而公司满足不了一样。

关于做饭的解决方法是：更多地增加配好的净菜，稍加工即可满足爱人的基本需求，既没有浪费我宝贵的时间，也没有挑战我的技术极限。增加的金钱成本，通过节省时间提高个人工作能力赚更多的钱可以弥补。

员工提出加薪，公司满足不了时，其一法，是让员工在别的方面感到满足，比如舒适的工作环境，友好的同事关系，或者减少工作时间，大家可以开动脑筋继续举例。

小A升职记，其实我想说的是：人资人员与员工平时的沟通很重要，没写那么直白，看你们能看出来否？管人，前面说了，别管，建立规则，建立共同的目标，需求不一致，尽量找平衡点，还有一条，很重要：与上级的沟通，与平级的沟通，与下级的沟通。

我们人资最重要的一个活计：找到那些聪明人，赋予他们能量，让他们愉快工作。说起来挺容易，做到很难。愉快工作，其一是个人目标与团队目标要一致，能齐心走下去。大多数人想要的是有学习机会、环境舒适、关系和睦、工作目标明确、薪资合理、独立自主、被尊重，基本上逃不出这几个点，在这几个点上，找到员工和公司的平衡处即我理解的管理了。

阿里的曾老大说：企业的成功之道，是聚集一群聪明人，营造合适的氛围和支持环境，发挥他们的创造力，快速感知客户需求，愉快地创造相应的产品和服务。

我想，这些都是我们人资能做的管理，这么想了，瞬间觉得自己好有用。

2.4.3 没方向了，求指点

朋友提问题：大学一毕业(全日制专科)，就进了现在的公司(10人)做人事行政助理，一开始我的定位是在这家公司学点东西，先做助理积累经验，以后跳槽可以去更大一点的企业做专员。

到公司后被老板娘直接管理，老板娘身兼数职，一开始没啥经验觉得这样也能够快速地成长，也挺开心的。

第一年基本都是在处理行政事务。

第二年慢慢接触了一些人事方面的东西，比如劳动合同申报和退工，但慢慢发现由于人员根本不流动，其他的板块也接触不到，而且主旋律还是行政事务。

今年第三年了，我觉得这样下去不是办法，我感觉我要被HR这个行业淘汰了。

因为我不是人力资源专业的，所以2013年的时候读了一个业余的人力资源本科，一来可以提升学历，二来想稍微系统地了解一下人力资源管理。

我是真的很喜欢人力资源这个行业，但是好像一直徘徊在门外。报名了今年11月的人力资源管理师三级考试，一来想要考个证，二来可以梳理一下知识。

我明年想要换工作，下半年肯定需要快速提升自己，但又觉得无从下手。明年找工作的定位也有点模糊，是继续做助理，还是去中小企业尝试做专员学习一下？我现在有点没方向了，求指点。

原文500字，归纳起来见表2-3。

表2-3 原文文字归纳

个人盘点	2012	2013	2014	2015
现状	大学毕业	人事行政助理	劳动合同申报和退工	延续去年状态
	全日制专科	老板娘特助	行政事务	
自我成长		HR本科学习		人力资源管理师三级
开心指数		★★★	★★	★

经济学领域有个名词：边际效益递减；心理学领域有个名词：幸福指数递减。这位朋友的问题，在77看来就是个开心指数递减的问题，虽然没

有停止学习的脚步，但成就感逐年降低，为什么呢？

我们先来看看开心指数是怎么来的，见表2-4。

表2-4　开心指数

开心指数=现实值/期望值				
	分级	工作维度	生活维度	情感维度
现实/期望层次	5	自我实现	财务自由	有灵魂伴侣
	4	有一定掌控力	财务自给自足有结余	各类重要情感和睦无间
	3	工作得开心	养自己还能养家人	和情感伴侣、家人、朋友关系融洽
	2	工作值得告诉家人、朋友	能养得还可以	有情感伴侣
	1	有工作	能养活自己	有家人、朋友，有安全感

看完上面两张表，朋友看出什么没？我看出了两点：

第一，这位朋友对自己是有期望值的人，但也许目标还不清晰，或者说不敢给自己定一个清晰的目标，怕完成不了。但这位朋友在目标不清晰的情况下，模模糊糊地一直在前进，继续教育，自我学习。

第二，这位朋友对现状是不满意的，但具体哪里不满，还说不清。也许是对公司规模，也许是对重复性的工作，也许是对生活中没有惊喜、无惊无险等诸多状态不满。

怎么解决朋友的困扰呢？

先把自己现有的和期望的，做个盘点：我们经常盘点公司资产，盘点公司人才，怎么忘了盘点自己呢？我不能帮你盘点自己，这个事只能自己做，按上面的表，把你自己的信息填进去，我再来给你建议。

朋友做了开心指数的练习，然后我问她：你最爱HR什么？她的回复很精彩：

第一，喜欢去观察别人、去交流，了解别人的想法。

第二，喜欢在工作中接触形形色色很厉害的人，也想从别人那里看到自己的不足。

第三，熟悉各种法律法规，将理论与实践结合后，轻松处理各种危机，会很有成就感。

第四，站在宣讲台、培训台上的HR都口若悬河，知识储备很丰富，光芒四射，想让自己也变成这样。

第五，好吧，认为这份工作可以让家人觉得听起来还不错。

第六，自己去接触了一下这个职业以后知道它并不是表面上那么光鲜亮丽，但还是想要继续试试做下去，我想应该是喜欢的吧。

第七，很重要的一点，第一份实习工作前，此企业的HR来校宣讲，那时候觉得她整个人都在闪闪发光，智慧、幽默，一直想有一天自己也可以这样，这个想法就是最初的动力。

第八，我想不到了……

朋友把77的“7式”学得挺好的，有潜质！

我的回答：

第一，我觉得吧，这就是真爱。我们对人生能掌控的真的不多，天灾人祸随时降临，珍惜当下及尊重当下自己的感觉，特别重要。

第二，既然有爱，就去追！支持朋友继续坚持HR之路。小公司，如果只坚持HR之路，最多做到人事经理，带1～2名专员，各类人资相关事务都会接触到，如果你愿意，能把培训做得不错，这个目标不难实现，一年足矣。

第三，现在的问题是：10个人的公司，需要人资管理吗？我的回答，说真心话，其实还真不需要。人力资源的管理，一定是在一定规模下，才能让你有整合资源、调配资源、规划资源的机会。

第四，朋友觉得在工作中找不到成就感的感觉是对的，公司没有规模化经营，人资就没有规模化管理的必要。一个不够恰当的比喻：你找了个老实本分的爱人，指望他能买车买房出国旅行是不可能的，但感情和睦，吃喝不愁，你愿意一辈子过这样平淡的日子吗？很多人是愿意的，我也是愿意的，我的成就感来自其他方面。你问问自己愿意吗？如果不愿意，那就换对象。

第五，人能力的展现，是需要舞台的，如同各类选秀节目，选手们每当被问道：为什么来我们节目？大多的回答是：我热爱音乐或舞蹈或其他，我希望站在更大的舞台上去展现自己。

第六，HR之路，也是一条平凡之路。撇开小公司，大公司HR做到高层，也不能如营销岗那样，呼风唤雨；也不能如审计岗，大权在握。我们做得最多的，还是围绕人岗匹配、人司匹配，在提高人效下功夫。如果你

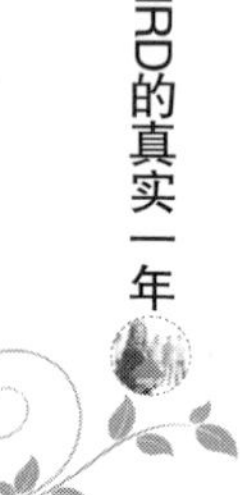

看清了未来，还是愿意一路前行，那么，回头再看看你喜欢的理由，自己离这些理由还有差距吗？有，就去弥补。

第七，如果等不到现在的舞台变大，就去更大的舞台吧。这是我的建议：年轻时，不要太安分。如果觉得现状“鸡肋”了，速速离开，新东家也许不如旧东家，但超越新东家的可能不是还有50%吗。

2.5 小暑(新公司人力资源项目的重构)

“原来姹紫嫣红开遍，似这般都付与断井残垣。良辰美景奈何天，赏心乐事谁家院。”(引自《牡丹亭》)

2.5.1 听执行总经理讲那过去的故事

晚上10点，公司仍旧灯火通明，同事们坐在没有靠背的长板凳上，用心敲着电脑。我问周围的人：“你们怎么都不下班呢？”他们用炯炯有神的眼神看着我说：“才10点，还早呢。”

这是我到分公司上班的第一天。

受CEO指派，去刚收购的公司处理人力资源相关问题。新公司员工近千人，涉及电商、实体商业、餐饮、广告传媒各种行业，原老板经营不善，低价转出。

CEO自己人在北京，他委派了两个助手来协助我。助手一，他的秘书施博士，学高八斗，谈吐不凡，施博士此行的主要任务是与收购公司的执行总经理等高管进行沟通，并随时将人力资源工作的推行进度向老板汇报。助手二，母公司人力资源部专员，小A，擅长各类事务性工作，做报表一流。

原则上，我们三个人的配置，施博士是项目组长，我是具体实施人，小A协助我实施。但明面上，由我作为新公司的新任人力资源总监出马，施博士暗中使力。在小组会上，我们就这样的分工达成共识。

第一回：听执行总经理讲述那过去的故事

第一天，由施博士给领导层开了会，介绍了公司现在的情况，对于现有管理层，希望积极配合新成立的公司，运行财务体系在收购过程中已经建立，现在开始建立人力资源体系。也介绍了我，作为母公司派驻到新公司的人力资源总监，先从人力资源的规范入手，需花1～3个月实现，推行新的人力资源管理体系。

各管理层都表示会积极配合，我算拿到了尚方宝剑。

从了解到的情况看，现在的执行总经理是老板的弟弟，下面各分公司的负责人，不是老板同学，就是老板亲戚，老板是个讲义气的人，但正因为该启用职业经理人的时候没有启用，沿用家族式管理，才导致被收购的结局。我并不排斥家族式管理，企业遇到危机时，往往是当年那些打江山的旧臣子不言弃，因此如何将现代化的、科学的管理方式融入家族式管理，是我此次的大课题。

施博士发完言，就回北京了，留下我和小A。我带着小A找到执行总经理，也就是旧老板的弟弟，希望他能就我将要开展的工作，成立项目组。为什么成立项目组？我是这样考虑的，光靠我和小A的力量，三个月内改朝换代是不可能的，我必须借力。

我向执行总经理述说我的初衷：第一，我们的目标一致，都想让公司有好的发展；第二，烦请各位老大参与到项目组中，随时对我的工作提出意见和建议。

执行总经理听罢，挺开心的，他就怕我撇开他行动，现在要求在他的监督下行动，他很满意，我请他提供项目组成员名单，他推荐了两位：财务总监，行政总监。“好的，您就担任项目组长，我担任副组长，财务总监、行政总监担任小组成员。但我还想向您推荐一位业务负责人，没有业务的参与，恐怕不行。另外，现在的人事行政部全体员工都担任小组成员，分别负责宣传、项目进度监督、计分。”

“还要宣传？”执行总经理显得很诧异。我跟他解释：“我们呢，做的是具体实施的工作，但舆论宣传也还是要的，要让员工知道在做什么。一方面，他们不会诚惶诚恐，担心公司变革对他们有什么不利影响，而是去迅速适应变革；另一方面，在公司营造这样一种氛围，我们是在变化，但一定是朝好的方向变化，他们有什么想法也可以找到宣传员，这样我们制

定的规则、政策，都不是我们关在办公室里做的，是有群众参与其中的。”

听罢我的解释，执行总经理挥挥手：“行，都按你说的办，施博士临走前说了，听你安排就是。”

“话也不能这么说，您不同意，我哪能擅自行动呢，虽然我是母公司派来的，但县官不如现管呢，还是您说了算，我听您安排。”

看我这么尊重他，执行总经理有点感动，他说：“今天晚上，你有没空，咱们吃个饭。”

晚饭就在公司的食堂吃的，食堂的经营者是执行总经理的父母，也就是旧老板的父母。

执行总经理酒过三巡后，诚挚地对我说起过去的奋斗史。于是我耐心地听执行总经理讲那过去的故事：“旧老板是家里老大，从小家里穷困，两个妹妹和弟弟为了哥哥能上大学，都早早地辍学了，于是旧老板暗下决心，等有一天，他一定要回报家人。在创业的过程上，所有帮助过他的人，同学也好，朋友也好，等他做大了，他都给安排了好岗位。前几年，经济状况好，大家一起赚钱；这几年经营每况愈下，老板过年自己一分钱都不留，借钱也要给大家发红包，还都挺大的，公司就是这么被他折腾垮的。你看现在，他又要做电商，电商部一百多人的工资还要开，上千万的货款要付，现在只能被你们收购了。

“其实我们也想过，我们这些人，你们都是要慢慢换掉的，但施博士跟我说，哥哥跟你们谈判的条件就是一年内，不动一个员工。”

我想，这句，是执行总经理给我的明示，做工作可以，不要动人。我没见过执行总经理的哥哥，从他的话里，我的脑海中浮现一个义薄云天的侠客形象，他是商界侠客，可惜，商界太残酷，不是讲义气就能长久发展的。

每到一个新公司，我都会盘点能用的人，一定要思维模式和我一致，才好用，也许这很残忍，但思路不一致的人在一起，一定是痛苦的，不如给彼此选择的权利。尤其是要在1～3个月迅速改善的项目，用自己的团队是最快最有成效的方式。但这一次，这些人都不能换，这个项目要怎么推进？

饭罢，也8点了，执行总经理要送我回家，我说不用了，请他好好休息，他笑笑：“我们还没下班呢，我还要回公司。”

什么，还没下班？我很诧异，表示要随他回公司看看。执行总经理很高兴，路上接着跟我说："我们公司从创业至今，哥哥的想法就是，我们起步比别人晚，我们实力没有别人雄厚，我们人也没什么文化，只有比别人更拼，才能赢。我们都是11点下班的。"

"那几点上班呢？"我问。

"8点，我们也招过人事总监，别人一听8点上班，11点下班，都不来，所以，我们的员工都是亲戚或朋友。这也是没办法，招不到人啊。"

一个从8点上到晚11点的公司，能招到人才怪呢？我要不是受CEO之托，也绝对不会多看一眼。

现在还有这么奇葩的公司？还能聚集一千号人？我深深地被吸引了，发自内心地想要随执行总经理回公司看看，于是就看到了前面提到的一幕：上百个人，悄无声息地敲着键盘，通透的办公区，只听得到呼吸声和键盘声，太震撼了！

2.5.2　项目制的人力资源管理

第二天8点上班，虽然执行总经理说我9点去就可以，但我还是要和大家保持一致。很久没有8点上班的经历了，闹钟响的时候天居然还没亮透，我这是披星戴月啊，有点打退堂鼓了。8点踩线到公司，我是最后一个到的，昨天比我晚下班的人都已经到了，早餐公司食堂给包了，不要钱，这是实现了共产主义吗？来到临时办公点，仓库隔出来的小单间，执行总经理自己的办公室同样是仓库的另外一个角落，这家公司不讲究办公环境，原生态我还是蛮喜欢的。8点15分，喇叭响起，是真的大喇叭，小时候见过的那种，绑在电线杆上的。喇叭里播着：

"想飞上天和太阳肩并肩
世界等着我去改变
想做的梦从不怕别人看见
在这里我都能实现
大声欢笑让你我肩并肩
何处不能欢乐无限……"

这歌一般在发廊总听到，我忍不住出仓库看看，哇塞！大家都排队在公司门口唱跳起来，我有点晕了。

一个早上要跳舞的公司，一个晚上10点大家自发加班的公司，我能坚持多久？于是赶紧跟CEO说帮他三个月，等人带出来就撤退，现在我一分钟都不想多呆，和我的气质强烈不符。我喜欢安静地做事，讲道理地做事，不喜欢洗脑、打鸡血地做员工工作，要么我改变他们，要么我打退堂鼓，一定不会是我妥协，并不是我古板不变通，真的是气质不符啊！

我偷偷给CEO打电话，说早上大家都开心跳舞，CEO劝我："又没让你跳，他们开心就好，你要试着去了解他们，你还说你是人力资源专家，自己不喜欢你就要强迫大家都不喜欢吗？"我说："不仅仅是小孩子在跳，和我差不多大的部门负责人也很开心地在跳舞。""那你正好去采访他们什么心态啊。世间百态，你要用你的专业度去包容、化解，这样才是专家吧。"我觉得CEO说得有道理，不能因为我不喜欢，我不懂，就说这样不好，早上跳跳舞锻炼身体，提高精气神不也挺好吗。或者销售人员有压力，跳跳舞就释放了；或者办公室人员有腰肩毛病，跳跳就修复了。我真的要试着融入他们，才能开展工作。

今天的工作是组建项目小组成员，执行总经理一声号令，大家都如约到了，待我说明用意，参与的人还是挺开心的，看来大家都喜欢当"官"。

分工明确了，财务总监、行政总监、业务总监担任组长，参与每次的项目重大决策并负责向部门的同事介绍项目进展。人事行政的两个小同志做宣传委员和纪律委员，宣传员小C，是个刚毕业半年的大男孩，因为有同事在这里上班，被介绍来的，并不懂人事行政，但贵在肯干活。纪律委员小D，比小C早入职半年，以前做电商客服的，后来员工缺口越来越大，调她负责招聘，因为也没什么招聘经验，她的渠道就是熟人介绍。

分工完毕，就开始派活了，先说明我和小A想干什么？第一，我们对公司不熟悉，需要三天熟悉情况，采取员工访谈的形式，按各个部门、年龄段、级别、在岗时间分布选择3～5名员工，一对一访谈，小A作记录，小C配合。

第二，用两周时间理清公司现有的工作流程，找到可以提高效率的空间，同时针对访谈的结果和项目小组商议，做出改进方案。

第三，做一个全员的人才盘点项目，了解公司有哪些有潜力的员工，有哪些需要淘汰，有哪些是踢踢屁股就能上一个台阶的员工，预计需要一周时间。

第四，本月最后一周，结合前面做的工作，对下半年的人力资源工作做出实施方案。

这四步开始之前，我先请小C和小D做一个看板，第一，把我们的进度公示；第二，其中需要各部门交作业的，咱们也公示交作业情况。我问：“这么做大家没意见吧？”

小C和小D没有大公司工作经验，不等领导发话，抢着说：“没意见，好像很好玩的样子。”各领导也不见疑，见我说得头头是道，也有具体东西出台，纷纷赞成。

我又有点喜欢这家公司了，领导和员工间非常平等，大家直话直说，看来，什么事都有两面性。

大家散去，行政总监、小C、小D留下来，员工访谈先从他们做起。

2.5.3 员工访谈

行政总监，女，28岁，挺年轻的总监，公司给的待遇也不差，当然，如果和11点下班比价，这待遇核算成小时工资是挺低的。

总监先自我介绍了，她有深圳大型工厂管理经验，是有管理底子的，但入职一年，公司现状并没有改善，她总结：“通过我多方了解，就知道在这里推动任何改革都是很难的。比如说离职率高，很多人都是因为上班时间长，身体受不了离职，但公司就是不改；比如说招聘，就是不给钱，无法开通招聘平台。”

我心里想，给钱也招不来人啊，一听到要上这么长时间的班都不敢来的，倒是小D的方法管用，靠口碑，人带人。

总监继续介绍，她发起了很多活动，比如绩效考核，都被前老板否决了。我问她：“那老板给你的工作目标是什么呢？”她回答：“规范管理。”我接着问：“这不是挺矛盾吗？一方面希望你规范管理，另一方面又不批准你的任何项目，但据我了解，老板并不是对你个人不满意，他对我提出的希望是能把你带出来，毕竟，我三个月到半年就要回去了。”

总监听到这里，眼睛里居然泛着泪花，她说：“我知道老板对我好，

对我们每个人都很好，是我自己不争气。”

她这一泛泪花，我有点尴尬了，机灵的小A马上给总监送上一杯水，打个岔给化解了。

送出总监，我问小A：“元芳，你怎么看？”

小A乐天地说：“我说呀，这老板就是一老好人，活活把自己拖累了，人岗匹配，不是最基本的用人道理吗？”

“那你是觉得张总不适合这个位置？”我以为她要说我合适。

小A说：“我觉得呀，没人适合这个位置，只有老板娘，可惜，听说老板还没有老板娘呢。”

接着和小C聊，他没抱怨加班，他只说，自己什么都不懂，能做事就开心了，希望分配给他的活越多越好，看得出是真话，确实是刚出社会的单纯眼神。

和小D聊整整花了一小时，打都打不住，她是个漂亮的小话痨。小话痨恨不得把她知道的都告诉我们，她觉得吧，公司确实管理不规范，不规范在哪里呢，比如都是亲戚、同学，除此之外，她无法招到其他人进来，好像这里就是个小王国。小D的话挺有意思的，看得出她很聪明，平时爱动脑子。我问她：“那你觉得公司最大的问题是什么呢？”她居然回答：“缺钱，大家都在拼命工作，为什么公司还做不下去呢？销售人员每天都有业绩，很好的业绩，为什么公司赚不到钱呢？”

我想，她找到了一个核心问题。但怎么解决，她不知道，我也不知道，但愿三个月后，我能知道一点吧。

等小D出去了，小A突然问：“老大，咱们今天几点下班？”这一问，我也傻了，我说：“咱们坚持一个礼拜吧，和大家一样，他们才会信任你，一个礼拜后咱们8点撤，再过一个礼拜6点，就能正常下班了。”小A瘪瘪嘴，嘟嘟囔囔。我说：“你说啥？听不清。”她回答：“我说啊，但愿如您愿吧。”

2.5.4 找出重点工作

三天的员工访谈，收获颇丰，汇总出二十多个问题，有三分之一是立马可以改善的小问题，比如男女更衣间没有标示啦，食堂菜总是辣啦，早上跳舞没有新花样啦；有三分之一不是我能解决的，涉及业务层面，我发邮件给施博士了；还有三分之一，我得拿到项目组讨论。当下我必须选出三个重点来做，什么都做是不可能的，这8个问题是：

(1) 上班时间过长。

(2) 岗位职责不清晰，经常变动，一会调这里一会调那里，傻傻分不清。

(3) 工资不透明，不知道是咋算出来的。

(4) 在公司看不到发展前景，当到老总毕竟是少数，自己这么拼，为了什么。

(5) 年中是有一次发半年奖金的，现在公司变化，要确定这奖金还发不发。

(6) 有些领导用人就是任人唯亲，有些员工便觉得自己没关系，总看不到出头之日。

(7) 大多数的任命都很随意，隔壁座位的老王，也不知道每天在干啥，突然一天就升分公司总经理了，还给他配了车，以前他都骑自行车上班的。

(8) 现在新员工进进出出，来了走，走了来，好晃眼，感觉公司的运气都被带走了。

员工说的是气话，但真的有道理，这8个问题，我又给做了归类：第一类，关于工作环境的，含上班时间长、工作氛围不好、离职率高、招聘难；第二类，工资，奖金类；第三类，员工发展类；第四类，高管管理能力评估及任用类。

我让大家四选三，可项目组的老大要全选，我建议重点放在第一类、第二类、第四类，等这些顺了，员工的发展通路自然会出来，不用刻意去做。我解释了一番，好像我又说服大家了。

第一重点呢，要放在钱上，这事关大家的切身利益，以后的工资、奖金是啥政策先不管，先按旧政策算奖金，这个钱，新老板认账。这个事继续由总监负责。

明天就可以同步开始岗位职责的梳理了，这可不是我说的，员工都说职责不清晰。

梳理岗位职责是个体力活，要一点点和部门确认，手把手教他们怎么

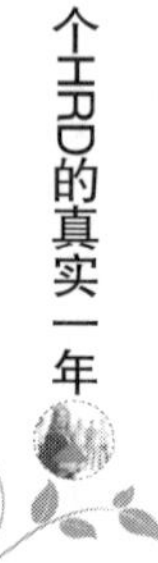

提炼核心职责，但这个过程是愉快的，能学到很多业务上的知识。

要注意，每一个工作流程都画出简易图，每一个注意事项都标注出来，因为时间有限，我没让大家做成漂亮的电脑图，就在大白纸上反复画，最后得到一摞大白纸，涉及50几个岗位、200多个重点工作的流程。这是我见过的最复杂的公司了，岗位居然有50多个。我让小C将定稿拍照做成幻灯片和PDF文件，幻灯片在公司大厅墙上轮流放，PDF交项目小组过目，这就是我们公司的一本书啊，厚厚的一本书，以后啥人来了，照着书就能干活，等有时间再去整理成电子版本。

第一个任务交出去了，项目组很满意，半个月出了一本书，执行总经理恨不得在上面题字，这又让我灵机一动，我说："李总，公司的发展史真的很感人，你不说，我不知道，我想很多员工都不知道，要不，您给口述，小D给执笔，咱们再做一本企业文化的书。有些好的传统，咱们要保持。这个任务是我额外给自己加的，不好不要怪我。"

执行总经理欣然同意，于是又听他讲了一天故事。很多案例确实可以收集起来，做成内刊。这些故事中涉及的人，比如隔壁座位的老王，为什么临危受命还给配了车？小D又单独做了采访，配上照片，小视频，我们的投影墙，又有新内容了。

这些事，都没花钱，施博士很高兴，特意打电话来祝贺我首战成功，我顺便提了上班时间这个问题，我自己也很犹豫，公司多年来就是这个习惯，突然让他转动慢下来，会出意外吗？如何在现有人员现有工作量上调整工时，我拿不准。

施博士让我别着急，暂时不要动根深蒂固的顽疾，先把其他小毛病给治了，就像医生手术一样，不都要先降糖降压到正常值才敢开刀吗？

博士就是博士，我醍醐灌顶。但我还是提了："可我自己和小A的身体受不了啦，我们可没有这样超过半个月加班加点的经历。施博士体贴地说："那我就说总部召唤你们回来两天吧，这两天你们各自在家休息。"

2.5.5 和业务接轨的考核指标提炼

小A顺带请了两天假回北京，我很怀疑她这一去就不回来了，临行前对她千叮万嘱："妹妹，你可得回来陪我，我跟施博士请示，这个项目一结束就给你涨工资，还有，下周咱们就8点下班，坚决不拖。"小A给了我一个大大的拥抱，在我耳边轻声说："老大，什么时候你就这点追求了，8点下班你就满足了，放心，我不回来还能去哪儿呢。"

可我还是不放心，一走三回头。

第二天睡醒就给小A发短信："妹妹，我刚醒，你呢？"她回复我："老大，我还没醒，被你吵醒了，放心吧，过两天就来和你会合，昨晚连夜跟施博士汇报工作了，他给了我们一个大大的赞，让我们坚持。"

小A的短信让我安心了，和施博士连夜汇报工作倒是我没想到的，当然，见面汇报比我通过电话、邮件效果要好得多。

周一的交通很堵，人堵在路上心有点慌，我安慰自己：慌也没用，你慌与不慌，堵就在那里，不会通畅。于是在车上想想别的事情，理理手头的活儿。

总监的半年度奖金核算得差不多了，这事我再跟跟就好；岗位职责和流程也梳理得差不多了，但如何进一步优化是个难点，需要和项目小组商议；前一阶段在梳理中就合并了类似岗位，明显能整合的流程也给整合了，涉及跨部门协作的尚在试行中。但光靠这点调整，只能让员工明白自己在做什么、要怎么做，还远远达不到提高工作效率的境界，怎么才能有大的突破呢？我一时也没有好的办法。

这一周的工作重点是人才盘点，要不边盘边想吧。

艰难地挨过拥堵，我如愿地迟到了，跟执行总经理说抱歉，执行总经理心不在焉地说没关系，知道周一堵车。我看出他的心不在焉，就问他："有啥问题，咱们讨论下？"

执行总经理犹犹豫豫，想说不想说的，处女座男，总是这样决断力不够。"我走急了，没带茶叶，蹭点您的好茶喝，我去拿杯子。"我只好没话找话，找个借口再来一趟他办公室，看他还想不想说。

茶叶借到了，执行总经理让我坐会儿，他终于开口了："77，是这样的，年中奖金算出来了，你说，明明公司是亏损的，怎么员工还有奖金呢？员工有也就算了，辛苦了半年了，数目也不大，可你看隔壁老王，他管理的店业绩最不好，半年营业额比不上李四一半，可他的奖金和李四一样多。"

奖金核算表其实我没怎么认真看，我懒。反正都是过去式，临时改规矩总是不好的，只要不算错就行了。执行总经理这么一说，我倒是有印象，因为给隔壁老王和李四的目标是不一样的，所以目标达成不一样，所以钱不一样，皆因为最初的标准定得不科学，但定都定了，我不赞成改。跟执行总经理解释一番，执行总经理还是欲言又止，我本意是不在这个过去的事上纠结了，但执行总经理这态度，我不得不再花点时间好好研究下旧的考核方案了。于是我跟执行总经理说："我回去会好好研究下方案，这对以后的方案制定也是前车之鉴，晚上咱们再碰个头吧。"

旧方案并没有书面文件，只有一张张大家签过的责任状，责任状也很简单，上半年目标是多少，完成多少奖励多少，看来旧老板定指标的时候很随意。有些新市场，也没有数据支持，大致估摸着算了个目标。隔壁老王所在的店面，因为地处四线小城市，按惯例指标定得很低，没想到的是四线城市的消费水平并不低，我查了下那个城市的人口密度，居然是很高的，在做生意上，旧老板一定比我经验丰富，当初这么定指标，也一定有他的想法，我要不要问问他呢？

这个事情挺敏感的，旧老板定的规矩，新老板给钱，我去问了，倒显得我多事。思前想后，决定不问了，继续算账。找小C要了隔壁老王和李四上半年的各种工作记录，盘点店面人员情况、员工薪资情况、客流统计表、客诉记录表等，一上午，终于让我算出个端倪了。隔壁老王家的客流远高于李四家，但成交达成率是低于李四家的，同时客诉比例也高于李四，居然连人工成本都高，怎么说还是李四经营得好一些。接着我又找市场部要了上半年全公司的活动数据，老王家的活动费用也最高，新店开业，高也是正常的。活动费用分摊到每个客户头上，老王家的单个有效客户获取费用确实有点高，我似乎看到一点点眉目，关于小D问过的问题：大家都在拼命工作，为什么公司还做不下去呢？销售人员每天都有业绩，很好的业绩，为什么公司赚不到钱呢？

公司的人工看起来很省，因为大家都在义务加班，但高居不下的离职率，让员工在岗时间的有效贡献率大大降低了。另外，公司市场费用太高了，开一家新店就亏一年，等把市场培育好了，竞争对手也来了，又不得不低价竞争，利润也薄了，于是，看起来大家都很努力，可公司就是不赚钱。我接着算，如果不开店，公司要怎么拓展业务呢？又找小C调了电商部的数据，电商部发展才半年，员工20个，主要是客服，工资低廉，业绩还不错，6个客服三班两倒，管十多个小网店，业绩居然顶一个门店了。四线城市为啥业绩好，大概是因为四线城市实体经济尚未受到电商的冲击吧，这个结论尚没有数据支持，只是个人猜测。等不到晚上了，中午吃饭，我拉着执行总经理，说我上午得到的结论：

(1) 实体店咱们不要开了，要开也开小城市的。

(2) 对店面的考核指标要丰富，互相制衡，我觉得跟执行总经理说平衡计分卡是说不明白的，便直接说："业绩要考核，单客获取成本要考核，店面运营成本要考核。"

(3) 针对新开业的店，固化开业流程，固定开业团队，开业成功、试运营成功后，就转给运营团队，开业团队只做开业的活，对他们采取不同的考核指标。这样做的好处有三个：第一，省人，避免人员频繁调动，效率低下；第二，避免新人从头开始，错误频出，这也能增加效益；第三，诸如隔壁老王和李四这样的问题就解决了，大家都做一样的事，考核口径一致，免得到时候扯皮。

执行总经理听了，频频点头。讲到做生意，他比我厉害太多，这些他心里都有个模糊的想法，只是说不出来，我给说出来了。

"77，咱们公司新到了一批男装，要不，你给你爱人捎两套，都是牌子货，这次可真太感谢你了。""什么价给我呀？"我问。执行总经理说："谈钱伤感情，记我的账，我们自己从公司拿货是成本价。"

下午回到办公室，就是那个仓库的一角，我没去选执行总经理说的男装，咱们还是矜持点比较好。虽然工作有序开展着，好像目前找到的问题和解决方案都得到认可，可这层出不穷的问题，总让我有种使了大力气，以为捞了一网鱼，但其实只捞了一条鱼加一堆破海草的感觉。公司的问题太多了，这么见招拆招的，累死我也。

小C、小D好是好，可他们要忙的事太多，小A和我迟早要回总部去，现在该把人力资源部的架子搭起来，有人才好办事。

我把我的想法跟施博士汇报了，他同意，建议先按5个人的团队组建。挂了电话，我一想，5个人，不还是小C、小D、张总、我和小A吗？这不

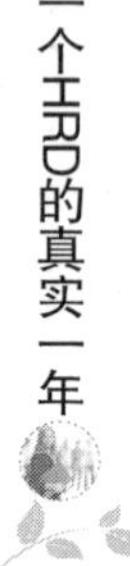

等于没加人吗？只不过同意让接替我俩的人早点到岗而已。这狡猾的施博士，一早他就对人力资源部的编制有主意了，也不跟我交个底。

现在轮到我梳理我们自己部门的岗位职责和流程了。

想了又想，我决定将选人权交给张总，毕竟以后要由她主持大局，自己选的人自己用得顺手。但部门架构怎么设置才能更高效地运行？我想融合HRBP和模块形式。跟张总谈的时候，她觉得这怎么可以？HRBP就按BP的架构来，模块就按模块来，怎么能融合？我只好继续我的洗脑工作了，突然觉得自己这半个多月就是在做各种洗脑的工作，我不去做传销真可惜了。

2.6 大暑(HRD的效率小妙招)

小暑不算热，大暑三伏天，越热，凌霄花开得越艳。高中时读诗经“苕(tiao)之华，芸其黄矣！”老师说，“苕”就是凌霄花，同学们乐不可支，“苕”在我们这里，就是傻子的意思。傻子也可以盛开如凌霄，古人用词真有意境。

2.6.1 才华定不辜负

不知道从何时起，我非常容易看穿一个人，也许是从做HR开始的吧。曾经我一度只看到别人的缺点，防备心极强；但不知道从何时起，我几乎不防备任何人，也许也是从做HR开始的吧。

是，这个世界很险恶，人心叵测，用同事的话说，处处都能遇见**反人类的决策**。你不知道为什么庸才能上位，你不知道为什么那么多钩心斗角，你不知道为什么该是你的总不是你的。我也看到了这些险恶，或者说，我也一直在这个险恶的江湖中艰难生存。

朋友总说：你醒醒，睁眼看看这世界，空气，水源，战争，少年兵。是的，其实我一直醒着，我看到了，我不接受，但我面对。人总是多面的，事情也总是多面的，我的世界是多棱镜，你看到的，我也看到了，但我选择相信。

做HR接触了很多人，你相信他可以，最后，他真的可以，这样的案例不下10个。跟孩子的成长一样，你对他表达出你觉得他可以，他就真的可以了。心理学家或实验室做过类似研究，来说出一个道理：肯定的力量。

因为就我知道的各种类似的实验样本数不多，我并不接受以小推断大而广之的结论，所以，我并不是在说肯定的力量，而是说，我自己。

以我的个人经历来说，不防备，并没有带来伤害，或者说，伤害了，但我并没有察觉，没有察觉，对于我就是零伤害。

以我的个人经历来说，发现别人的优点，这个受益很多，我找到了HR兼插画师小A，我也找到了“才华”。

“才华”也是个HR，她有很多缺点，比如花太多时间在刷微信群，她对自己的未来很迷茫，其实我们谁不是这样呢？但她绝对有更多的优点，作为HR，她能在短时间内组织出会议发言，她能常常加班，只为了跟咨询方学到更多，她能看清公司内的复杂，她渴望仗剑走天涯，但她没有来一次说走就走的旅行，她很节制。**她可以是有影响力的交际家，也可以是有激励能力的梦想家，还可以是有推理能力的归纳家，当然，她也是有活跃思维的组织家，最终，她会成为一个思维有高度、实践有能力的“大家”。**

能做HR的人，多少是有点才华的，有的人是天生让人喜欢亲近，非常适合做HR；有的人是会写会算，还有会画，非常适合做HR；有的人，抗挫折能力极强，非常适合做HR；有的人，敏感，对环境的一点变化都察觉得到，同样适合做HR；有的人，天生是组织者，他也适合做HR；还有的人，思维缜密，观察入微，他同样适合做HR。

如果，你有着这样或那样的才华，你一定不要辜负它，如“**才华**”一样，用你的才华去身体力行、去说服管理者：在新的时代，保护、尊重、鼓励每一个员工的独立性，才能让他们独立思考、自由表达，才能最终保证团队的开放性、多样性，才能实现企业的创新。

2.6.2 工作中的超级记忆术

一直以来我都觉得自己不是学霸，之所以去学理科，不学文科，是因

为我很不会背书，记忆力一直属于欠费状态，在记忆力这个事上我是没有天赋的，但现在呢？你要问我当地办生育津贴需要哪些材料，我会脱口而出结婚证、准生证、身份证、出生证明、出院小结原件复印件加申报表盖章，5证+1表！

我是怎么从记忆力欠费做到现在这样的呢？

许多人都会有这样的经历，刚介绍的人一转眼就忘了人家叫什么名字了，等下回见面时又不好意思再问人家叫什么。相反，如果有人第二次见到你时就能亲切地叫着你的名字向你问候，你会有什么感觉？一定会很高兴，觉得人家很重视你，你也自然会对他产生好感。所以记住人名不光是记性好不好的表现，同时还是一种很重要的社交方法，能增强你的个人魅力。

很多人可能也已经意识到记住人名的种种好处，却总感觉记不住，要不觉得这个人面熟但叫不出名字，要不能叫出名字但又与人对不上号。

那么，怎么解决这个问题呢？我又是怎么做到的呢？4个步骤。

(1) 重复。当你听清一个姓名，立刻重复这个姓名，交谈中尽可能地用到这个姓名，以便在头脑中扎下根来。

比如单位进来一个新人，名叫童懿，我看到了，就会问一句："这个字怎么读啊？那你小学听写的时候是不是很气父母给取这个名字啊？这么多笔画多耽误时间啊！"

说句话花了我十秒，但我记住了"童懿"这个名字。

假设你们单位一个月新进200人，就算你一个人花一分钟，不过才三小时，这三小时本来你也干不成大事，何况，你们单位一个月也不会有200个新人吧。

(2) 联想。如一个朋友的名字叫"黄黎明"，我想成黄晓明，确实黄黎明也挺帅的，这样马上就把这个朋友的名字记住了。

(3) 运用谐音。如有一个刚见面的新员工叫"宋文"，你就可以马上记住这个人的名字：哦，送瘟神啊。

(4) 及时敲进电脑或记进笔记。在你办完入职手续，第一时间把他的花名册录下来，敲电脑的过程中就强化了记忆，这样你就可以长久记住。

上班路上的10分钟训练：

第一个练习：数字练习。

练习去记100个甚至数百个毫无规律的数字，做到快速记忆并能倒背如流。

第二个练习：词汇练习。

找出100个毫无规律的中文词汇，尝试在最短时间内把它们一个不漏地记住。

通过这些练习，可以对快速记忆的两种基本能力——联想能力与编码能力进行非常有效的训练，当联想能力与编码能力都得到了有效的提高，那么我们的记忆力就会产生真正的飞跃！

任何一个人，包括我这样的学渣，如果每天能够抽出10分钟的时间来进行练习，连续练习一个月，那么，一个月之后，记忆力就可以产生质的飞跃，都可以轻松地在几分钟之内记住一副扑克牌，或记住100个数字，你可以试试看。

当然，是否能记住扑克牌或记住数字其实并不重要，重要的是当你能够做到这些的时候，也就意味着你已经完全熟练地掌握了记忆方法，你要去记任何资料都会觉得很轻松。

工作中的有意识的训练：

我们以记数字为例，你要从无意义的数字中找到意义，比如2015年上半年，互联网公司的离职率是15%。当我看到这个数，我马上联想到，我们公司是8%，比这个数字低呢，我可以在老板面前显摆了哦，于是我同时就记住了行业平均离职率。

再比如，我看到腾讯2015年新媒体的调研报告，一共57页，其中提到全国有200万自媒体微信号，其中有4万是经过原创认证的，我马上想到自己的号刚被认证了，原来我挤进全国前2%。

以上两个例子，你们看出来什么没有？和自己有关的数字，你就会不费劲地记得牢。

所以，我经常说的是：有些工作，既然做了，就边做边想它的意义，所花的时间是一样的，但结果不一样，一个是60分，一个是90分。比如你做人事月报，得到男女员工比例是3:7，你顺便想想，为什么会这样？同行业是个啥情况呢？这种情况对于我们公司而言，是好还是不好呢？

我不知道我的方法对你有没有用，就像我跟我们班的同学说的，学习

之后的复习方法有很多种，有的是画思维导图；有的是记课堂笔记，课后回顾；有的是去搜集和课堂上讲述的相关的内容，进行拓展学习；有的是把学到的方式在工作中运用；有的是教会别人。这些都是好的学习方法，你可以选择适合你的，也可以综合起来运用。

在《道德经》中，老子这样说统治者：太上，下知有之；其次，亲而誉之；其次，畏之；其次，侮之。翻译过来就是说：最好的统治者实施无为而治，百姓只知道有这样的统治者，而没有政令的烦扰，自己过得开心；次一等的，实施仁政，爱民如子，百姓们都亲近他、赞誉他；再次等的，利用刑罚，让百姓畏惧他；最低层次的，胡作非为，百姓在背后骂他。

而我的教育理念是：我能让你不知道自己知道了，就是最高境界。我现在做的还只是爱着你们，告诉你们我知道的，倾囊相授。因为，你们觉得，当场的收获才是收获。如果某一天，你突然抖个机灵，蓦然回首，发现77不知不觉中教会了你什么，那我就开心了。

2.6.3 重度会议厌倦症

年轻的时候，开过一种叫月度经营会的会，从周二下午两点，开到凌晨两点是常有的事。周三上班迟到，钱照扣。鉴于此，有人提议改为周五开，即使开再晚，第二天也不怕迟到。我不赞成这个提议，我的理由是：正因为第二天要上班，会议才能在半夜两点结束。老同志们听后，觉得颇有道理。

会议的第一个议题是各门店汇报一个月成果，中间有重大问题的，涉及的管理部门，如市场部、安全部、工程部，会一一跳出来剖析，这个议程视每月出问题的大小难易，进度不同。

第二个议题则是制订下个月销量计划，基本上从下午四点到八点。门店拿出历年数据、人流量、地段相关的交通规划等据理力争；市场部拿出当月促销活动拼命说服，不达成一致不放饭。通常八点后，据理力争的那帮人已无力气，大多同意市场部提出的计划。

第三个议题，即晚九点到凌晨的议题，至今回忆不起都讲了些什么。当时年轻，每次开会都有收获，谁提案提得好，值得我借鉴；谁发言精彩，可以偷师；谁打死都不改口；谁口若悬河东扯西拉。在我看来，都是世间百态，好玩。

关于这样的会议，我得出的结论是：对小朋友还是有好处的，当看故事、当学经验都不错。虽费时，幸好，也才一个月一次。从此，去任何公司，开会我不怕了，持久战不在话下。

另外一则开会的故事，距离现在也有七八年了。老板是个工作狂，每月召开两次人事系统大会，这个会不怎么说话，基本上是布置任务。收到任务后的各区域人事经理、总监则抱着自己的笔记本电脑，围坐在酒店大圆桌前，拼命写各种报告或表格，写好即现场层层签批。先做好的先批，但先做好的被打板子的机率也高，大家都不太愿意第一个去试探是否领会了老板的真实意图。

这个时候，一般我打头阵，我所管辖的区域人少，做数据快，老板也不爱朝我脸上扔报告。这种会，是会开通宵的，直至全国近10个大区的报告都签批通过，公司的商务车再送大家回酒店。次日八点，准时接大家回会场继续另一个议题。

有一次，被关了一周，每天睡两三个小时也就罢了，江浙菜实在吃得寡味，委托第二轮来开会的运营部龚总给带辣椒酱，又撑了一周。记得同事来到会议中心，我老远就大喊：“老龚啊，你终于来了！”此笑话被广为传诵，说我开会被关傻了，见到辣椒酱叫老公。

我总结这样的会叫“老板洗脑大会”，他要把他的理念通过通宵达旦地反复修改报告，传递给人事工作者们，人事工作者印象深刻了，才能原汁原味地传递给当地的总经理们。这样的会，并不比“传销会”收益更多。

最终，很多同事因为高强度的会议而离职，我虽没离职，也从此患上了会议厌恶症，越老越严重，现在演变为重度会议厌恶症。

为什么企业总有开不完的会呢？会议的由来，我隐约记得，是原始人为了决议，围着火堆坐一圈，酋长说：“明天我们去东山头打猎，还是去西山头呢？同意去东山头的捡个石头，堆个堆；同意去西山头的，也捡个石头，堆一堆。哦，东山头的石堆高一些，好吧，明天去东山头。”

也许是因为现代企业要解决的问题，比去东山头还是西山头打猎要复杂得多、不透明得多，影响问题的因素也多得多，需要协作的难度也大得多，所以我们才必须要开很多会吧。

关于有效的会议怎么开，有太多的教义，我个人依经验总结几点：①想参与的人参与，不想参与的别喊他；②会议能解决什么问题，要提前知会与会人，让他们带着期待的心情来参加会议；③一个议题10分钟没结果就放弃，由提出议题的人会下组织小组讨论得出结论；④准备很多很多的便签纸，少说话，多写字，有效阻止话痨(说话可以不负责任，写下来就有责任，看话痨多不多写)；⑤写了观点的便签公布在墙上，解决一个下墙一个，谁的便签仍在墙上，谁就发起下一次会议，即使老板也一样。

坊间流传，苹果乔帮主的会议与会人员不超过8个人。曾经有一个产品负责人走进会议室，乔帮主觉得他与营销会议无关，于是说："你不需要参加会议。"从此，该人再未在会议室出现过。

多么希望这个故事发生在我身上，臣定当感激涕零！

2.6.4 半夜的惊魂电话

某天半夜接到电话，某某大姐的手搅到机器里了，员工已送她到医院。

我和部门负责人赶到医院，办理完相关手续后去看望大姐，大姐伤得不重，没有伤筋动骨，简单处理后，就能回家了。第二天在系统里查，该大姐入职一周，幸好及时上了保险，即使不走工伤保险(你懂的，因为太麻烦)，医药费用也在公司可报销范围内。

这事也许就这样完了，但我可不想再次在半夜被电话惊醒，也不想因为大姐请病假，又要重新排班。

为此，我去车间了解了事情经过：

(1) 大姐不是操作员，仅仅是出于一片好心，别人忙不过来，她主动去帮忙。

(2) 她并没有接受过操作规程的训练。

(3) 操作规程贴在机器上，但言语啰唆，工人不一定看得懂。

(4) 在当现场忙不过来的情况下，谁来指挥？原规定班组长指挥安排，但实际情况是，班组长也在忙，不一定顾得上。

(5) 新员工入职培训时，该不该培训除了本职岗位外的内容，并经考试合格再上岗？相关的时间成本公司愿不愿意承担？

(6) 班组长具不具备现场合理指挥能力？

(7) 当某个岗位因不可抗力缺岗时，有没有应急方案？

我把我了解到的和我想到的，一一和班组长、员工代表讨论，得出的结论是：

(1) 以后严格规定，非本岗位员工不得操作机器，该机器的操作员对此负全责，有责任阻止其他人的好意帮忙。

(2) 修改操作说明书，尽量用图标和简单的文字清晰表述，危险的按钮、阀门、零件加危险标示。

(3) 新员工入职考试增加考试题，内容为：未经考核通过，不得操作任何非本岗位相关的设备；签署安全承诺书，提高员工安全意识。

(4) 操作现场补位很重要，如何补位要设计出合理方案，培养B角。没有必要每个员工都培训操作，这点我想多了，大家都不同意，免得浪费人员培训成本。补位制出台后，对全员进行培训。

(5) 制定事故调查和报告程序，对班组长进行事故调查方法的培训，让他们学会分析事故的方法，从而提高风险防范意识。

(6) 设立安全奖励金，对于提出好的安全管理点子或指出潜在危险的员工，以及危险发生时，采取有效措施的员工(比如这次事故中，旁边的另一位大姐，马上关了电源)，给予奖励。

(7) 设立紧急事件的处理流程，比如机器搅到人了，要怎么处理，第一步是什么，第二步是什么，不要发生了再让一线管理人员去思考，让他们按设定的步骤最高效、最正确地执行，这样能防止二次危险的发生。

有人说看77的文章脑洞大开，一个小工伤我也能写这么多。其实不是我一个人的智慧，要相信一线员工，当你能激发他们出谋划策时，他们总能提出超乎你想象的好提议，而你，需要的只是提出对的问题。

2.6.5 挤一挤总是有的

坐拥高端大气上档次的大办公室，唯一的好处是偷吃零食没人发现。是的，我不喜欢独立办公，虽然我是个独立的人。

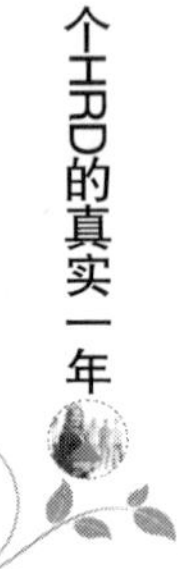

我曾在某公司做大区人力经理，因项目点不断扩张，办公区规划不足，奇缺办公室。我招来个运营总监没办公室，请示总经理后，让他坐我隔壁了，这是我请进办公室的第一位。

随后，陆续入职的项目经理、计划部经理也被我邀请入住。

人力资源办公室俨然成了指挥中心，各种消息第一时间收到，三个人同时抬起头，一合计，结论就出台了，工作变得异常顺畅。

不知为何，上司给我派了个领导，当然，此领导也无办公室用，我腾出我的位置，坐他对面去。新领导第一天上班，看到办公室惊呆了，问："你们这是上市公司吗？"我说："是呢，上市公司发展就是快，办公区规划跟不上了，您只能委屈下，我们一起挤挤了，据说行政在找新办公点了。"

但这位老大没等到新办公室找到，就闪人了，办公室狭小、共用也算他愤然离职的原因之一。

我经常说，我是个很急的人，办事都是一路小跑，我喜欢拥挤的办公室的原因之一，是能少跑路了。特别是跨部门协助的事，都是同桌，还不互相支持？

拥挤办公室的另一个好处是，人力资源终于能不费力气地懂业务了，一边制自己的表，一边听隔壁讨论定价政策，及时提供人工费用上涨定价也要随之调整的建议。编制表格时，也懂了加上物价上涨因素为调薪依据之一，上班变成一件其乐融融的美事。

计划经理是"表哥"，作为同桌的我，不多时也成了"表姐"；项目经理是草根出身，对一线人员的管理很有一套，不多时我也有了自己的一套；运营总监走遍大江南北，几乎所有竞品公司都接触过，从他的描述中，别人家的薪酬结构我大致也估摸出来了；本人，文笔还可以，帮几个同学代写作业驾轻就熟。我们四个人就这么互相帮衬着，直到新办公区落成。

新办公区四人各自有自己的办公室，办公室又经常高朋满座，彼此串门反而不方便。

总经理开会时说："老张，你交上的报告水准尽失啊，你有什么情况？""小王，你的指令计划跟人事商量了没有？产量要翻番，人员跟不上啊！""小李，你项目点这个月离职率飙升，你说是因为新人不适应环境，人事的报告是附近竞品公司入驻，抢了我们的人，77，你说，你们谁说的对？"

老张、小王、小李、77同时抬头，眼神一合计，一起说："老大，您还是把我们放一起办公吧，现在您说的事都将不是事，我们四个人立马能回到原来水准！"

有些东西，挤一挤总是有的，比如，同事的战友情。

2.7 案例分享：我们的爱不随意

小夏在日记里写道：立冬。外边配合地下起雨，好歹降了温。总听到身边一些人在冬天来的时候说他喜欢夏天，而在酷暑时他又说他喜欢冬天，他们的爱都很随意。

小夏，女，1990年出生，在南宁市一家IT企业任HR，毕业三年，一直在同一家公司工作，不是个眼高手低的人；期间自修学历及职称，是个上进的人；自诩为HR小白，其实一点都不小白，是个谦卑的人。她因为爱着HR这岗位，准备坚持，她的爱不随意。

有人曾分享：他曾是挂着HRM头衔的HRS，并不是真正的M，只是S。看到他的话，我一度以为跑错了场子。

回想下我经历过的企业，有几个挂着HRS头衔、做着HRM事情的小朋友，他们一度很困惑：HRM到底做些啥活啊，我们公司的HRM都是分工别类的，比如招聘M、绩效M、BPM，其他公司的HRM是怎么样的？当我跟他们说，他们就是HRM，胜任这个职位绰绰有余，他们还不敢相信。于是我们花了一小时，做了一个讨论。

(1) 首先我问：你们觉得一个优秀乃至卓越的HRM应具备哪些能力和技能呢？大家纷纷把自己的理解贴在白板上，通过合并，我们总结出6项：独当一面的能力、感染力、协作能力、愿意分享、学习能力强、创新能力(发现没有？大家写的，其实就是觉得自己没有的，都是能力而没有谈到技能，技能天天在用，反而忽视自己拥有的)。

(2) 然后我继续问：领导眼中一个优秀的HRM应具备哪些能力和技能呢？同时我提示大家："领导，你假设为一把手(老板)，他最爱什么？"

“钱呗！”大家异口同声。答案是正确的，领导需要能为他带来利润的人。围绕这个立意，大家又纷纷贴便签，我们总结出6项：专业(含法律法规、办公软件运用、每个模块的深刻理解和运作)、开阔的视野、快速熟悉业务、应变能力、亲和力、提交的资料和方案及报告准确无误。

(3) 接着我问：同事眼中一个优秀的HRM应具备哪些能力和技能呢？我们总结出5项：协作能力、愿意倾听、大度、平等、专业。

(4) 然后我又问：也许你们现在没有下属，但可以想象一下，下属眼中一个优秀的HRM应具备哪些能力和技能呢？这次的答案可丰富多了，做下属，大家都很有心得。我们总结出4项：整合资源的能力、为下属建立学习和晋升平台、给予下属鼓励、沟通能力强(含指令明确)。

(5) 最后我让大家罗列一个月的工作清单，看看我们现在做的和我们期待的以及别人期待的都有哪些差异，见表2-5。

表2-5　差异

时间	工作分析	工时/月	比例
8:30	收发邮件，更新招聘账号，领导指示	20	11%
9:30	面试(每月10～20个×0.5小时=5～10小时)	10	5%
10:30	各类报告(每月30份82小时=60小时)	60	33%
13:30	各类方案(每月4份188小时=32小时)	32	18%
14:30	各类方案(每月4份188小时=32小时)	32	18%
15:30	各类沟通(20次×1小时)	20	11%
16:30	会议(每月4次×2小时)	8	4%
合计		182	100%

最终大家总结出这样的结论：

(1) 我们觉得专业很重要，别人也觉得专业很重要，在写各种方案中，我们的专业能力逐步提高，但我们对法律法规不够熟悉。

(2) 与各级的沟通很重要，但我们花在沟通上的时间太少了。

(3) 挖掘人才很重要，但我们花在评估候选人上的时间太少了。

(4) 其他都是软能力，是学不来的，要靠自觉领悟和修炼。

好像有个理论，大意是提到5个问题，一定能深挖出一些背后的东西，我用了5个问题，让迷茫的HRS找到了方向，好像并不难达到，在工作中逐步增加对未来有用的工作时间即可。

我们的爱不随意，我们既然爱上了HR这个职业，就准备做好，要做到HRM，做到HRD，我们的差距在哪里呢？谈到技术性差异，好像并不大(觉得自己差的，速补，技术性的东西学起来都不难，这个观点我说过10次了)，差的都是软实力。

小夏，因笑点低一度被吐槽为“低能儿”，我倒觉得笑点低的人，大度、愿意倾听，且亲和力、沟通力都不差，至少她已经具备了很多优秀HRM的特质。

第3季　秋季

中秋的HR普拉提

朋友说，他在练普拉提。“这不就是瑜伽的一种吗？”我说。

他说我Out了。普拉提既融入了西方人的“刚”，注重对身体肌肉和机能的训练；又融入了东方人的“柔”，强调练习时的身心统一。普拉提的每个姿势都要和呼吸协调，这点和瑜伽类似，但普拉提要求“深度腹肌”的运用，有意识地收缩身体轴心的肌肉，纠正和保持它的强度，这是和瑜伽不一样的。

哇，听完讲解，并观摩，我猛然发现，我们做HR的，讲求刚柔并济、讲究提升核心竞争力，练的原来是普拉提啊。

第一步：专注

普拉提将精神和身体连接起来，练习者能感受到每个动作的微妙差异，利用专注力，不断调整姿势，达到流畅。

HR专注，是要专注于事件本身，当你排开旁骛，总会有意想不到的发现。

第二步：控制

普拉提每一个招式的起势需要运用控制力，身体达成某一个姿势，更要用控制力来维持。

HR在工作中，控制无所不在，你要控制你的情绪，你要控制事情的发展趋势，你要在培训的高潮学会控制，你要控制工作流程，你要控制预算……是的，总是有这样稀少而有力的时刻。

第三步：轴心

普拉提讲求“深度腹肌”的运用，有意识地收缩身体轴心的肌肉，纠正和保持它的强度。

HR的轴心就是找重点人和重点事之能力，同时提升公司和员工还有自己的核心竞争力。

第四步：呼吸

普拉提配合正确的呼吸，让你的动作变得流畅。吸气协助你调整身体的姿势，呼气时你会发觉脊骨能再伸远一点，肌肉能再拉长一些，达到你之前没有到达到的动作幅度。

在日常的逼仄和忙碌中，HR的呼吸，吸气是集聚能力或知识或伙伴或Everything，呼气是释放能力、教学、减少负面影响或Everything，此消彼长。

第五步：准确

普拉提要求练习者把思想带到运动中，集中精神不断调整。就是这些细微的分别，会令你得到截然不同的感受。

HR的准确就是更真诚、更冷静，也更勇敢些，当然，首先要准确，其次要迅速，不要搞错顺序。

第六步：流畅

练习普拉提时速度要均匀，不要胡乱用力，动作和动作之间也讲求流畅。

HR的流畅，同样如此，该使力的时候使力，不妄作为，也不要不作为。模块与模块间，讲求协作、贯穿，你中有我、我中有你，然后露出明媚的表情。

好吧，我认为这六步，可使HR工作产生不可思议的四两拨千斤的效果。瑜伽的重点在于达到某个姿势，运用力量、平衡、韧度来维持某个姿势；而普拉提的重点是做到某个姿势的过程，它并不在乎你是否达到最完美的姿势。如同我们的工作，我们的追求，完不完美它都一直静静地居住在你心里，如同满月居于星空。

3.1 立秋(成为终生学习者)

立秋这一天，在古时候，是私塾开学的日子，私塾的大门口会写四个字：秋爽来学。

3.1.1 学习必须在工作中

你一定是爱学习的人吧？一定是这样，你才会看到我的书。

我们上班8小时，路上2小时，午休1小时，三餐吃喝1.5小时(我速度比较快，你可能要两三小时)，睡8小时，早晚洗漱1小时(我速度比较快，如果还有比我更快的，一定是男孩子)，一共21.5小时，剩余2.5小时，不够给父母打电话、给孩子讲故事、做点家务、追剧，是不是觉得很有道理？那我们什么时间学习呢？

谷歌，给每位员工每天2小时的自由时间，可以做自己想做的事，而最终，员工在这2小时内的成果都转化为谷歌的新项目。

我们的企业不可能给予我们这样的自由，等有一天我们自己当了老板，估计也不会给员工这样的自由，但我还是要讲：学习必须在工作中。

学习的目的，我的认知是：

(1) 愉悦自己；

(2) 应付工作中必须掌握的技能、能力；

(3) 应对未来的变化；

(4) 解答自己的困惑。

学习可以拆成“学”和“习”，这个不是我说的，是今年诺贝尔科学奖项得主屠呦呦的中学母校校长说的。他说：学习，有学无习是不行的，习，需要时间和体验。他认为学生学习的目的是拓宽视野和增加自信心，具备社会责任和自主意识，以及具备批判思维。说得真好，难怪能培养出诺贝尔奖得主及诸多院士。

最近，大白兔77同学在写字，对于学习这件事，又有新的体会。学，如同描红，知道正确的轨迹，照此运行；习，是临摹，是眼里看着轨迹，心里想着轨迹，用自己的方式去运行，而最终，形成自己的字体，比如77体。

这个“体”，一定是最适合自己的，最实用的，好不好看，见仁见智。

审美，是种极致的个人体验。

又有人问：我所在的公司，真的没有值得学习的。真的吗？保洁阿姨教会我1秒钟套垃圾袋；保安大叔教会我提问：你是谁，你来干什么，你要到哪里去；业务人员教我口吐莲花；项目经理教会我Getting things done。这些，他们都没有主动教我，但我学习到了，我是临摹的。

即使这些人都没有，公司总有老板吧。可以把老板当明星来八卦(心里，切记在心里)，这么多人，就他是老板，一定是有理由的，天生异象必有妖，事出反常定有蹊跷。

老板是不是业务眼光特别准？为什么呢？因为他比我们更爱钱？这不是笑话，不是常说，念念不忘、必有回响嘛。

老板是不是特别省钱？不管把多优秀的人推荐给他，面试都开不出高工资？为什么呢？他在算付出回报比。

老板是不是加班从来不要加班费？为什么呢？因为他在做他爱做的事。

老板是不是不果断？为什么呢？因为他掌握的信息太多，他要多方权衡，等我们做了老板，一定要果断，从现在起就可以训练自己处理复杂事情时，迅速作判断的能力。

老板是不是爱骂人？等我们做了老板，千万不要像他那样，从现在起，我们就要提高自我修养。

最后，再次嘱咐你，一定要在心里想，喝醉也不要说出来。工作中，扫一眼我的书，也是很好的学习方式。

3.1.2 学习，从提问开始

我经常在微信公众号说：如果你有相关的问题可以直接回复，我会及时回答，但很少收到问题。

又或者我会在课前提醒大家，如果你有问题可以提前准备。

有位朋友就问了：“77，你总提醒我们准备好提问，怎么让提问更有质量呢？我该准备什么才能利用好课堂时间？”

这是一个特别诚实的好问题，适用于各类课堂、论坛，当然也包括日常工作中向高手请教。学会提问是一种非常宝贵的能力，也是最关键的学习能力。

两个简单的建议：

第一，就自己在实际工作中遇到的困难提问，而不是行业中泛泛的问题，不要考虑别人会不会觉得这个问题傻，或者幼稚。你只需坦言你最真实的困惑，具体描述就好。比如，大家都说去HR化了，我们做HR的该怎么办？绩效考核有哪些注意事项？我该换工作吗？你能推荐书单吗？这就是典型的泛泛的问题。

好的，实在的问题，比如：我们公司属于制造业，规模200人，一直没有什么培训，我该从什么培训入手呢？

比如：我刚毕业一年，从事人事外包工作，我现在加强什么技能最合适？

比如：我性格内向，不爱与人交流，适合做HR吗？

比如：我们是一家教育机构，我从事招聘工作，有时候觉得工作没有方向，这个时候我应该注意什么呢？

比如：我刚加入一家咨询公司，规模不大，前期招聘中，老板对我的表现很认可，想让我负责人资全盘工作，我应该规划哪些工作内容？

把自己的现状描述清楚，遇到的困难究竟是什么？你在问这个具体问题时，其实也就分析了环境因素。

如果你完全没有基础，你也可以直接问：老师，我今年大二，学人力资源的，人力资源最关键的能力是什么？这些都是好问题。

第二，百度可以查到的就不要问了。比如社保基数是多少？生育津贴怎么办理？这都有标准答案。百度不精准，但能告诉你方向，让你摸到边，摸到边的时候，你会发现，你具备自己发现问题、解决问题的能力。如果百度的答案让你困扰，这个时候拿出来讨论，一定是个好问题。

奥巴马在某高中开学的演讲中说过：我们需要通过理科的学习获取知识和解决问题的技能，需要从文科学习中培养洞察力和批判思维。

提问，其实就是批判性思维。即使是我说的，你也要用自己的思维去判断，哪些观点能为我所用，从而形成自己的观点。

就像我写专栏，推微信公众号，朋友问："你如此真实地表达自己的观点和行为方式，不怕别人学吗？我的回答是："这只是我的经验，我的个人喜好形成的行事风格，照抄，对抄的人一点用都没有，就像我穿XL号的衣服，你穿S号，把我的衣服穿在你身上，一定不如你自己的衣服好看。批判性地学，就像取我衣服上的珍珠，点缀你的华服，只会让你更有自己的风格，而我，并没有失去我的珍珠。

3.1.3 致某小孩

某小孩上高中了，可以传授更高的武艺了，先回顾**初中传授的三招**。

第一招，广泛阅读，为学到的知识建立更多的节点，那么，在吸收新知识时，会迅速地为"新房客"找到它的"房间"。

简单地说，良莠不齐地多看，反正初中闲暇时光还是蛮多的，先跟各种知识混个脸熟，记得的一两个点，就是你脑子中的点状结构，新知识来了，一来，是熟人，不畏生；二来，有和它类似的伙伴，可以直接安排"入住"，不用堵在"前台"。

第二招，照相式学习，把知识拍个全景图，看到A要想到相关的F，不要拘泥于B。

第三招，解剖知识，特别是语文阅读和作文。先打桩，再盖楼，最后装修。

高中的武艺，我觉得只要三招，也能出类拔萃。

第一招，让你的时间更有效。就算没有天分，只要你愿意每天花一点时间，做同样一件事情，不知不觉，就会走很远。例1：每天花半小时写一千字，三个月是一本书。例2：中考词汇量2500，高考3500，假设3500个词里只记得1000，还需记2500，每天6～7个单词，一年学完三年高中单词。

要注重一次性。图快，也要图好。听课就好好听，注意力集中地听，一次性弄懂；笔记一次性记清，不再后续整理；单词背了，就记住，等等。一旦做一件事，既然已经花了时间，就一次性做好。

在状态就多学点，不在状态就好好休息，形成学习习惯，形成规律，你的身体就会适应这个规律；去"开始"，胜于任何完美的想象；不去想昨天，只想今天和明天。

简单地说就是：爱，投入，休息，玩耍。

第二，学会记笔记。高中知识点更多更庞杂了，一堂课随便听听，只能吸收60%。聪明地记，就能达到120%，光听课就胜人一筹了。

画了《蒙娜丽莎》的达·芬奇同学，他是画家、天文学家、发明家、建筑工程师，他还擅长雕刻、音乐、发明、建筑，通晓数学、生理、物理、天文、地质等学科。这说明什么，说明各类学科都有相通和互相启发之处。

如果你看达·芬奇的笔记，一定会觉得他不是个好学生，但他的笔记才是聪明人的笔记。

第三，基础牢。一定要自信但不要过于自信，要虚怀若谷地自信。不要觉得自己一听就懂，一看就会，不要看不起老师强调的错误点；跟打游戏一样，怪是杀不完的，怪题是做不完的，掌握基本原理，触类旁通，更有效。

以上是家传秘籍，毕生学习经验总结，本只传男不传女，但鉴于大家对我这么好，这次献给看书的朋友们，不论男女，不论年龄，这些秘籍，对不断学习的人，多少会有些许帮助吧。

3.2 处暑(培训师的核心能力)

处暑时节，天气由热转凉，人也变得懒洋洋。77说，不可以懒！都给我打起精神来(包括77自己)，喝点桂圆茶补血气，听77给你讲培训的故事。

3.2.1 培训界的“林奕华”

《77奖糖》是这样开始的。当年很闲，大学时又做过记者和主持，不甘心每天只数钱(本人曾是出纳)，虽然现在很想每天只做这个活。

77的系列培训课叫《77奖糖》。最开始，《77奖糖》还不成规模，只做新员工培训。那年，我大学毕业才一年，是分公司出纳。分公司老总很懒很懒，而我很听话很听话，他觉得我能做的，全给我做了。无名分，无薪资的，兼了他的助理。

当时，我读了一本畅销书《谁动了你的奶酪》。公司里都是大哥大姐，自己想在大哥大姐面前显摆下，做了漂亮的PPT。那个时候PPT不常见，总部开会都还在用白板呢。我的PPT确实让善良的哥哥姐姐们，觉得我还是有可取之处的，虽然人笨点，力气小点，搬抬东西用不上我。

培训课也不枯燥，不是讲故事，就是做游戏，再就是案例演练，最后，总能得到奖励的糖吃，也就接受我的《77奖糖》了。

其实当时没啥系统的概念，只当一档节目做，让大家学到点东西，也满足我的主持欲。待我专业做培训多年后，发现我的观点蒙对了，虽然这个观点迄今没人提出过：好的培训就是一台舞台剧，要编剧，要布景，要背景音乐，要结构，要布局，要有高潮，要有起伏。最后，一定要有观众的参与、互动。舞台剧演完，观众如果能有在夏天喝了杯冰镇酸梅汤、在冬天吃了个烤红薯的感觉，培训就有效了。

记得我还是HRM的时候，公司是没有培训经理的。第一课，讲什么？讲公司历史沿革。才来半个月，怎么讲历史？走访群众，拍短片。请老员工讲一个印象最深刻的故事，请新员工讲一个最有特点的老员工，通过群众的勾画，公司的历史形象丰满了。看完短片，几个部门经理都很感动：原来他们是这样一路走来的。新入职的员工很激动：原来跟着公司走，能走这么远。短片共半小时，采集素材用了一周，这就是培训前的准备工作之一。切记，主旋律要读懂老板的意思，他要的是苦尽甘来，还是众人拾柴，你的片子就要怎么编辑。

培训经理或人力资源部经理是不是培训讲师？这个话题，业界是有争议的。有人说，培训经理就应该是讲师；有人说，培训经理只要组织得当就好。我的观点：培训经理一定是个好编辑，同时是个好演员。大多数时候，是好临演。好的临演，自然要时刻准备着，演谁像谁。讲制度时，你是权威解读；讲业务时，你是半个专家；讲通用课程时，你是问不倒。培训课，不是每次都能请到老板亲临，抑或你能请得动公司元老，HR是最好的B角人选。

做集团HRD时，要开年中培训会了。原定中层管理干部几百人参加，老板看着培训大纲，一高兴，临时起意，让大家都来。老板高兴，是因为

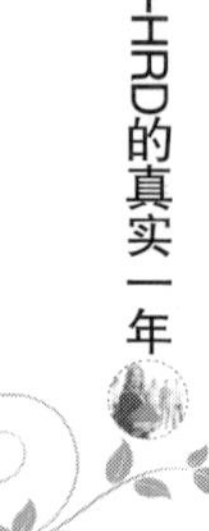

大纲不逊于外训水平，且都是内训师，不花钱，那大家都来。

场地怎么定，音效怎么控制，人员怎么安排，一场年度大秀即将开演。这个时候，HR一定是好的组织者，也是好的司仪兼讲师，有能力。有办婚礼经验的HR，这样的场合一般能拿下。跟结婚一样，组织是自己，上台是自己，培训？又有何难。

我出生的地方叫三道街，是古时的粮道、学道、盐道。后有花园山，前有胭脂路，左有青龙巷，右有三义村。三道街里有一条小巷，巷子很窄，没有湖水，也不见桥，偏偏叫云架桥。

有时候想着，培训，就是云架的桥吧，贯通公司和员工，但一阵风，也便隔岸相望，再也无法沟通了。那架桥的云，想必是老天的恩赐或HR的苦心吧。

3.2.2 人人都是培训经理

培训这个话题，不如招聘这么迫在眉睫，不如绩效这么辗转反侧，不如人力资源规划这么高大上，不如人才梯队建设或继任者计划这么惊心动魄，但在我看来，培训是贯穿在整个人力资源管理模块中的。

你们也许都不是培训经理，但你们都可以做培训的工作。

谈到培训，大家都喜欢从体系谈起，没怎么接触培训的人就会觉得，培训是个好难的活啊。体系相当于设计结构；每次的课程，相当于结构中的组成。关于培训，我们先解决小积木问题，跟拼积木一样，积木有了，怎么搭都可以。这也可以叫以小见大，或以易代难，或者说循序渐进，从下至上，你怎么理解都可以，最关键的是：**这样，你会觉得培训也不是个难事。**

举个例子：

小明是教育类公司专职负责招聘的，在面试时，他需要介绍：我们公司是家什么样的公司，这就是企业文化的培训。

朋友曾是某知名品牌的超级打杂员，具体职位不清楚，但一定不是人事岗，但他在qq上溜走前，最常说的一句话是：我要去给新入职的销售讲解产品知识了，晚上再聊。这就是产品知识的培训。

HR朱朱，如果某天爆照，一定是她穿了件心仪的新衣服，如果她穿了心仪的衣服，一定是有员工生日会要主持，员工生日会何尝不是企业文化的培训形式呢？

迄今为止，没听HR孙孙提过和培训相关的字眼，她总在抱怨目标考核的不易操作，反反复复与老大们以及员工们敲定岗位应达到的工作目标。在我看来，拉锯战的过程，就是企业目标的分解及灌输，这也是培训。

如果听了上面的例子，你还觉得你在工作中没有涉及培训，举个手！我猜，没有一个人举手吧。如果你们和我一样，认同上面说的培训不拘泥于形式，知识的传递、信息的传递、技能的传递、标准的传递、信念的传递等都是培训，那么，就可以进入下一个环节：培训要一招鲜，还是招招鲜？

77说：要一招鲜，也要招招鲜。77太狡猾了。

一招鲜，指的是你一定要找到培训的基本定理，找到了并掌握了，就这一招，没有其他招数，也能仗剑走天涯。还记得我唱过的培训歌吗？不记得了，好吧，再唱一次。

3.2.3 从0分到30分

“跟着我左手、右手一个慢动作，右手、左手慢动作重播。”好吧，既然大家都问到培训师如何养成，今天就跟我一起唱一首歌，练习如何做一个培训师。

如果给一个好的培训师打分，如满分是100分，从0分开始，今天我们争取能拿到30分。

回想我们学生时代最好的老师，对于自己的专业知识，他不仅无所不知，而且他具备其他老师没有的特殊能力：他能够深入浅出地讲解学科中的复杂知识，让我们真的理解和掌握。也有些老师，可能知识很渊博，但他们就是不能让我们灵光一现、恍然大悟，他们往往让简单的问题变得更复杂，完全难以理解。这样的经历，想必你我都有过吧，你想成为哪一种老师呢？

也许，我们现在知识尚不渊博，不怕，不怕，至少我们不会让简单的问题复杂化。跟着77继续唱歌："想说就说，想做就做，为了明天的自己鼓掌，这世界的太阳因为自信才能把我照亮。"当我们坚定了做一个优秀培训师的梦想，很容易就拿到了10分。

"皮鞋擦亮，换上西装，佩戴上一克拉的梦想。"即使暂时做不了培训师，也要和培训师穿得一样，于是又有10分到手。

"无极生太极，太极生两仪，两仪生四象，四象生八卦，八卦演万物。"猜猜这是什么课？是数学老师第一堂三角课的开篇语。如果放到现在，我猜他的开篇语会是："《星际迷航》中银河系被划分为四个象限……"

"同一性包含斗争性，斗争性寓于同一性之中，同一性制约斗争性，但同一性并非无差别的等同，而是包含差异和对立的同一。"

同学，你能听懂这位老师在讲什么吗？反正我不是太懂，当然，这门课也没考好过。

让我们回想那些最好的老师，比如数学老师，让我们懂了象限的意义，我们就具备了解决任何三角问题的基础。今天最后得到的10分是：一旦你掌握了培训的基本规律，你就学会了培训运作的基本知识，具备了解题能力。

我总结的培训955口诀，其中一句话是培训的基本原则是"当其需，当其时，当其位，当其愿"。当员工和公司都有培训的需求，也有培训的时间、愿望，同时，这个培训能满足岗位要求，这时，培训就可以开展了。

培训的基本规律除了上述四字真言，还有：培训课听了，员工能懂，懂了他会做，做了能做好。那么，怎么让他懂？先要分析听课的都是什么人，男女比例、文化程度、来自何方，然后决定你用什么方式去授课。懂了怎么会做？你的授课内容一定是工作中能用上的，用用就知道好不好，练练就知道会不会做。怎么能做好？这个忙，培训师就帮不上了。发动群众，直线经理也好，学习小组也罢，监督、纠错、反馈、修正、再演练，这么循环下来，不想做好培训结果的转化恐怕也不能。

"跟着我鼻子、眼睛、动一动耳朵，装乖、耍帅、换不停风格。"培训有太多未知的猜测，我们的烦恼算什么。这首歌如果让你快乐，你有没有爱上我？

3.2.4 你说A，我说F

因为怕，所以我们会远离火，于是我们不被烫伤。

害怕，是人类本能的情感，是身体的报警系统。有些人，会和我一样，身体的报警系统过于敏锐：在电梯里会不安，在人群中会惶恐。适度的恐惧是一份好运，过度的害怕则阻碍了我们发挥潜能，比如，做培训师的潜能。

就我个人经验谈谈(非论文、非教科书)如何克服上台的恐惧和紧张，也许只是对我有用，所以，大家当个故事看看。

应对害怕最简单有效的方法是储备更多(可能我上辈子是松鼠)。一堂课，最初做10份资料的准备，删删减减，只留精华，大概留三份，真的讲，只讲一份。但那两份并没有浪费，家有余粮，心中不慌。正因为有两份垫底，讲的时候会融会贯通，不拘泥于课件，合适的时候发挥一下、互动一下。面对学员提问，也不会害怕，大多学员问的问题都会在最初准备的10份里，实在答不出，还可以点名：某某同学，请你回答一下。所以，课前扫一眼学员名单也很有必要。关键时候，其中的某一个或多个，就是你的盟军。

你会不会这样？一次重要面谈，你脑子突然搭铁，出现空白期。这样的情况，我也经常出现，年纪越大，“当机”会越频繁。那么，“当机”时怎么办？

我的诀窍是预先准备“当机”临时文档，也叫危机应急方案，一旦“当机”，该文档迅速出现，掩饰蓝屏。比如说对方说到Balance Score Card，我想不起来是平衡计分卡，这时我可以启动复读模式：“Balance Score Card，对，我很认同。”然后，应急文档出现：“但我更喜欢Management by Objects。”这个MBO就是你准备的应对任何问题的危机应答。简单地说，别人说A，你不要跟着说A，你去说你会的，或现在能想起来的B。在这一点上，水瓶座太擅长了，当别人都在说A时，他已经跳过B，甚至不说C，他直接谈E或者F。当你学会跳跃，3分又到手。

最后的两分，其实我认为不止两分，是培训师的基本素质，即让别人按你的思路走，甚至面试、论文答辩都一样。你能说你想说的，而不是被

提问者牵动。

有位朋友要考人力资源二级，害怕论文答辩，问我有没有秘诀。有，真的有，就在这两分里。建立自己的模板，任别人怎么问，模板直接套用，无非开头加一句复读。不要高估听的人都是“最强大脑”，大多数人一听而过，你表现得很有逻辑，他听到的就是逻辑。虽然你的论点之间并没有逻辑可言。相信我，90%的人都这样。

做一个优秀的培训师或参加一场重要的面谈抑或一次考试，积累和熟练永远是基础，掌握整体是策略，俯瞰对方是技巧，从中感悟是升华。看起来很难，其实一分一分地来，都不难。

3.2.5 论语与八卦

《论语》是早期的八卦。八卦是背后说别人或转述别人说过的话，论语通篇都是“孔子说曾子曰，子夏曰季康子问”，均是在转述别人的对话，这还不够八卦？

忘了是QQ群里的小蘑菇还是小海马问：“今天开早会，总经理说公司的女孩子有议论是非的，传到董事长耳朵里了，影响非常不好，要压住这种苗头，让我组织一次女员工的素质培训，大家有素材吗？”

大家就这个话题纷纷八卦了。有人说，这不属于培训范畴，应该抓到那个人，关他小黑屋；也有人说，这属于企业文化的范畴了，倒是可以培训培训；还有人说90后都是小妖精，哄也哄不好，打也打不好。

我们的小海马是个善良的、思路清晰的孩子。首先，她去找领导了解情况。领导表示是员工性格太直爽，倒不是故意搬弄是非。按照孙孙的总结，现在问题来了：领导打压群众嚼舌根，HR要怎么办？

回到《论语》，八卦无罪，说得好，就是一部论语。但嚼舌根是不对的，嚼到被领导知道，扣上传播负能量的帽子，更不对。但该员工不是故意，只是不会说话……

好了，到这里，大家应该明白，我想说什么了。对，领导打压大家嚼舌根，我们用说话技巧的培训来应对。

女员工？错，全员参加，非女员工才嚼舌根，高富帅不常有，八卦男常有。素质培训？错，上升到素质层面，参加培训的员工多尴尬，自己是多没素质才要参加素质培训？虽然这个素质是广义的，但员工不明白呀。轻松地讲讲说话技巧，听者无心，说者有意。

参训的员工可能会问："我就是这么个性格啊，说话还要绕弯子，我不会。"你应该怎么答呢？你可以反问："我们为什么要每天穿得干净整洁出门？"无须自问自答，这个问题总会有人答得出："为了自己舒服啊，为了让别人看着舒服啊，为了社交礼仪啊。"你顺势总结："对啊，我们都知道把自己打扮得漂漂亮亮的，但为什么我们就不去修饰语言呢。我们是真诚的人，我们不说假话，但我们可以把话说漂亮呀。"

如何把话说漂亮呢？先让大家理解八卦和嚼舌根的区别。举几个生活中谈话的例子，再举工作中的例子。比如，公司准备组织员工去烟台山春游，但A部门只分到2个名额，有3个员工，部门负责人很想把员工都带上，但没有名额的那个员工平日就是个调皮佬，在公司口碑不佳，如果你是部门负责人，你怎么说服老板带上调皮佬一同春游呢？

员工的答案会好得出乎你的预料。他们会说：要先肯定老板，要先跟老板说，今年业绩不佳，费用有限，我们都明白公司有困难，只能带两个人去春游，我们都理解。

也有人说：以提建议征求意见的形式去问，而不是命令的形式。

还有人总结：最后帮老板想办法解决他的后顾之忧，您觉得C调皮，怕旅行中出问题，您放心，我会让班组长跟他一队，在春游的过程中，跟他沟通工作中的不足。费用的问题，我觉得不差他这一个人的，如果通过这次春游，他改进了工作态度，更值得。

最后培训主持人可以在总结中风轻云淡地带一句：大家记得以后不要背后说别人哦；不知道真相的事，不要以讹传讹哦；容易让大家沮丧的话最好少说哦。

重话轻说，一笔带过，不要让嚼舌根的那个人尴尬(谁没有嚼过舌根，高冷如我也避免不了背后说小话，只是没传到董事长耳朵里而已)。

好了，就八卦到这里了，以上故事由小海马授权。对了，顺便八卦下，小海马为什么时而网名小海马，时而网名小蘑菇呢？不是一个物种呀。

3.2.6 培训术之金字塔原理

上面谈到了培训的一招鲜：即找到培训的基本定理，培训招招鲜也有基本定理。

第一招：有用

(1) 结果有用，最有用。最好是在现场就能检验成果。比如通过团队协作，现在完成某项任务，同时利用完成该任务运用的方式，模拟工作中的案例再演练一次。

(2) 学员自己觉得有用，主动在工作中运用。怎么让他觉得有用，最简单的方法就是能解决他的问题。就公司存在的问题，以解决问题为主题的培训，也是我觉得非常好的培训课程。

第二招：掌握你想讲授的那门课的结构

大学时，我的梦想是成为战地记者，当时想，要实现这个梦想，首先，要会说普通话。然后要学会结构性的提问。一个好问题一定不是单独出现的，它会隐藏在一系列问题中，这所有的问题，就是结构。会提问，和我们做培训有关系吗？当然有关系。最好的培训就是先把自己说服，先感动自己。

总有人问道，课程如何开发？我的回答通常是，你要成为那一领域的专家。比如说，你就是你们公司产品的专家，所以你能让别人懂。其实成为专家并没有你们想的那么难：掌握金字塔原理，解剖你要讲的课。

第三招：讲故事原理

首先，个人体验不能代表大众体验，所以，我不喜欢过多依赖个人体验，容易以偏概全。但是，《奇葩说》第二季，不知道有多少人看过，我表示，我是不喜欢第二季的，因为其中充斥太多个人体验的案例。但是，当我现在说这些话的时候，我回忆起来的，全是范湉湉的故事啦、樊野的故事啦。相反，说话很有逻辑且讲究辩论技巧的，我喜欢的邱晨，说过什么，反而不记得。

这说明什么呢？说明讲故事，特别是讲自己的故事，是最能给听众留下深刻印象、最容易激发听众同理心的。

所以，不妨想想自己的故事有没有和培训主题相关的，找到他们的相关点，组织一个1～2分钟的小故事，唤起听众的注意力。这个在开场可以用，在培训转折点可以用，在结尾也可以用。

但故事最好不是寓言，不是小动物、渔夫的故事，这些离听众生活太远，且没经过论证，比如培训爱用的老鹰重生，能让人找到攻击点的培训故事，尽量不要用。

大家还记不记得，我刚刚讲过什么故事呢？

3.3 白露(建立学习型企业)

白露为霜，抱歉，前面一句背不出来，是不是蒹葭苍苍？秋天也真的到了，各种次年大动作筹备开场，当然，也少不了年度的培训计划。

3.3.1 烧脑的年度培训计划

提交的年度培训计划是签批了的，此前我和培训部已经做了培训需求调查，在会议上也口头宣布过，来年公司将大力支持培训工作，突然又告知计划要修订，任谁也不高兴。

培训经理已卧薪尝胆半年，终等到自己一展宏图的秋天，这个事受冲击最大的应该是他。自己一边安抚同盟，一边内心焦灼，思量着是主动找CEO去问呢，还是等他来找我？

CEO见我岿然不动，也明白了我的不满，因此正式找我谈修改年度培训计划时，十分客气，述说各种无奈，我只好就预算这个事表明了自己的态度：

(1) 公司战略有侧重点，我是明白的，也大力支持，我接受减少年度培训预算这个公司决定。

(2) 但我认为，培训工作仍然是公司发展的重要保障，预算可以减，我的工作重心不减，这一点，希望领导支持。

(3) 在第2点的前提下，如果没钱我也做出业绩，明年的这个时候，请重点考虑对培训工作的支持。

虽然我说得义愤填膺，可领导听乐了，我没那么抵触，超过了他的心理预期。

世界上最难的事，不是要把别人的钱塞进自己的口袋，而是要把自己的想法塞进别人的脑袋(不是我说的，韩剧说的)。年度计划争取的不是钱，是领导的重视程度，一切工作，只要领导重视了就好推行，否则，任我们这些办事的上蹿下跳也是吃力不讨好。趁着领导兴致不错，我接着说，根据批复的预算，我的年度培训计划修改方向为：

(1) 在培训部增加一名讲师，既然我们减少了外训的费用，就尽更大的努力去开发适合我们公司的内训课程，培训经理一个人是搞不定的。

(2) 增加微信课堂，由培训部经理主理，新招的培训师辅助执行。微信课堂不花钱，也不需要差旅费，同时解决了员工总抱怨没时间参加培训的问题，但需要不定期邀请董事会成员提供来自高层的“现场声音”。

(3) 既然预算没了，培训奖励我们也不准备花钱了，想邀请某某董事提供墨宝，他不是书法协会副主席吗？

(4) 关于培训效果的评估，我建议将前两季度的培训计划改为相关微课堂培训，找公司存在的问题并解决问题，如果能解决两个以上问题，我们的培训效果就应该在90分以上。

不出钱就出人，把董事会大佬拉下水，这个歪招，彻底把CEO逗开心了，他毫不迟疑地认可了我的新方向。

与高层商谈时，我没有说谎，没有掩饰我的不满，只是把不满转换为新的思路，于是我为培训部争取了一名人员编制，要到一个新项目，让入职不久的培训经理觉得这个部门还是有干头的。也从另一个角度告诉公司其他人：公司对培训工作还是很看重的，来自高层的“现场声音”微信课堂小栏目，会让员工忽略了计划变动这个事，改为期许与高层的互动。

世上唯一不变的，恐怕就是变化本身了，要感谢那些变化，应对变化时，我突发奇想地为不好衡量的培训效果找到一个可衡量的指标。另外，不会说谎也没什么不好，说真话的人，敢于对上级表达不满的人，也可以争到自己想要的，只要你能拿出皆大欢喜的计划。

3.3.2 培训总监之“死”

CEO在外面上了几天课，回来兴奋地跟我们说：“我们要做企业大学，不再为招人所困，自己培养人才，为企业源源不断地输血！”

这个想法挺好的，只是，我不认为公司现在具备做企业大学的软硬实力。第一，我们处于初创阶段，并非迅猛发展阶段；第二，企业大学可以作为一个三年战略计划逐步实施，一蹴而就貌似不科学；第三，现有的培训体系足以支持公司的发展了，我们的体系略改进即可，一定要赶这个时髦，费时费力地做企业大学或商学院吗？

CEO为我的胸无大志顿足，其他高层因为不关他们的事，都顺着老板的意思叫好。CEO见我不热衷，并没有委派这个任务给我，大概他也觉得我的高度不足以完成这个宏伟蓝图。

过不多久，CEO通过他的圈子，引进了一位培训总监，独立于人力资源部外，全面负责企业大学的项目。我没意见，只要不要我多干活就好，在外人看来减权就减权吧，我并不在意。

熟悉我的人都说我气度好，没脾气。确实，除了起床气，大多数时候我可平和了，究其原因，我懒。你不折腾我干活就行，你自己爱怎么折腾就怎么折腾。脾气也是一种能力，要珍惜，随便发了，就浪费了，要把脾气转化成生产力。

从内心而言，我当然愿意企业大学能成型，即使内心不看好，老板决定了我就支持，是不是我的项目我都支持。

对培训总监能交代的，能给的，我不遗余力了。他要配齐培训发展中心的人马，我见CEO签字文件，二话不说给他配了；他要协助组织内部调研，我亲自出马，组团巡演。三个月过去，培训总监给了老板一份企划书：

1. 目的

企业大学根据企业的发展战略运作，并推动企业发展战略的实施，集中企业内外的各类学习、培训资源，保证企业大学的资源充足并良好运行(此处略去三千字)。

2. 行动计划

自主开发课程，挖掘培训讲师，开发新的培训项目，基于能力、任务、问题开展培训(此处略去三千字)。

3. 行动步骤

(1) 用三个月的时间设计能力素质模型，开展基于能力的培训；

(2) 用三个月的时间建立以效果为导向的培训模式；

(3) 用三个月的时间集中策划年度培训方案，策划重大培训项目，创造价值创造点，将培训的事务工作交与人力资源部做，聚焦在能创造价值的工作上；

(4) 用三个月的时间以组织能力建设为导向，抓好重点大项目，推进组织变革与绩效提升；

(5) 用三个月的时间系统提升团队的能力，优化机制，切实提升组织能力；

(6) 用三个月的时间强化企业战略思想的贯彻力和内部沟通能力(此处略去三千字)。

4. 费用预算(此处略去三千字)

CEO非要拉着我一起看项目书，然后他说："他在说什么？我看不懂，他说他要花两年的时间吗？能力素质模型、以效果为导向的培训模式、年度培训方案你们人力资源部不是每年都在更新吗？"

我只好提炼项目书的重点为CEO解释：第一，在企业大学里，来自不同部门的人员在一起交流学习，打破了职能部门的阻隔，能为高层带来不一样的信息；第二，企业大学做的是研究性、指导性、咨询性工作，跳出我们局限于眼前的培训思路，为企业未来做创新准备；第三，不做花哨的培训，而是做提高员工能力、解决企业问题、辅助完成某些任务的培训；第四，日常培训的前期筹备、训中实施、训后行动计划、分享计划、辅导计划、督促实施交给人力资源部落实。

CEO一脸困惑地眨眨眼："这些你们不是已经都在做了吗？我要他做什么？"

我也不好说之前不是提醒过您吗，咱们企业所处的发展阶段不适合做企业大学，您不听啊。

CEO倒是很谦虚："77，你这么一解释，我懂了，企业大学就是培训中心的升级版或者是独立于培训中心的研究院。升级当然好，可我们的硬件不一定配套；有研究院当然好，我们无法与一些大型企业相比，我们只能做到小小的创新，没那个实力引导潮流。”

“你看，外面这样的课总要几十万吧，我花了几万请了一个培训总监，我就懂了，77，我机智吧。”

嗯，CEO，你最机智。于是，培训总监三个月就“摔死”了。事后群众传言是我“逼死”培训总监，我苦笑无法申辩。企业大学项目如果当时我头脑一热给接了，死的就是我，后怕。

3.3.3 我的困惑

培训总监离职后，敬爱的CEO大人一刻不得闲，又让我继续给他招聘培训总监，这次不做企业大学了，主要任务是将学习与企业的业务经营联系起来。这点我非常赞同，我是培训专家，但我确实不是业务专家，我需要一位精通业务的培训人才。在经历培训总监“事故”后，我对这次的人才引进有点紧张，特意去拜访我的老师，希望他能给我点建议。

大宝老师问我：“老板当时决定启动企业大学，你觉得不妥，为什么不坚持你的意见呢？还是潜意识里你想故意看别人的笑话？”

“冤枉啊，我可没有看别人笑话的心理，老板强势，说一不二，我已经和他唱反调了，我的意见坚不坚持，他都不会听。与其这样，不如我配合，万一成事了呢？不也是我想看到的好的结果吗？”

大宝老师又问：“那你觉得是培训总监能力不行导致结果不佳吗？”

“培训总监能力挺行的，强过我，他在国外游学过，见过大世面，在大企业做过企业大学项目，有成功的案例，结果不佳，是我们公司的决策问题，没那么大的头，就戴不了那么大的帽子。”

大宝老师接着说：“你看，这事你也决策不了，该提议的也提议了，也不是人的问题，老板你不可控，公司大环境你不可控，都是不可控的，你紧张个啥？”

听老师这么说，我也觉得有理，我接着问：“那您觉得，这次再招培训总监，我要招个啥样的呢？在同规模公司有从业经验的？能适应公司的作风？业务能力突出的？能建立业务体系的培训系统？老板其实要高大

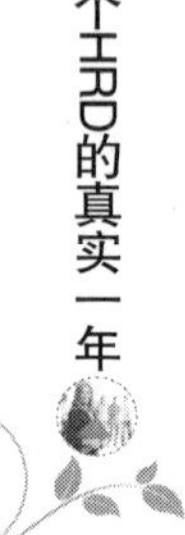

上，好看的，但又要能做事，这两点平衡的人比较难找啊。”

“你怎么看你自己呢？老板咋一直不换你呀？”大宝老师笑着问我。我心里呐喊：“老娘工资低呀，干的活多呀，老板用我多划算。”

我吭吭哧哧地把这个意思表达出来，大宝老师笑得乐开怀了。他说：“你说得也没错，你有高性价比的优势，新招的人未必有这个优势，还有一点，你没啥私心，不论工作还是提反对意见，你都从公司利益出发，因此老板信任你，愿意听你说话。新来的人要想取得老板信任，短时间内，恐怕只能用业绩说话了。”

取经回来，我大致画出了新培训总监的画像：他要专业突出，执行力强，短时间内能有所建树；要价还不能特高，高了，虽然老板也会给，但心里总有很高的期待，期待大了，难免会挑刺；这个人要能说会道，要让老板觉得他说的是那回事，愿意委以重任；同时，还要务实，不光要会说，还要能落地。

照着这个画像，我面试了不下十个人，终于敲定了一个。

3.3.4 他挂在树上下不来

新来的培训总监仪表堂堂，难得还有技术背景，在同行业公司做培训快5年了，绝对是老鸟。老鸟思维缜密，拜码头的时候特别感激我的知遇之恩，是不是听说了我“干掉”上一任培训总监的谣言？我不得而知。我只能负责任地告诉他，他需要的一切协助我都愿意提供，同时，他的工作直接向老板汇报，不需要通过我。我这么说是为了暗示他：我绝对不是他成功路上的绊脚石，我就是一个纯良无公害的大白兔，我是盟友，不是对手。

老鸟如火如荼地开始他的工作了，并没有给我找事，他自己干自己的，不时见他与老板秘书约觐见时间。我安心了，终于招到一个对的人。

在第一个月的高管月度述职会上，新任培训总监汇报了他一个月的成绩：①明确学习是一项重要的工作任务，学习和生产、服务一样，也是公司的任务，因为公司的整体学习能够提升生产率和利润。针对此点，我们将在绩效系统中加入有关学习的指标。②将学习融入日常工作中去，在工作中学习。针对此点，我们将采取流程手册的学习法，集中业务部门的意见，优化流程，最终形成流程手册。③我们的学习结果要储存在公司中，避免因关键人员的离开而流失。因此，我们将建立自己的服务器和共享系统。

我觉得他说得很好，重点突出，就三点，提出问题，也提出了解决方案。从人力资源管理的角度来说，他提出的解决方案，都是可行的。我带头鼓掌，给予他支持，老板也在会上拍板，就按这个做。

在第二次高管月度述职会上，新任培训总监继续汇报：①除了人力资源部在收到他的邮件后，填了相关指标表格、工作流程图，反馈了意见，其他部门都没有交作业，这个工作是需要大家配合的，希望在会后其他部门也能积极提交；②服务器和共享系统已采购完毕，下月可以试运行。

听到第一点，各部门老大有点不开心，纷纷表示没收到邮件或忘记回复。原本，这个可以在会前跟大家沟通，拿到会上说，有点挑大家毛病的意思。

在我看来，我们公司各部门老大并非故意不回复邮件：第一，他们确实很忙；第二，他们不是人力资源专业出身，对培训总监的话不如我理解得快，要给他们讲解。

老大们觉得自己被冒犯了，于是也发难：“采购谁批的？为什么不是采购部去采购，而是培训部去采购？买服务器问过技术部门吗？我们还有闲置的！共享系统我们有现成在用的，新购的和我们的兼容吗？”大家纷纷质疑，场面有点控制不住，我成了唯一一个交作业的，我也很尴尬，有一点被培训总监不知会就拉进他的阵营且与一群不交作业的老大们抗衡的意味，我也不便发言。

这时，老板出来震场子了：“好了，大家别议论了，采购是我批的，对于培训总监的工作你们要支持，会后去补了，这进度完不成，我是怪他还是怪你们呢？”

散会了，销售总监拉着我说：“这小伙子是你招的啊，有点冲啊，这不是推卸责任吗，他完成不了工作，难道是我们的不是？他就不能去趟我的办公室，跟我说有这个事吗？”

和销售总监共事快两年了，彼此很熟稔，我就直话直说了："我猜他也没别的意思，就是在外企待久了，习惯邮件沟通了，新来的，也不好意思去打扰大家，就没当面沟通吧。老板的话也别当真，对于新人他面子上总要支持下，我私下去提醒下培训总监多与大家沟通吧。"

事后，我坦诚地跟培训总监说了大家的想法：其实都是不错的领导，确实也因为忙，回复邮件不及时，建议他多走动走动。人，对和自己不一样的人，都有戒备心理，先融入他们，再去改变他们。"卖"出自己的观点之前，一定要让他们觉得这是有用的，他们才会"买"，他是专业做培训的，应该比我更懂。

培训总监是聪明人，就是激进了点，我的意见他听进去了，开始在各个部门走动了。

各部门老大哪是那么容易伺候的，忙，是他们一贯的托词，就定个学习考核指标就进行了小半个月。一天，培训总监早早就到我办公室吐苦水，我也没有好的解决方法，不得已，培训总监离开后，我又请教老师了。

听完我的讲述，大宝老师认为，一开始，培训总监为了在老板面前表现出自己很行，给自己下的任务狠了点，如果从最基础的开始循序渐进地做，也许会不一样。但如果从最基础的开始做，老板是不是又觉得不值呢？在老板和其他权利中心之间斡旋，是考验经验的，培训总监没有掌握好度。

我追问："那您说说，能有什么解决之道吗？我可不想这一任又不合格，试用期被干掉，就是我'招人不淑'的问题了，我的名声可不想在这个岗位上一次次被抹去光芒。"

"你有啥名声啊，啥光芒啊，说得你跟林志玲似的，你就是一个人力总监，你操的心也太多了。好吧，算你还有一点说对了，如果试用期老板又不满意，你的招聘成功率要降低喽，离职率也升高喽，你等着年终考评卷子不好看吧。"

老师居然恐吓我，我又要欲哭无泪了。HRD并不是好差事，当然，这世界上应该没有任何一个好当的差。

3.3.5 迷人的花束

一大早，还没进办公室就闻到阵阵清香，隔着玻璃门，我的办公桌上赫然立着一束栀子花。这花开在夏天，现在已经不多见了，普普通通的白花，但我很喜欢它的质朴。再一抬眼，呵呵，公司随处可见呢。问谁这么有心？早到的同事说："培训总监，他从老家带来一车。"掐指一算，今天是他转正后的"满月"。

为了新任的培训总监能平安落地，我算是操碎了心。和他交心谈心，让他先成功把自己"卖"出去，再"卖"自己的思想。培训总监听进去了，暂缓高大上的指标设计、共享系统，先从他的专业能力入手，设计了一套新颖的、高难度和高强度的沙盘模拟。在征得CEO同意后，我们一起抽了一天时间，让部门负责人置身于非常逼真的业务情景中，大家分别扮演客户，模拟客户面临的问题，培训总监来引导完成项目流程，给予一定的辅导。

各部门老大玩得像一群孩子，在游戏中不知不觉解决了各种难题。会后，培训总监出了一套案例手册的电子文档发给大家。现在，老大们觉得他有用了，还给他起了个外号"机长"，因为他开发的沙盘模拟项目名称叫"模拟飞行器"。在会议上遇到争执不休的问题时，大家也会提议："机长，组织我们玩一次模拟飞行器吧，把这个问题带进太空去解决。"

组织气氛好了，任何问题都好解决了，不知不觉中"机长"开始实施他的计划了，不知不觉中大家都默默配合了，惊险的三个月试用期终于平安结束。

我闻着花香，给大宝老师致电："老师，我招的人安全过关了，谢谢您的指教，度原来很重要，不仅仅是老板和部门负责人之间的满意度平衡，还有学习型企业在各个维度的平衡。比如个人层面的学习、团队层面的学习、组织层面的学习，一个都不能少，重点又各不相同。"大宝老师没听我说话，匆匆说："你哪那么多废话呢，心里明白就行了，不用跟我汇报了。"说完就挂了电话。

老师就是这么个风格，我想，他在暗示我：学习是挺私人的一件事，别嚷嚷。

3.4 秋分(培训的用户体验及结果转化)

叶圣陶老先生说："明耀的星月或者徐缓的凉风看守着整夜，在这个境界这个时间里唯一的足以感动心情的就是秋虫的合奏。它们高、低、宏、细、疾、徐、作、歇。"其实培训工作何尝不是一场秋虫的鸣叫，众妙毕集。下面这一章节，是某次专访的节选，语言风格比较书面，这也是没办法的事，培训，严肃起来就是这么严肃。

3.4.1 培训工作程序与方法

1. 培训规划、计划和经费预算955步骤法(口诀)

(1) 制订培训规划的9步骤。培训需求分析—工作说明—工作分析—排序—陈述目标—设计测验—制定培训策略—设计培训内容—实验。

(2) 制订年度培训计划的5步骤。制订初步计划—审批—落实培训资源—后勤保障—做出具体安排。

(3) 培训计划的经费预算5步骤。确定经费来源—确定经费预算—计算成本收益—制订预算计划—费用成本控制。

2. 制订年度培训计划的15个要点

①目的。②原则。③需求。④目标。⑤对象。⑥内容。⑦时间。⑧地点。⑨形式。⑩师资。⑪组织者。⑫考评方式。⑬计划变更与调整方式。⑭经费预算。⑮审批者。

3. 制定员工发展规划4步骤

(1) 分析和评估企业发展目标。从企业目标出发，发现机会，提出要求，明确需求。

(2) 明确培训理念，确立员工发展区域。由培养区域—培训领域—培训对象逐级确定。

(3) 明确员工发展规划的主要项目。

(4) 制定员工发展规划。

从三个方面的分析来确定培训的需求和对象：运用绩效分析方法；运

用任务与能力分析方法；根据组织发展需要分析，再根据组织的需要和个人条件(绩效与能力)来确定培训的基本原则，即“当其需，当其时，当其位，当其愿”。

培训计划表样表如表3-1所示(见下页)。

3.4.2 培训的用户是谁

1. 培训的目标及用户之一

如果你是集团培训经理，现在让你在下周主持一个培训课程，参与培训的是非人力资源专业的人力资源从业人员，他们是各分公司刚晋升的人力资源经理，你的任务是向他们传授人力资源管理方面的知识，那么，你将如何准备培训呢？

方案一：收集人力资源管理相关资料，以便授课内容涵盖所有重点；钻研并预演授课内容；总结有关人力资源的概念及运作流程。

方案二：收集学员工作中可能遇到的问题；调查并确认学员担任人力资源经理后遇到的问题；把他们对课程的期待列成清单；总结他们通过本次学习可获得的收益。

如果你选择方案一，恭喜你，你答错啦！

培训活动的用户是谁？是参与培训的学员。了解用户的需求，并解决他们的问题，是培训的目标之一。

2. 培训的目标及用户之二

让我们先看看人力资源部和部门负责人在培训中的作用，如图3-1、图3-2所示。

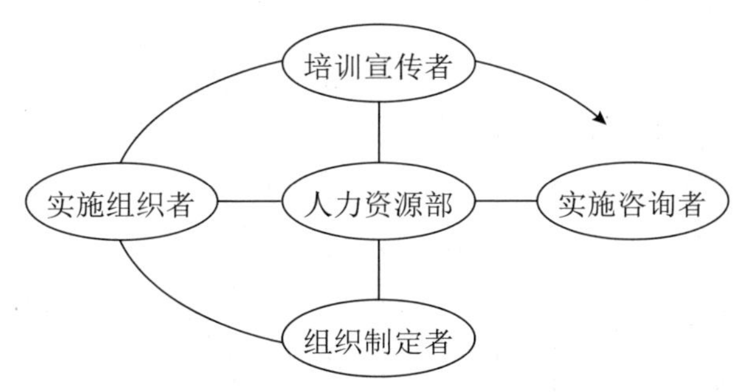

图3-1　人力资源部在培训中的职责

表3-1 培训计划表

部门：________ 责任人：________ 培训计划跟进人：________ 完成时间： 月 日 前

本部门2016年重点工作/目标	为完成此工作目标需从培训的角度解决的问题是(比如：某种技能、某类新知或思路)	达到该目标需开设哪些课程												
		建议培训课程	建议完成时间				建议内/外训	推荐讲师	拟参训对象(具体人员)	预计人数	预计课时	预计培训费用	期望达到的培训效果(请列明A.完成期限 B.预计效果)	培训费用占部门总体培训费用的百分比	备注
			第一季度	第二季度	第三季度	第四季度									

本部门2016年需培训的重点岗位	此岗位的岗位技能或岗位知识与岗位要求之间的差距	达到该目标需开设哪些课程												
		建议培训课程	建议完成时间				建议内/外训	推荐讲师	拟参训对象(具体人员)	预计人数	预计课时	预计培训费用	期望达到的培训效果(请列明A.完成期限 B.预计效果)	培训费用占部门总体培训费用的百分比	备注
			第一季度	第二季度	第三季度	第四季度									

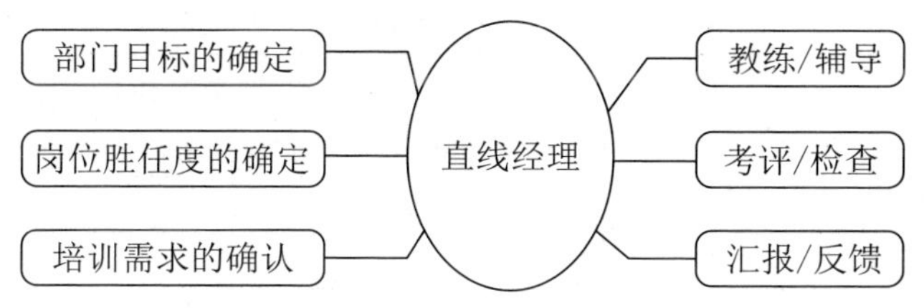

图3-2　部门负责人在培训中的职责

如图3-2可看出，直线经理在培训中的作用最大，同时他们也是培训活动的提出者和受益者。所以，培训活动的用户还是各直线经理。

我们了解用户的苦恼吗？不妨问自己几个问题：

(1) 业务部门准备达成的目标我知道吗？

(2) 团队负责人最关注的目标是什么呢？

(3) 他们的困扰又是什么？

(4) 什么原因导致他们的绩效不如意呢？什么样的培训能改善这种状态呢？

(5) 还有哪些阻碍绩效的因素是培训无法解决的？

补充说明：培训只能解决因缺少知识、工作辅导、绩效支持而无法解决的问题，例如有人说流程复杂，亲爱的，这个问题培训真解决不了。

“以始为终”，是高效人士的习惯之一，也同时适用于培训。而这个终点不应该是培训本身，而是有助于员工提高能力、减少事故率、提供优质服务、加快产品研发、增强团队合作……

判断培训项目的有效性，要看它是否能帮企业达成既定目标，从而能够帮助学员提升个人绩效，同时也会提升员工的工作满意度，有利于员工保持努力工作的热情和团队稳定性。

公司投资每一场培训，最终都要能够产生明确的财务回报，不管这种回报是直接的还是间接的。

3.4.3　培训的执行与商业结果转化

1. 商业结果与培训目标之间的关系

商业结果与培训目标之间的关系见表3-2。

表3-2 商业结果与培训目标之间的关系

学习目标	业务收益
能够给予下属有效反馈	通过经常给予下属积极反馈，增加其忠诚度
能够将六西格玛运用在工作中	减少订单录入错误
将学到的销售技巧在工作中运用	提高销售额

2. 关于培训形式的建议

无论培训在哪里进行，无论采取什么形式，比如在工作中、在课堂上、在现场，比如模拟、一对一、多对一、一对多，学习效果都是一样的，我们必须先从学习者出发，确定预期的结果，然后再设计培训，以帮助学员取得他们想要的进步。

培训的成功并不在于如何包装，而是由培训的设计和结构决定的，如表3-3所示。

表3-3 培训项目和形式建议表

培训项目	培训师为主导的班级型	培训师为主导的小组型	个人学习	同事互助组	工作中实践
关键事件清单的掌握	◎				
备考	◎	◎	◎	◎	
危机应对			◎		◎
领导力		◎	◎		◎
倾听	◎				

3. 关于培训执行中的关键点

培训执行中的关键点见表3-4。

表3-4 培训执行中的关键点

培训执行中的关键要素	标准
绩效支持	为了保证学员应用新知识和新技能，需提供的支持包括工具或其他在职应用的材料
直线经理参与	在课堂之后，学员与直线经理要面谈，提供面谈资料，引导直线经理积极参与
流程管理	制定跟踪流程，定期提醒学员，奖励取得成就的人，制定系统，让培训负责人支持这个学习转化的过程
评估	项目结束后，制订各评估周期和学习收益计划，并让学员知晓计划，提高积极性

在培训活动中，我们往往关注“做什么”“怎么做”，却忽视了“为什

么”，一个好的培训，商业结果、执行、课程设计、课程结构一个都不能少。

还记得《一级人力资源教材》上说过一句话：信息传播的有效性不是由信息的载体决定的，而取决于信息的组织和设计，无论我们是现场授课，还是视频，还是网络，真正打动人心的，是一个值得传播的目标，如果你能流畅、完整地传递出来，其他一切就显得次要了。

我想说，培训没有正确答案，只有独立思考，以上是我的一家之言，供大家参考。

3.5 寒露(培训课程设计技巧)

“点秋江白鹭沙鸥，傲杀人间万户侯，不识字烟波钓叟”(引自元代白朴，《渔夫》)。我们总以为培训中用到的海边钓鱼的渔夫和富翁的故事是引用外国人的，其实，老祖宗八百年前就讲过了；我们总以为高大上的培训有多难、多复杂，培训课要多贵，其实，大可以如秋天般行云流水、轻快自在，也是培训风景。

3.5.1 培训之企业的实际情况

开发培训课程费时费力，是一个长期的过程。但在企业中，我们经常遇到战略很急、业务很急、培训需求很急的情况，都需要及时提升。这个时候如何做好培训工作呢？

你照书上一步步来，慢慢建立培训体系，是来不及了。体系未必实用，实用的也未必成体系。最佳方式，是确定领导的真实意图，了解他想解决什么问题，由一线人员在业务开展中将遇到的挑战和问题结合起来。我推荐的形式非常简单，就是组织研讨班。

(1) 召集一线的骨干，召集的形式可以是互联网社区也可以是课堂，根据实践情况灵活运用；

(2) 搜集他们在业务开展过程中遇到的真实问题；

(3) 对问题进行分析，对研讨班进行分组，一个小组解决一个问题；

(4) 收集整理问题的解决方案，形成百度百科，供其他人参考；

(5) 组织其他人就百度百科学习时，同样让他们分享他们的案例；

(6) 对你的课件进行迭代，形成课件—上课—收集意见—更新课件—再上课的流程；

(7) 课后，推荐书籍、给予挑战性工作任务、指定师傅、写实践报告。

以上7个步骤是不是很简单？

我们再说说培训效果的转化，这是令培训人员最头疼的问题了，我们先看看学习效果的有效度列表。

听讲：学习内容平均留存率5%。

阅读：学习内容平均留存率10%。

视听：学习内容平均留存率20%。

讨论：学习内容平均留存率50%。

实践：学习内容平均留存率75%。

分享给他人：学习内容平均留存率90%。

看到这个想到什么？最好的培训形式是讨论和行动，如果做到这样的培训，培训效果就达到了75%；把你撒下的种子选手变成你，他又将学到的知识拿去组织培训，对于他而言就达到了90%。

对企业而言，最简单、便捷的评估培训效果的指标就是员工行为改进，企业问题得到解决了。你看，大家都说难的企业培训问题，用了我的培训方式，一切都变得简单。

3.5.2 培训的核心是解决问题

朋友做过销售，但自从听过一堂HR的专业课，从此迷上这个职业。真心钦佩这位导师，一堂课改变一个人的人生轨迹。

朋友到目前为止，还没做上HR，但他能写出培训体系、培训大纲、工伤办理流程等诸多HR本人也不够擅长的案子。他能解答HR朋友们的提问，解答得有条有理，工工整整。这样的人，还没能加入HR的队伍，我倒是匪夷所思了。

很多企业用人，喜用成手，有经验有资源，到岗即上手，我则喜欢用有潜力的。**经验和资源都不难，但潜力太难**。我愿意这个人是可以伴随企业成长的，可多次反复使用，而不是一次性使用，一旦公司有变化，以他曾经的经验和资源便应付不来。

这是我和很多人在用人上的不同。

我曾经就是那个什么都没有的人，没有经验，没有资源，但一个很大的企业用了我。此后，我在10个有经验的人中，月月绩效第一，连续大半年，直到我升职；而那9个同伴，仍在原地。用自己的经历去用人，用专业的话说，用个人偏好去用人，专业书上都说这不可取。

但为什么不可取呢？因为个人偏好有失偏颇，所以不可取，我是赞成的；但如果个人经验是正确的，就应该取。读书，该这么读，**辩证地理解书本的意思**。

所以，我的用人经：有过往经历的，用他的过往论证他将来的能力；没有类似经历的，我会取类似的场景，设立问题，如果他有解决类似问题的能力，一样可取。

比如HR，要活络，兼具原则性和灵活性，可以假设一个纠结的难题让他解决。

举个例子：

1. 培训的状况

(1) 某公司管理层总觉得现有的培训效果不好，培训缺乏主动性，公司大的决策一变动，培训就跟着变化；计划性较差，随意性和变动性很大；公司也觉得将来竞争优势的取得要依靠人员素质的大幅提高，并且，在公司的发展中也遇到了一些现实的问题，希望能够通过培训来解决。

(2) 在培训计划的制订方面，每年年底由各部门上报自己下一年度的培训计划，由人力资源部汇总，并根据公司整个培训的资源与发展需要进行一定的调整，从而制订出下一年度的培训计划。但在执行培训计划时，还是会根据公司业务经营的需要进行适时的调整与改变。公司还与大学合作，建立某商学院，每年都要为公司中的高层管理人员进行培训。

2. 培训存在和面临的问题

(1) 中层管理人员工作繁忙，对他们进行培训是一个难题，没有时间。

(2) 公司的一线员工流动性很强，对他们的培训往往由于频繁的流动而无法收回成本，且变成培训部的主要工作。

(3) 销售人员分散在全国各地。新入职的员工，一般只接受一周的业务集训，对公司没有深入的体验和认识。当他们在工作中遇到问题，需要学习新的知识与技能时，由于工作地点较为分散，很难再次进行集中培训，于是有的问题在一个地方解决了，又在另一个地方出现了。

3. 我的提问

(1) 出现上述问题的根本原因是什么？

(2) 假如你是培训主管，你认为公司要改善目前的问题应该从哪些方面着手？

有经验的培训主管会这么回答：

(1) 我要知道公司的基本情况、组织架构，比如人员结构、年龄学历分布、管理和技术人员的结构、技术人员的分级。

(2) 我要对现有的培训体系进行SWOT分析，某公司的人力资源部门只是按照其他部门需求的培训计划来制订整个企业的培训计划，并没有对培训需求进行科学的分析，而其他部门也只是根据本部门的工作情况决定是否需要培训，培训哪些内容，没有科学系统的安排，培训的效果也就马虎了。同时员工根据部门的安排参加培训，员工没有自己选择的权利，使得参与培训的积极性打折。

(3) 企业无论为员工提供何种培训，其目的都是实现企业的总体目标。然而在实际培训过程中，往往容易出现内容、方式、课程与企业总目标联系不紧密的情况，培训流于形式。我分析某公司培训计划性不强，控制力不强，激励性不够，要从这几方面去改进。

答得对不对呢？很对，但我没听出具体做什么才能解决问题，但上述言论，建议大家面试时可以用上，不是每个人都是77，大多数人听个热闹也就罢了。

没有经验的人会怎么回答？看看朋友的答案：

(1) 计划赶不上变化，这是一定的，培训，就是为了企业发展服务，培训计划随之快速调整是有利于业务的，那就赶快调。

(2) 管理人员没时间，这是个问题，那就改改形式吧，微课就不错，在做业务的期间，他们就愉快地学了。

(3) 一线流动啊，我们可以做成光盘呀，或在yy上开课啊，来一批看一批，中间穿插案例讨论、角色扮演、头脑风暴，不费劲啊。

(4) 做个错题集，有问题就更新进去，随时将新内容分享给销售人员，大家不就以此为鉴了吗。

你看，朋友还比有经验的培训主管多答一条，我更喜欢朋友的答案，**解决问题，才是企业管理之道，并不是建立体系。**

移动互联网时代，变化太快，太复杂，你都无法预测经营上的变化，你花费大力气做出一套培训系统，还没做出来，已经过时，不如**步步为营，以点带面。**

3.5.3 华丽袍子的背面

培训师或培训经理，是一群外在很光鲜的人，不是吗？台上口若悬河、逻辑一流，讲起天南地北的案例头头是道，我不知道我是怎么加入这个队伍的，但就是加入了。

台上一分钟，台下十年功，不无道理。为此，我应该是准备了十年。

当学员们夸赞我声音好听时，我总说，其实我是家传的大舌头。说话时不仅要跟舌头较劲，还要随时注意滔滔不绝的口水，平日里我不爱说话，大概也是因为这个，太浪费口水了。

我的脑子一直很木，反应并不快，为了课上不显得木，一次课，我要准备10份材料，忘了1总有2，忘了2还有3，也会准备一张纸，贴满便签纸的小抄，根据课堂上学员的反应，运用不同的小抄，随时调整节奏和进度。

所以，我还算一个不错的讲师，内容都是量身定做的干货。别人华丽袍子的背面是虱子，我是隐藏的口水和便签小抄。

写过微课堂的文章，收到了很多讨教的邮件。当我做微课的时候，还不是移动互联网时代。那个时代，我们做视频小课、音频小课，挂在自己的内网上，网上完成课前调研、课后评估。这个时代的微课又不一样了，微课虽小，也一样不容易谋划。

关于微课我的经验是：微课只讲授一两个知识点，不要有复杂的课程

体系，争取一颗子弹击中学员内心，虽然只有短短的20分钟(我个人觉得20分钟是听课人注意力的极限)，仍然要有系统性，知识仍然要全面，这反而对讲师的要求高了。靠讲笑话、互动活动暖场的模式不再适用。

微课堂的载体可以是网页，比如各类上课网站，可以是公司微信号，可以是微信学习群，也可以是H5，同样，还可以在传统培训课中穿插微课。

在这个时代，技术变得容易获取，你完全可以创造属于你的载体。所以，邮件提问的人，不要再纠结什么载体了，适合你们公司现状的，制作简便、实用、便于操作、马上能实现的，都是好的载体。

微课堂主要包括以下几类。

讲授：运用口头语言向学生传授知识。

问答：通过问答的形式来引导学生获取或巩固知识。

启发：以启发学生的思维为主，调动学生的学习主动性和积极性，促使他们生动活泼地学习。

讨论：小组围绕某一个中心问题发表各自的意见和看法，共同研讨，相互启发，集思广益地进行学习。

演示：即示范，腾讯课堂就是这样的形式。

培训师，谁都不容易，不容易也要坚持。只要能坚持，便总会有华袍加身的一天，有一天你也可以跟我讲述属于你的“华袍背后的故事”。

3.6　霜降(培训技巧)

从露到霜，需要点低温；从小白到培训师，需要点内力。经历了长长的秋天，你对培训有什么认识呢？

3.6.1　为了避免明天的挑战吞噬我们

在做一个人力资源经理培训班的课，其中有一个作业，让学员做一个《非人力资源的人力资源的培训》大纲。为什么要做这个作业呢？我跟学员在事后是这么说的：面对这个题目，第一，你们要明白你们的学员是不懂人力资源的；第二，你们的目标是通过一堂课把人力资源是什么告诉他们；第三，如何设计大纲。朋友的大纲里是有案例分析和讨论的，这个很好，这种形式就非常适合门外汉去学习专业课。

我最喜欢的培训形式是行动学习法。

我一直都不知道这种方法叫什么，但我从开始做培训起，就很喜欢用这种方式，后来我知道它叫行动学习法。所以，你懂不懂理论都没关系，你仍然能把培训做好。

我对行动学习法的定义是：为了避免明天的挑战吞噬我们，用昨天的方法，解决今天的问题。

看我文章的人，我给分了四类：一类是看热闹，哇！武则天；哇！白富美；哇！林志玲，故事都足够精彩；一种是看手法，看我处理问题的一招一式；一种是莫名喜欢，没有理由，跟谈恋爱一样；还有一种是自己的思维模式和我类似，或喜欢我的思维模式。

我文章的主旨，不论什么问题，其实都只有一个，这算一个问题，看看谁能答对。答对了，就是找到我绝招的人。

行动学习法的方式是什么呢，很简单，就一句话：如何在公司，把事情做好。

我们来举个例子，让大家更明白。

行动学习法，是英国的管理学家雷哥·瑞文斯在我们父母出生的那个年代提出的。我对这位瑞文斯教授很有兴趣，他曾经是物理学家，之后转做大型煤矿的员工关系董事。瑞教授觉得，要解决问题，不应向外部的顾问寻求帮助，而应该由工人自己来解决自己工作中的问题，从自己的视角，提出自己的质疑。当瑞教授采取这个方法后，他所在的煤矿比其他煤矿的生产力高出30%，而且，员工士气也提高了很多。

你以为，这个方法只针对职位低的员工吗？瑞教授后来担任伦敦急救机构负责人，发现该方法同样适用于医院解决复杂的问题。

好，现在问题来了，70年前的方式，现在是不是适用？读书，要看经典；管理，我也觉得要回归经典。近代的管理理论或方式，有多少是新瓶装旧酒，有多少勾兑了不纯的酒，又有多少是拿新名词做噱头，换汤不换药。有个群友，杰客，他很好学，问过我很多对人力资源理论的看法，比如HRBP之类。我回答杰客：就像宝洁公司，总有新品牌、新产品出来，潘婷、飘柔、海飞丝、伊卡璐、沙宣，本质都是洗发水。你去研究那么多洗发水，不如追溯本质。

行动学习法，就是我认为的培训的本质。

下面谈谈，行动学习法怎么玩，还是举个例子。

松下公司大家都知道吧，它在2000年面临的问题是：在亚洲生产基地的人员流失率很高，高到什么程度呢？前三个月的人员流失率达到30%～40%。

于是他们分析原因了，得到的结论是：支持系统缺乏，以及存在无效的招聘程序。

松下公司组成了一个行动学习小组，来寻找解决这两个问题的方法，并在工作中试用。他们找到的方法是为全员提供一个全面的指导系统，指导系统能够解决员工流失率过高的问题，这个是不是我们没想到的？

为了加深印象，再举个例子。

波音公司是全球最大的航空公司，这个案例非常有名，波音公司有一个持续20年的全球领导力培训项目，它是怎么做的呢？

第一步，确定高管的胜任能力，最后得出19项。比如全局思维、建立关系、吸引和发展人才、激励和授权、跨职能工作等。

第二步，根据胜任能力，确定核心目标。

第三步，根据目标，分阶段实施培训项目。

项目进程是这样的，首先是三天的导入阶段，这三天邀请内部、外部的专家演讲。此后三周到重点国家旅行，访问当地的商界要人、专家，融入当地文化，其间会向被培训者提出一些问题。培训结束后，被培训者会回顾和提炼，提出他们的解决方案。

听起来是不是太高大上了？我们公司并没有机会让我们全球旅行啊。但换个角度看，我们是不是同样可以利用培训，把我们公司的中高层送到各区域或各岗位去呢？

总结一下，行动小组的工作方法就是：找到问题，分析原因，解决问题。

我们再来回顾下非人力资源的人力资源培训，如果你采取行动学习法组织培训，会有什么不一样的大纲和培训效果呢？你们也可以将其当作本书的练习题，试试看。

已经举了两个例子了，你们理解行动学习法了吗？我们也不要一开始就做全球领导力的计划，我们可以从身边最简单的、需要解决的问题开始做培训项目。

3.6.2 微课堂

一大群僵尸正在袭来！这不是恐怖片，是我们的社会现状，我们都是“僵尸”中的一员。

关于年度培训那篇文章，提过微课堂，当时好多人发来邮件询问细节。今天呢，我就把大家关注已久的微课堂倾囊相授，你们是不是感到很满足？

我们都上过微课了，包括我现在的课，也是微课，企业的微课堂又该怎么做呢？

首先，微课堂，一定是不占用大块时间的，以前我觉得30分钟是个合适的时间，现在觉得20分钟更合适，人们集中注意力的时间越来越短了，特别是对于手机用户而言，20分钟就是他的耐心极限了。

其次，微课堂一次解决一个问题，能够提高培训效率。

再次，微课堂一定要实用，能解决业务最急迫的需求。

微课堂的特色是，一定不要一板一眼，要生动有趣，图文语音并茂，更能刺激学习，上次上课时放美女图就有这个意思，后来后悔了，我们班女生多，应该放帅哥图片的。如果单位有条件，做出小视频当然好，没那个技术和时间，也无所谓。

下面说说，具体怎么做，也就是微课堂的开发。

我总结下我开发微课的教训。最初，我把一堂课分段进行，后来发现，每一堂微课一定要有独立的主题和目标，一次解决一个问题，而不是用6堂微课解决一个问题。

第二个教训，不能把微课当简版，把以前两小时的课点到即止地做成半小时，没有深入。

设计微课，可以把它当广告片来设计，即使时长只有10分钟，也要有最初的抓人眼球、中间的起承转合，层层递进，开篇可以是微课主题、讲师姓名、讲师简介、课程概述，然后用提问的方式，引发学员思考，调动学员情绪。比如我曾经服务过的公司做的制度培训，就在微信上做了有奖问答，全部答案你都可以在点击“阅读原文”后找到，本来很枯燥的制度学习就变得有趣了。而且不用集中学习，大家上厕所的时候，翻出手机就可以同步学习了。

现在各种APP应用非常发达，微课堂也可以面授了，比如对PPT课件进行屏幕刻录，加上录音和字幕。对于重复性的培训，比如产品知识，就可以放着录像，穿插互动，培训师可以省点力气。再比如说某些培训APP，可以扫二维码签到，提前发培训调查表，线上收培训效果评估表。

形式多种多样，你可以选择最简单的，先试试看。

3.6.3 你应该和马东一样

我的简历里有一句话：“本人工作业绩：曾利用自组织，更高效、便捷地完成企业各类人力资源变革。”当我去面试的时候，很少有人问，这句话什么意思呢？有人问了，当我解释给他们听时，他们默默无言。我想，他们在心里说：瞎扯，哪有这么神奇，你在吹牛。

所以，我很想把这句话从简历里删除，在删除前，我还是想跟你们分享我这个观点。机智的你，一定想到用这句话做关键词。在招聘网站搜大白兔的资料吧，你如果真的搜了，也请一定保密。

有一位女性老板在面试我的时候也问了：你说的自组织是怎么回事？

我说，自组织是德国物理学家提出的(又是物理学家，看我有多爱物理)，从组织的进化形式来看，可以把它分为两类：他组织和自组织。如果一个系统靠外部指令而形成组织，就是他组织；如果不存在外部指令，系统按照形成默契的某种规则，各尽其责而又协调地、自动地形成有序结构，就是自组织。

自组织现象无论在自然界还是在人类社会中都普遍存在。

一个系统的自组织功能愈强，其保持和产生新功能的能力也就愈强。

例如，人类社会的自组织能力比动物界强，人类社会的功能就比动物界高级多了。

从人力资源管理的角度来看，自组织，就是古人的围炉而坐，利用集体智慧应对变革。因为大家都参与了变革的发起，于是在这个过程中无不配合，各部门之间的衔接就变得顺畅了，于是我的工作就变得高效了。但是，利用集体智慧并不是一件容易的事，引导不得当，往往变成七嘴八舌、毫无建树、暗潮汹涌的茶话会或批斗会。自组织又是文山会海的反义词，我们的输出物，就是直接的行动方案，而不是指导纲要性的文件。

女老板笑了，用了我，虽然压了很低的工资，但她是唯一一个听了我的话笑的人。我以为，在她的公司，我同样能发挥自组织的功效，其实，是我想多了。事后的工作告诉我，这真的就是个文山会海的老爷爷性质的企业。她当时可能只是因为我天真容易压价而笑吧。

通过上面的故事，你们了解自组织了吧。下面我们就看看这种形式如何在培训中运用。

上一章节谈到了行动学习法，小组讨论的结果怎样？是不是还是觉得难以下手？学了今天的课，你就知道怎么下手了。

自组织形式和行动学习法，就是炸鸡和啤酒的完美组合。

先让我们看看自组织式的行为学习法的核心，我总结是：承认凡事都有意外，去面对意外，形成积极的发展，顺势而为。

自组织式的行为学习法步骤

第一步，发出邀请。你要确定哪些人能参与到这次培训中来，怎么确认有哪些人呢？一个很简单的原则：谁有兴趣谁就来。培训的邀约也可以是这样，是不是颠覆了大家眼中固有的培训模式？我曾经服务过一家很棒的企业，就是我经常在专栏中提到的海归CEO那家企业，不论是CEO还是董事会，都无条件地赞同我的行事方式，真的非常感谢他们的信任。

培训邀请也一样，你要尊重并相信你的同事们，他们其中的一些人，会对你提出的培训有浓厚兴趣。

你的邀请，是一页纸能表达的，充满了热情和责任，没有热情无法带出兴趣，没有责任做不成事。而你的热情和责任，能感召到同样的一批人。

这一页纸，第一，要包含一个主题，比如：提升非人力资源的人力资源管理能力。第二，要有背景或理由，你可以列举你们公司因为在非人力资源的人力资源管理上的缺失带来的状况。比如，面试的时候，你该问什么问题才能找到你想要的人呢？为什么你们部门上个月离职了5个人？除了提高待遇，还能做什么？第三，就是时间、地点及简单的流程介绍。第四，这是最重要的一点，你要告诉被邀请者，通过这次讨论，我们将得到什么。

做好邀请函，记得发给真正需要他的人。

第二步，我们要做的是会场布置。会场布置包括6个要素：①一面干净的、空白的墙；②很多白板纸(A1大小)；③不同颜色的水性笔；④一些便签纸，A4复印纸；⑤几台电脑；⑥一些小吃。

是不是很简单？每个公司都具备这些条件。

第三步，你要确定你的身份，为什么把这一条单独拿出来讲，你在运用自组织式的行为学习法进行培训的过程中，你的角色不是传统的培训讲师，而是马东，对，就是《奇葩说》里面的马东，一个花式广告播报员以及一个节目的引导者。他不会发表任何观点，他只是引导每个选手自由发言。

第四步，培训正式开始。首先，你要准备一段简短的致辞或邀请一位代表致辞。其次，你要具备马东播花式广告的技巧，让大家聚焦到你这里来。我的方式是，嗲嗲地说，我是志玲姐姐，于是，大家都看向我了。再次，你可以陈述今天的主题、流程，在介绍流程的时候，你可以说：“在座的每个人，都可以提出任何能够激发热情和责任的议题，你不必是专家，也不必站起来演讲，你仅仅是想找人分享你未知的部分，都是可以的。”最后，告诉大家空白墙是做什么用的，接着就可以开始培训进程了。

第五步，空白墙是做什么用的呢？听到这里，你们好奇吗？很简单，空白墙就是用来贴每个议题的，每个人都可以提出他想到的议题，签上名，贴到墙上，等所有的议题收集完成，简单地合并后，大家可以浏览这面墙，找到你感兴趣的话题，签上你的名字，你就是这个议题的讨论组成员之一。你可以对一个议题有兴趣，也可以对多个有兴趣，然后分组讨论找到答案。你在这其中，唯一要做的是，当每个议题贴上墙以后，你要播报它，如同马东一样，以免有重复议题。在这个过程中，你不需要担心冷场，每个被邀请者，之所以会回应这个邀请，一定是因为他对这个话题有想说的或想知道的，而且每个人都想有所贡献和得到认可，但事实上，他们在平时的工作中几乎是没有这个机会的。这个不用我说，你一定懂，就像员工访谈，如果你没做过员工访谈，事前你会非常惶恐。我第一次也一样紧张，不知道他们会不会信任你，跟你说话。结果往往是，如果你不再三打断他们，他们会一直说给你听，即使知道你并没有权限解决。

有时候，墙面附近会因为有太多的人去看看别人都写了什么而变得拥挤，这个时候，就需要你像马东一样，有能力让大家安静下来。

第六步，对了，几台电脑还没起作用啊！对，谢谢你还记得，你一定是用心在看书。在介绍流程的时候曾告诉大家，每个议题的提出者，就是议题的整理者，会议结束前，要整理出议题报告以及行动计划。

下面，我来总结下，听起来很复杂的自组织形式和行动学习法培训形式到底是什么。你可以理解为，几个好朋友在一起讨论一个议题，比如说如何让小A在今年内结婚的议题。首先你们会选择一个让大家都觉得舒适的环境。然后各自提出观点。B说，上世纪佳缘，快准狠；C说，网络相亲不靠谱，还是现实中相亲吧。大家最终决定，选择就C的议题深入讨论。最后得出结论，既然要在现实中解决，那就委托大白兔77姐吧，她的粉丝天南地北，有一定基数，委托77姐以后呢，列出自己最必要的条件，77姐帮撒网咯。

基本上，自组织形式和行动学习法培训就类似于这种朋友讨论的形式，只是人数不同而已。

当每一个人都意识到，他被认为是一个可以负责的自主的个体时，往往都会自发地融入组织当中去，并且被激发出无限的可能，他就会提出好的建议。

3.7 案例分享

3.7.1 难道说，我的理想，就是这样度过一生

有首歌是这么唱的："累了站在高楼上，看着地上的小蚂蚁，他们的头很大，他们的腿很细。他们拿着苹果手机，他们穿着耐克阿迪，上班就

要迟到了，他们很着急。我那可怜的吉普车，很久没爬山也没过河，他在这个城市里，过得很压抑。虽然他什么都没说，但我知道他很难过，我悄悄地许下愿望，带他去蒙古国。慌慌张张，匆匆忙忙，为何生活总是这样，难道说，我的理想，就是这样度过一生的时光。”

随后，歌者连续重复8遍“我不想这样活着”。

你大概就像歌中唱的这样吧，其实我们都一样！

1. 我们的生活是花园

好吧，说说我是怎么开解自己的吧。我把自己的生活想象成一个大花园，上班只是其中的一朵小花，你能让小花尽量绽放当然更好，这也是很多人追求的工作和生活的和谐统一。但很多时候我们很难做到和谐统一，那就让大花园多盛开几支花，尽量忽视小花带来的不快。下面，一起来看看我的花园图(见图3-3、图3-4)吧！

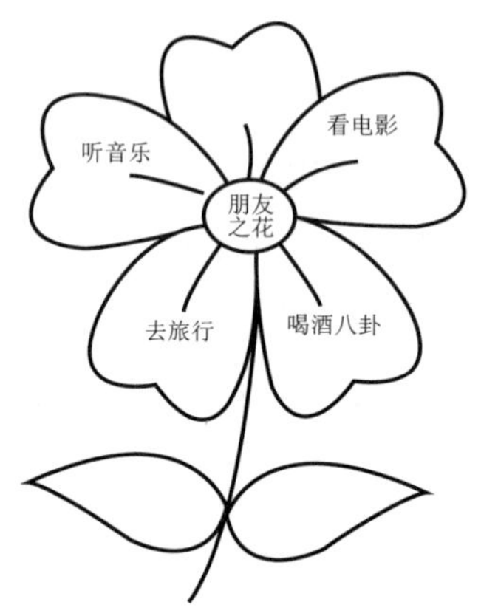

图3-3　朋友之花

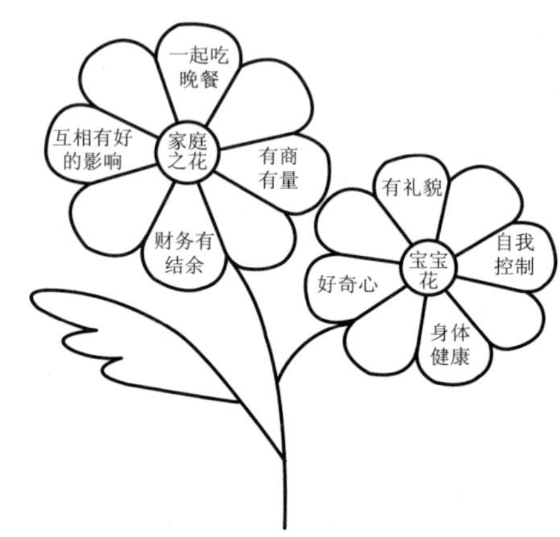

图3-4　家族之花

比如，我会有工作外的乐趣花：写点小总结，回答下小伙伴的疑难，给别人上小课，自己去参加个课，不断逼自己进化，不让自己与时代脱节。这些快乐都在8小时外，也许会在合适的机缘，渗透到8小时内。

2. 无趣8小时中的“小确幸”

(1) 上班时，和心仪的伙伴们Say“Hi”并交换早餐的瞬间，觉得天好蓝；

(2) 上班后，遇到合作已久的伙伴，彼此交换眼神，在眼神的交汇中，吐领导的槽，瞬间觉得没那么憋屈；

(3) 午餐吃个水果吧，拼单的，补充点维生素，心情会开朗；

(4) 本月离职20个人，入职才2个，以为要疯了，结果到月底最后一周，一下子谈定19个，还多了一个；

(5) 精心准备了一次培训课，不华丽，但实在，课后大家纷纷叫好，说有用；

(6) 做了一次组织架构的“微整形”，花钱少，见效快，觉得自己还是把好“美容刀”；

(7) 某员工极不开心，给他换了个岗位，居然干开心了，顺便自己也开心了。

诸如此类，你也写写你工作中的小乐趣吧！

3. 尽量让我们的工作之花饱满盛开

见图3-5：花蕊是你擅长的技能，也是你的目标、事业和工作。围绕它们的6片花瓣，依次是：地理环境(哪里)，领域(由兴趣或特殊知识决定)，人事环境，价值、近期目标和远期目标，工作环境，薪水和责任级别。

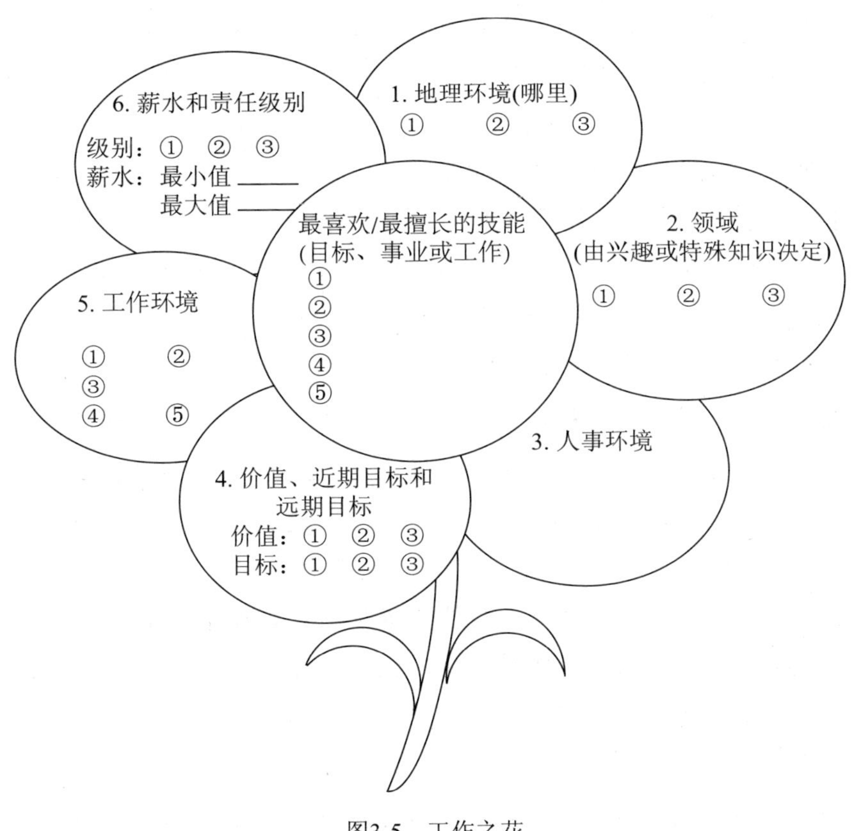

图3-5 工作之花

你的任务就是完成这张图，现在不是流行涂鸦神秘花园吗，你也涂涂77花园，寻找你最理想的工作在哪里。对了，忘了告诉你文首那首歌的最后一句："其实我也常跟自己说，人要学会知足而常乐，可万事都一笑而过，还有什么意思呢？"

3.7.2 为什么我比你们厉害

这一章就要结束了，应该讲点轻松的故事，但我更想谈谈为什么我比较厉害，不服来战。

曾见过这样一句话：在日常生活中，同一件事，20个人有感触，15个人有创意，10个人有计划，5个人做准备，3个人立即行动，1个人遇到困难停下，1个人坚持但是最终失败，1个人坚持最终成功。

这就是我们的不同。之所以说我现在比你们厉害，是因为同样一件事，我们都花了三分钟去浏览，你看看就算了，而我则留心要点了。甚至当我觉得这件事对我有用的时候，我会记下来，留待有时间好好琢磨。今天，就是这个"有时间"的时候。

某HR伙伴跟我说，麻烦看看某论坛关于HR转行的分享，争论很激烈。于是我全部认真看了，并反馈我的意见给他。

这就是我们的不同。如果说，我现在比你厉害，是因为，我对每一个愿意和我交流的人，都认真对待。从每个认真交流的人身上，我都能学到我没有的东西。

要不要转行呢？其实和转行本身没有关系，你不厉害的时候，谈什么都是废话，转不转意义不大，转了，你还是不厉害。你厉害的时候，不存在转行一说，形势会带着你走到你意想不到的地方。

变厉害，好简单，也就上文说的4个字：坚持，认真。

说个关于坚持的真实故事。我的文章开始更多地讲故事了。是的，我曾经不喜欢讲故事。讲故事需要铺陈，比如交代环境背景啦、交代人物线索啦、增加对话啦，我都觉得这个太废话，浪费时间，文字不能一击而中，不干脆，就不是好文字。

但读者教会我：他们爱看故事，因为轻松，一旦轻松，就看进去了；

看进去，就有收获了。读者也教会我：讲故事，是个容易让大家轻松的方式。一切轻松，都是我追求的，即使讲故事对我而言，并不轻松。

于是我改变了一点点文风，开始讲述故事，这需要坚持。我坚持收集素材，身边发生的事件，如果我觉得有用，会随手记下来，为此还特意买了个新本子，当作我的素材本。

我很厉害，但我还是愿意去改变。

于是4个字变成6个字：坚持，认真，改变。

真的，我就是一个普通人，我怕胖，但不打算锻炼；我学历不高，但不以为耻。有时候会生气，我经常提醒自己避免情绪化，但仍然会感情战胜理智。

我比你们厉害，只是因为我多了一点点的坚持、认真和愿意改变。

3.7.3 给自己几个外接移动硬盘

心烦，易怒，晚上不想睡觉，早上不想起床，后背痛，轻微耳鸣……你有没有这些症状？我有，除了因为我又老又胖，还拒不锻炼身体，可能还因为最近我的压力有点大。

你是不是和我一样？每天总有干不完的活，各种待办、待跟进事项占据我们的大脑，我们的“CPU”运转不灵了。想一个事情要很久，经常无法用语言正确表达诸如“加湿器”这样的常规词，而辅以手势，期望别人能明白我们的意思。

各种事萦绕心头，要么就时不时想起，影响手头在办的事；要么就干脆把它忘记了，不记得去做。

和同事对话，我从HR界的“林志玲”变成了“华少”：语速快而高亢。我知道，我需要消灭压力，做回“林志玲”了。

首先，清理大脑缓存。手机清下缓存，能释放出30%～40%的空间，我的缓存有多大？我把所有要办的、在办的、记得的事逐笔写下来，好了，我的脑子舒服了不少，这张纸变成了我的外接硬盘。

现在，来读我的移动硬盘上的文件，利用“两分钟”原则：任何事情如果花的时间少于两分钟，那么马上就去做。两分钟是一个分水岭，两分

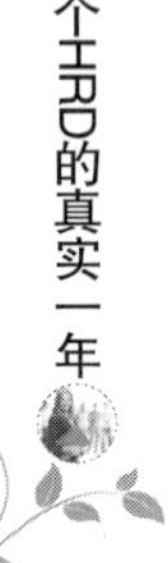

钟和正式地推迟一个动作所花的时间差不多。

有5个任务，我顺利消灭。比如通知某人明天开会，比如要某个人的电话，比如话费充值，比如签批某个文件。这个时候，我的压力表从120爆表的状态回归到90，终于可以平静地呼吸了。你看，我随便一清理，就清理了近30%的空间。看看表，才10点，尚有大把时间留给我。

继续读硬盘，派出10件可授权的活，给予简单指导，同事们还是很棒的！这个时候，我的压力表从90直速降到80，好像可以吃块甜点庆祝一下了。

剩下的任务，逃无可逃，订个行动计划、时间节点，逐步推进，不要一次就企图完成所有工作，对它们有个合理的认知。

最后，把已完成的任务编号归档，设置关键词，以便日后搜索，这个时候，我的压力表从80降到70，心情安详。

压力，并非来自任务本身，而是任务在大脑里的塞积，造成心理的焦虑和抵触。如果你把你的时间都花在组织工作上，而不是做它们，你会永远处在内存不足的状态。

现在，我正心无挂念地用林志玲的语气，在跟我一样压力爆表的你说：人生最大的不安，从来不是因为事情太多，而是有很多事情你该做却并没！有！做！

3.7.4 先“声”夺人——声音表情实战演练

大学时，我的梦想是成为战地记者，当时想，要实现这个梦想，首先，要会说普通话。对，你们没听错，普通话，而不是英语。可能自己知道英语是我的软肋，潜意识里就给屏蔽了。上大学前，还真没说过普通话，大家都知道我胆子小，读书时胆子更小，课堂上能不发言就不发言，因为乖巧，老师也不为难我。你们可能要问，那背书，总要用普通话背吧。对，没错。但幸运的是，因为总背不出来，语文老师也放弃我了，此段在前文也提过。

一个18岁之前几乎没说过普通话的人，立志要说好普通话，她采取的行动是，报考学校播音室！给自己一个几乎不可能完成的挑战！因为害羞，不好意思开口练习，就在心里跟自己用普通话说话，默练。

练了三天，去考了，报考的学生恨不得从南校区排到北校区，即便这样，我也考上了。我事后总结：第一，我的一番演讲打动人；第二，我音色柔和，可塑性强；第三，虽然我普通话不是最标准的，但那番演讲是标准的。

再放眼现在主持界，一哥都是普通话不标准的，我也就心安理得了。所以，普通话能让人懂，就可以了。下面又有人说了，我除了普通话不标准，声音还不好听呀，这该怎么办？

现在告诉你，这世界上，从来没有声音不好听这回事。

初中物理我们学过，声音是物体振动产生的声波，是通过介质(比如空气)传播并被听觉器官(也就是耳朵)所感知的波动。好，现在我们开始上物理课。

声音有哪三个特征？这是中考物理题。一个是响度，由振幅决定；一个是音调，由频率决定；一个是音色，音色是由不同物体材料的特性而决定的，我的理解，就是由你的声带这个物体决定的。现在有各种扩音设备，不需要硬凭嗓子，对山那边的人吼，响度这个特征我们不考虑。

本人音量极小，上课，就算是再小的课堂，我也随身携带小蜜蜂(就是导游用的那种)，百元设备即解决此问题。

声带除非做手术，否则不可改变，但用不同的部位发声，音色也可不同。音调既然由频率决定，我们改变音频即可改变我们声音的特质，多简单。

我对声音的这番领悟，真的来自物理课，所以，和朋友去唱歌，我都说，我会唱歌，是物理老师教的。

我们经常能看到很多发音吐字的训练，比如练习口腔开合、舌头前伸后缩，我觉得都挺麻烦的，谁没事在那吐舌头，又不是蛇。还比如说声母、韵母练习，倒是可以练练，把每个音素发准确，组合在一起就不会偏差太多。再比如说平翘舌练习(z-zh，c-ch，s-sh)，鼻音、边音练习(n-l)，前后鼻韵母(n-ng)及声调练习，但我们听有的主持人说话，他们完全没平翘舌之分，我们也能听懂，还觉得很有趣，所以，倒也不是大问题，有时候反而能增加个人魅力。

改变声音，我们要先学会呼吸，什么气沉丹田啊，我不会，我也一直

没找到丹田在哪里。我会的是，像闻一朵花一样去呼吸。想象你手边，有朵美丽的小花，上面还带着露珠，小花是白色的，据说，色彩不鲜艳的花朵，往往芳香扑鼻。现在，你俯下头，深深地吸进一口气，淡雅的味道进入你的鼻腔，进入你的身体，好像做了个芳香SPA。

推荐一个数葫芦的练习，能让你的气息更深沉。在做“数葫芦”练习时，“吸提”同前。在“推送”的同时轻声念：“金葫芦，银葫芦，一口气数不了24个葫芦，(吸足气)一个葫芦两个葫芦三个葫芦……”直到这口气气尽为止，反复4～6次。

数葫芦，学呼吸，声音就能变得像林志玲一样甜美，信不信由你。

第4季　冬季

武则天不知道她叫武则天

CEO将出差A市三天，下午四点出发，原因是有个大项目要合作，需他主持谈判。项目的牵线人，据说在当地有呼风唤雨之能力。好像这个事和我没有关系，我仅仅是在上班时收到他要出差的告知邮件。

我可以只回复“知悉”二字，但我回复的邮件是：

(1) 项目中间人与我司的关系可否有一定约束，可否与之签订相关劳务协议，以确保中间人仅与我们一家公司达成战略同盟，同时，协议条款要规避相关法律风险。

(2) 此次出差，虽是初步意向性接触，是否需要有技术人员随行，以防合作方临时问到技术问题。

(3) 有意向，则涉及金额较大、各类关系较多，是否需要知会董事会，以便得到及时的人脉及资金支持。

解读我邮件背后的意思：

(1) 中国的国情确实是关系营销，但那些说自己有关系的人，大多是“老江湖”，一个项目可以推荐给我们，也可以推荐给别人，我们要做点防备措施。有些东西确实只能口头谈，如提成等不合规字眼，但也不是没有办法约束中间人的。

(2) 此次出差人员中，只有销售能手，没有技术能手，如对方抛出专业问题，我们能给出专业性强的讲解会获得更多信任。

(3) 表面上是说董事会可能有相关人脉，能够提高此项目成功率，其实想提醒CEO：项目涉及金额已经超过权限，他应该提前报备。

CEO秒懂我邮件背后的意思，令我立马起草劳务合作协议，按我的建议把中间人定义为我们的临时雇佣人员。无法用项目合作合同关系约束他，就用劳务关系钳制他。并让我推荐合适的技术人员随行，他自己则去向董事会请示出差事宜。

收到指示已是10点，起草协议，请法务审核，联系项目中间人并与他沟通签订劳务协议对双方的意义，找技术能手临时出差并简单沟通他此行扮演的角色，一系列事务紧锣密鼓地推进，终于在12点前结束。

下午上班，法务回复意见，即开始协议的签订，终于在CEO出发前，让他带着劳务协议、技术能手以及董事会的授权而去。

三天后，CEO返程，项目并没有预期的顺利。中间人出现推脱、临时加价等各种不符合商业规则的行为，让CEO非常抓狂。这是他在中国的第一个“大战役”，这个中间人的不守规矩，让他大跌眼镜。于是，此前签订的劳务协议起作用了，法务可以去追究他未完成协议指定工作内容的责任。同时我也建议，不要打死，狗急了还会跳墙，给点教训即可。

这个故事，没有一个完美的结局，我似乎掺和了一件不属于我职责范围的事，如果我不主动参与会怎样？CEO铩羽而归，不知道能去追究谁的责任，也许他会责怪引荐中间人的销售人员，也许销售人员会责怪CEO谈判能力不够，董事会因为不知情而怀疑CEO的能力，发起这个项目的销售人员因引荐了一个不靠谱的中间人也许会被追责，参与其中的每个人都很生气，但不知道是谁的错。

而我则悠然地坐在我HRD的位置，这事和我一点关系没有，除非公司真要追责，我就去做个拿刀的坏人，去砍自己人。但我参与了，又怎样？整个事件的责任人清晰了，有错的是那个中间人，我们的销售人员和谈判专家CEO都没有错，同时，又因为我们与中间人有协议，刀口也是对着他去了。

我不找事去显摆自己的专业，我不惹事去树立在公司的存在感，我也不因为初来乍到怕出错而躲事，仅仅做了觉得有能力去做、可以做、应该做的事。如果因为这件事有人指责我过界了，那我会给这件事戴上“人力资源”的帽子。我觉得，我这么做是为了在公司推行一种文化，至于这种文化是叫团队协作，还是兄弟情深，I don’t care。

就是这么个主动掺和的事，让我成了业务线的局内人：好像我没做什么，但从此他们认为我专业；技术能手们则觉得我慧眼识英雄，从此英雄惜英雄；CEO则坚定了我是自己人，可以说体己话；而高高在上的董事会大佬们，事后不知道通过什么口径知悉是我提示要报备的，也觉得我有职业人的原则性。

武则天，在她在位时，并不知道自己叫武则天，这是若干年后，世人对她的称谓。我们在做一件事时，也许并不知道自己在做什么、为什么做、结果会怎样，但我们做了，答案也就自己出来了。

4.1 立冬(应对变化及复杂关系)

天渐渐变冷了，冬，终也，物终而皆收藏也(引自《群芳谱》)。新工作，没有交接人，上一任跑了，职位空缺很久，只有我不畏难，敢去。

4.1.1 不一样的烟火

第一天上班，没召集部门同事开会，给彼此适应时间，我先读读文件。看文件也就是看公司的历史、部门的故事。一个铁皮柜的文件，一天时间，我大致翻完了。不是我强悍到一目十行，其实只需翻看重点。重要的文件是会议纪要、对外函件、对内通知，看了这些，大概知道人力资源部在公司的地位：它是个执行部门，还是个决策部门；是老板的帮手，还是老板的打手；和财务、行政是合作伙伴关系，还是竞争对手关系。

从这家公司的文件看，挺好，人力资源部牵头的事挺多，算能说得上话的部门。话说没说好，得没得人心，从文件就看不出来了，要开启聊天模式了。

下班前，我给部门同事发了邮件，通知大家第二天上午开个30分钟的会，就他们手头上遇到的困难作讨论。一个能解决下属困难的上司，比一个指手画脚的上司受欢迎得多。

“第一，我是来帮大家解决问题的；第二，鼓励各位大胆尝试，不要怕犯错，错误永远是我的；第三，你们做出的成绩永远是你们的。”会上说的第一句话，把同事说哭了。没老大很久，他们也委屈，低职高责，上不满、下埋怨。职场最怕遇到邀功推诿的伙伴，我表态我不是，大家大可放心，只为了做好工作而工作。

“你们都是各个模块的专家，术业有专攻，在你们的专业领域，也许我还不如你们，只是我年纪长，多点经验，也愿意跟你们分享。”第二句话，又说哭一个信息主管，昨天看文件，已经看出来，他是个专业能力很强的人，短短两个月，独立完成公司的信息系统建设，确实，这个不是我的强项，我想，在公司，也没人比他强。技术人才，大多有个性，不喜过问过程，我表态：不懂的我不插手，充分授权，有错我来担。

“我一定不都对，既然在一个部门，我有不对的，请直言。”第三句话，没说哭人，但招聘经理向下的嘴角开始上扬(就是下文将提到的微胖的招聘经理)。她在公司呆了很久，大多数人是她招来的，包括我们部门除我以外的所有人。我面试时没有通过她，我猜想，领导是有用意的。在这个职位空缺时，也许她想过领导会升她，但最终还是来了个空降兵。

一个能在公司做这么久的人，一定有她的过人之处。既然我没压她的意思，领导也没升她的意思，她不如与我和平共处。如大家所知道的，后来，我们是好同事；如大家所不知道的，年后我升职，推荐她坐了我的位置。

有人问过我：“作为女上司，如何管理下属？”我回答：“你应该问，作为上司如何和下属相处，你认为男上司和女上司有什么区别呢？”提问题的人，如果一根筋，会说：“女的比较关注细节不关注结果。”我会回答：“那我正好不是这样，你的问题不成立。”

你看，这就是我：我不觉得在职场，男女会有别，我总用问题去问答问题。借哥哥的歌：不用闪躲，为我喜欢的生活而活；不用粉墨，就站在光明的角落。我就是我，是颜色不一样的烟火。

我，永远都爱这样的我。

4.1.2　董小姐

她就是传说中微胖的招聘经理，每每写到她，关于她的称谓成了难题，她嘴角向下的样子亦很美，就叫她董小姐吧。

初来公司是董小姐带我进办公室的，确实是间很大的房子，回想起面试时，CEO说“如果你有幸加入我们，将有一间很大的办公室”。当时我心里不屑，能有多大，当我没拥有过独立办公室吗。

第一天报到，才发现我的办公室真的很大啊，大到好像说话大声会有回音。我小声问董小姐：“能向我介绍下我们部门的成员吗？非正式的，正式的稍后再说，谢谢你了。”她很冷，嘴角仍然向下，带我走了一遭。部门还有三个人，分布在办公区不同方位。信息主管，眼镜男，独占集中办公区4个工位，4台电脑，见到我只含蓄地点个头，就忙手中的活了。薪酬经理，中年女，在审计办公室办公，这个安排有点独特。薪酬经理很热

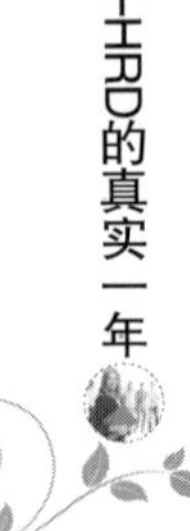

情，一路絮叨："好不容易有个头了，我就是个算工资的，什么都找我，我哪有那个本事。"看来是个心直口快的人，做薪酬的话这么多，超出我的想象。招聘专员和招聘经理在接待室隔壁办公，专员是个年轻小姑娘，笑起来很甜，眼珠子骨碌碌转，一直在打电话约面试，看着很敬业。

第二天和部门同事正式开会，会上说哭了招聘专员和信息主管，独独董小姐微笑点头，不露声色。

第三天，收到大家的工作计划邮件，董小姐本月要完成10个中高层的招聘，且公司领导停止了与猎头公司的合作，尾款尚未结清。我能理解她为什么总笑不出来，并非对我不满。哭都哭不出来，说的就是她吧。

第四天，和董小姐聊天：第一，猎头公司尾款的事，我知道对方催得急，合同条款也没问题，但董事会就是不批费用了，这个事责任不在你，前任VP的遗留问题，我会处理。第二，这个月的招聘计划，你不要着急，我分担一半，财务总监、运营总监、产品经理交给我，分公司人事经理、会计交给你，我们俩每天早上碰个头，交流进度，互通有无。

从公司建立到现在，董小姐是第二任人力资源部的经理级人物，可谓元老。她历经几任上司，看惯风云变化，拖欠猎头费这个奇葩事，让她苦不堪言。明明是VP签的合同，VP走后财务就不结款了。我大可以说，这是以前的事，我不清楚，打太极回去。但不等她叫苦，我先接下这个烫手山芋，这应该是她没料到的。

第五天，我俩加班到很晚，电话初试，分析缺岗职位要求的画外音，和各部门老大约复试时间。一起经历了困难，好像我们没那么有间隙了。

第六天，加班约候选人复试，招聘任务很急，候选人都在职，只能在周末进行。在我的大办公室里，我小声跟董小姐说："明天我来就可以了，你辛苦了。"董小姐一直孤军奋战，突然来了这么一个人愿意帮她、充分尊重她、发自内心地赞赏她的伙伴，且这个队友智商还不错，关键时候愿意替战友上火线，她向下的嘴角终于松弛下来。

董小姐不是一个没有故事的女同学，她的故事还很多，比如和技术员候选人们斗智斗勇；比如锲而不舍，追踪一位财务经理，待别人入职其他公司的老板过世，董小姐终于追踪成功。

董小姐，你知道我在想你吗？

4.1.3 亲密关系引发祸端

微胖的招聘经理董小姐和我终于成了战略同盟，她对我不再爱答不理了，也会认真地回复交办的工作。我就说了，能在一家公司呆很久的人，都是有智慧的。

董小姐最大的优点是坚韧不拔！(我腹黑下，坚韧不拔的意思其实是油盐不进。)

记得有次招聘财务总监，最终确定一名中年女性A，A女士在大夏天到公司面试，居然一袭西装，更神奇的是，不见汗渍，CEO深深被她由内而外的控制能力所折服。CEO问："您对现任集团公司的财务工作是如何规划的？"A女士回答："首先，我们是一家民营企业，您懂的，有各种的混乱，比如说……"其后，该女士列举了各种现象，并说明了她是如何一一克服的。我和董小姐面面相觑：她在初试的时候怎么没这么揭自己公司的短？

但CEO最终就是相中她，因为她的直率吗？我和董小姐不得而知，我和董小姐的任务就是在面试后说服A女士选择我们。

在说服工作中，我暗示董小姐：马虎点，差不多就行了，最好A女士能不选我们。直觉告诉我，宣扬旧东家隐私的人，特别是财务人员，不适合我们公司。但董小姐不接受暗示，因为招聘压力大，好不容易得到CEO首肯，不游说成功，重新立项，她会中风的。

因为和董小姐太熟、太要好，我不忍她中风，她不接受我的暗示，我也就没坚持。没想到，就此种下祸根。

董小姐成功说服A女士入职了，处女座的A女士上任后的第一把火是审计各部门是否严格执行了签批程序。不幸的是，人力资源部中招。

但凡有大金额协议，如猎头、法务顾问费用等，都会和以前的财务总监达成默契，心照不宣地，拆成几笔支出，确保在CEO审批权限内。签订协议之前都汇报过董事会，故在报销时灵活处理，否则报销时又要找董事会签批。

A女士要求，以后不能这样，以前的单据补签字。从此77不用做别的活了，每天玩集齐7个签名的游戏。77怨恨地看着董小姐，董小姐安抚77："您最近也胖了，就当走动减肥。"于是77在部门内开展了比胖活动，最

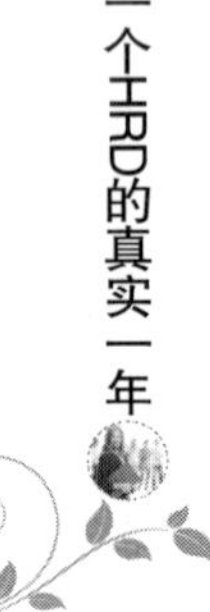

胖的那个负责签批，董小姐拔得头筹。但，7个签名中涉及的两个老大，曾被董小姐的刚正不阿得罪过，董小姐去签批有风险。

我也经常被为难，上述就是一个例子，一时放权就给自己招了个爹；一时心软怕董小姐签批碰壁，就该自己苦苦集齐签名。

A女士的第二把火开始烧部门内部，她嫌出纳工作量太少，要分些复核的任务给小姑娘。我们出纳是典型的白富美，开宝马车上班，拿两千的工资，同时是税务稽核时的首席公关。之所以这么任劳任怨，是因为这是她妈投资的公司。

这次，祸事大了。

77的一贯观点，举贤不避亲，老板、老板娘的亲戚不是不能用的，只要他能和普通员工一样，遵守公司规定即可。我们公司有技术含量的活，其实都是外援在做，独商务司机及出纳是关系户。

商务司机随时待命，一个电话，半夜也能去接机，且话少技术好人还公正，待人接物得体，有时还兼任搬运、电工、保安、员工关系协管员。招个这样的人，其实不容易，难得有推荐的，我觉得没啥问题。出纳安静美丽，任劳任怨，最关键的是，一个电话打给Uncle、Aunt，年审、变更之类我们要跑断腿才能办成的事，她都能一下搞定。

现在A女士要出纳增加工作，出纳是不乐意的，她的价值并不是在日常工作中体现的，她也没有一天8小时满负荷工作的心理准备。

身为股东的妈妈知道这个消息，辗转几人传话给我：如果是公司人员调整，不再有关系户，她支持公司决定，撤回女儿；如果不是这个原因，希望我能在中间调解下。

调解员77，先去找执行总裁，我们的海龟CEO。他的观点是无所谓，这个角色太小，他懒得管。有了CEO的尚方宝剑，77去找A女士了。当77阐明CEO让我全权处理以及白富美出纳的重要作用后，A女士冷冷一笑："这些我都可以做，她做好出纳和复核就好了。"

我一口老血差点喷出，有这么公开呛我的吗？我好歹德高望重啊。好说不听，我就拿出岗位说明："现在工作内容调整，需要与员工协商一致，您作为部门负责人，去做这个工作，如果有难度，人资再介入。"A女士又冷冷一笑："我认为，这个工作应该人资去做。"77只好再拿出工作流程图："各公司规定不同，我们公司是这样的，如觉得不妥，先申请修改流程，审批通过后，我会按流程走。"

回到办公室，就是那个大到有回声的办公室，77冷静下来，A女士要么情商真不高，喜欢在小事上纠结；要么在下一盘很大的棋，这只是其中一步？她怎么想的，我猜不出，就不猜，静候她的协商结果吧。

其实在我刚进公司时，公司的关系户是不止两个的，我和A一样，也做了清场的动作，但我做得于公有利。贡献小、工资高、持续学习能力差、涉及几个股东间复杂关系容易惹是非，同时满足这几条的人，才清场。

77用的方法：和关系户的上线沟通，谈利弊，得到同意再行动。关系户们原工作内容不变，给予他们充分尊重，但工作标准会提高。标准源自公司发展的需要，非我个人臆断的标准。多数人觉得新标准达不到，就会安静地离开。个别人达到标准了，比如出纳和司机，另有达不到也不想走的，关系户的上线为了公司良性循环，主动帮做思想工作。

我到公司的时节，正好是公司准备大规模启用职业经理人的时期，股东们本身就有这个初衷，而我不歧视关系户，公正评估，获得了他们的信任。故在出纳事件中，CEO让我全权处理，是他从历史事件中推断出的信任。

A女士的协商结果当然是出纳不接受，我不得不考虑我的动作，是说服出纳？还是说服CEO出来主持公道？或是我直接跟A女士杠上？我不喜冲突，这点三茅的同学都知道，在小事上冲突尤其显得不大气。

我出马去说服，应该有用，但妥协会让我很没面子和原则性。在经历了关于"面子"问题的纠结后，我决定放弃面子，放弃出纳背后的关系，就事论事，她的老大要管教她，我应该支持。

于是我对白富美说，给7姐面子，从大局出发，听从领导安排。白富美真的很乖，她在公司不敢多话，怕惹是非，所以和其他同事都若即若离，只和我们部门偶尔串个门，交换零食。虽委屈，她最终还是接受了新的工作安排。

这事告一段落，我便没再关心财务部工作。

4.1.4 白富美的反击

两周后，营销总监和行政总监联合找CEO告状。营销活动原本要请省

内头牌主持，这个资源是出纳妹妹无私贡献的，现在出纳妹妹说，自己的工作都忙不完呢，别的部门的事她不掺和。行政部变更执照要的验资报告以前是出纳妹妹跟进，现在是A女士跟进，半个月没出来，变更的事迟迟完成不了，月底工作完成项，扣的是行政总监的工资。

CEO找来A女士，询问这两件事的进度，A的回答颇耐人寻味："活动主持的事是我来之前的，我不清楚；验资的事，我一直在与各方联系，您懂的，银行等各机关的办事效率。"

当行政总监——某八卦男，绘声绘色给我转述时，我突然懂了复试时那种莫名其妙的直觉：觉得A女士善于找各种理由，听起来冠冕堂皇的，这是公司的问题，这是办事机关的问题，这是中国体制的问题，独独没有自己的问题。当时被她说懵，没想到她是个善于找借口的性格。

CEO给A女士的命令是，验资的事按时节节点办，中间有问题随时汇报，不要等问到了，再说有问题。主持人的事，CEO亲自找出纳妹妹，给足她面子，但妹妹还是说：手上工作做不完。这是实话，出纳妹妹不是个狡猾的、善于找借口的人。

大约CEO觉得寻访到A女士这样的高端人才不容易，要珍惜，也给她面子，让我给财务增加一个人员编制，分担出纳的活。这次，轮到我不乐意了，无端增加人工成本是我最不喜欢的事，这个我要坚持。

不得罪A女士，得罪老大？我的工作风格够迥异吧。只是我不愿意在小事上纠结，在原则性问题上，我有我的底线。我的提议是：我可以说服营销部老大承担出纳20%的工资成本，建议请A女士合理分配部门工作，这钱A女士作为内部活动小金库或工作任务奖励金都行。

这个故事的发展，不是我预期的，也不是我做事有前瞻性，让事情按我预测的走，是出纳妹妹历年来的付出为事情的发展加了注脚。一直以来，她怕被认为高调，低调地做事，默默为公司付出。通过这次一折腾，大家发现少了这个妹妹可不行。当年留下她，我是公正的。

我不歧视任何人，包括关系户。我公正对待每个人，发掘每个人的优势，特别是对公司有利的优势。我也会被难住，我也会妥协，但这不正是人力资源工作的魅力所在吗？永远的不确定，永远的波澜起伏，永远的没有故事结局。

大家都很关心：A君最后卷铺盖走人没？遗憾地告诉大家，她进退自如，改回让白富美做原来的工作，工作之余愿意联系下活动主持人是她自己的事，A君不干预。复核的事给另外一个会计，验资呢，还是她自己跟进，进展中请白富美给Uncle打了个电话。

只是此后，一贯波澜不惊的财务部发生诸多鸡飞狗跳之事，有机会再说与各位听吧。

4.1.5 与A君的最后对决

财务总监A君单挑白富美出纳，股东、CEO都大气，放任她折腾；营销总监和行政总监策反过她，无果。从此各个部门也都相安无事地过日子，只是A君将她的部门整顿得鸡飞狗跳、人仰马翻。

成本会计，一个年纪略长的姐姐找我告状，说金蝶用得挺好，A要改系统，改用友。好吧，这个是老板批了的，我没发言权，只能安抚大姐去速速适应新系统。大姐说，她做了三十年财务工作了，任何系统只是辅助，哪个系统都有利弊，换系统又要花公司的钱，还不是小钱，他们又要加班整理数据。既定的事，我也无法改变，加班批加班费，这个我可以做。但姐姐不要加班费，她一贯把公司事当自己家的事，她是舍不得公司又花钱。

送走大姐，财务经理又来找我，见面就哭。财务经理是个二十几岁的小姑娘，这个年纪做到财务经理不容易，做了三十年财务的会计她能搞定，股东关系户的出纳也能搞定，下面还带了几个小会计，她的管理风格是难事自己上，工作分工上尽量做到公平合理也能做好业务指导，是我喜欢的风格。没做到总监位置，确实因为资历尚浅，全局性以及数据分析上的挖掘力不够，对各子公司的财务分析力度也不强。

她哭的是什么呢？是A君要求“一天四表”，早上要损益表，中午要现金流量表，下午改成本分析表，临下班要求提供季报，这季刚过去一天……

于是她只能加班再加班，都连续加班一周了，身体受不了。我只能安抚，你去跟你们老大反映情况，觉得有争议，再找我。

一般我处理员工投诉，会先问：请问你是找官方的我，还是找77？如果是找官方的，按申诉流程，先去找老大；如果找77诉苦，我可以听听，但不发表意见。

为什么这么说？第一，我虽八卦，但只限于工作外的，工作内的我不爱听传闻。且我的职位特殊，我受理了员工的抱怨，就越了他们直接上级的权；我不受理，员工又会说我爱搭不理，我只能表态，我个人是愿意听抱怨的。这样几次，员工也知道了，东家长、西家短的故事不要找我说，说了也没用，我只会听听，不会以任何途径传播。

民间的消息渠道就是这样形成的：各管理层不按正常沟通渠道来，什么事都不当面说，背地里又大说特说。如果员工各种越级越权的发言，领导接受了，员工就会持续这样做，于是公司的风气就坏了。天下事，只要有一个人知道，就有一群人知道，我除外，话到我这里，就跟碎纸机似的。

如果来访的员工表示是找官方的我，且已与上级协商无果，我会乐于倾听，调查事实，并按程序处理，该反馈给领导的反馈给领导，该找被投诉对象麻烦的找他麻烦。这才是明面上的沟通渠道。

会计和财务经理都被我打回去了，我也没把未经核实的财务总监的管理不善向上反映，我不是东厂，我没有道听途说打小报告的义务。

财务总监A君，大概是知道部门员工陆续找过我，见到我，她脸色更不好看，至于吗？同事之间该有的礼貌难道不应该有吗？我不招惹她，她主动向我发难了。

A君找CEO投诉我伸手太长，插手她部门管理的事。CEO是了解我的为人的，绝对是很低调很会偷懒的那一类，躲事偷懒都来不及，还会主动揽事？CEO没理她，让她做好自己的事，其实内心对她有了想法了，让我继续寻访财务总监候选人给他面试。所以，恶人先告状，更容易让别人发现，他是恶人。

面试新财务总监的事进行得挺机密，我连董小姐都没说，但她会观察，下午发现在办公室找不到我，她就懂了，我应该是去楼下面试了。面试何种职位呢？她会猜测，第二天试探性地发几份财务总监候选人的简历给我，看我怎么回复邮件。

面对她的猜测邮件，我通常会心一笑，不回复。董小姐就是通过这种方式，知道了公司高层的各种变化的。我不明说，她不明问，默默打配合战。

A君终于要走人了，其实我还是遗憾的，她有很好的外企背景，很像当年的我，系统性非常强，大局观也有，做事也算雷厉风行了，说她有错，也没啥大错，只是不适合我们。

A君走前，我们畅谈一番(主要是她义愤填膺地控诉，我倾听)，她指出我们公司不是真外资，绝对是假外资，真外资职责分明，该营销做的，不会让出纳去做；真外资等级森严，分配给下属的工作，绝不能讨价还价；真外资申诉制度严明，她投诉我，CEO就应该处理。看看，连CEO都指责上了。

她说的，我都明白，我有十年这样的经历。在三茅一篇文章的评论里，我说过，外资企业，有既定的轨道，你跟着轨道，不要走慢，也不能走快。快了，撞前面的车了；慢了，又会被后面的车撞，想出个“轨”都不行。记得还有人在下面评论：为什么要“出轨”呢，在轨道内不是挺好？

我只想说，中国是发展中国家，发展中，即意味着总有变化。世界是平的，组织也在扁平化、无边界化。公司要随着环境变化不断调整目标，我们这些作为“桨”的部门，要跟上公司的变化。面对如此多的变化，一个既定的、庞杂的系统是落后的，类似移动互联网时代，移动设备和PC机，谁更适应时代？一种既定的思维管理模式用上十年，一定是要修补更新或直接换代的。

这些想对她说的话，我吞下了，只在心里想了想，嘴里说：“是的，我同意你的意见，祝你找到更好的东家。”

4.1.6 这个女人来自地球

一个相识了十年的朋友突然对你说：我是活了14 000岁的穴居人。你该做何感想？你以为他疯了，你从生物学、考古学、人类学、历史学等角度去质问他，却会发现每一个年代他都有清晰的记忆。

人到了一定岁数，千帆看过，经历什么都觉得似曾相识。比如公司大的结构调整，同事诚惶诚恐，总有人问：公司变革，需要人资摇旗呐喊吗？我也在经历变革，每一个动作，我都仿佛在看电影回放。

这种感觉并不好，不是朋友说的预见力，是一种老不死的感觉。

电影《这个男人来自地球》中一个中年教师John辞职，朋友不解，后发现他活了14 000年。每个历史的转折点，他都在，或者说，他就是那个引发转折的人。为了不被发现这个秘密，John每十年就要换一个居住地、换一个职业、换一批朋友。其他人看完不知有何感受，我感受到深深的寂寞。

还在几年前，同样的变革，我是摇旗呐喊、亲力亲为的那个。与财务总监在楼道闲聊(其实我们是烟友)，他说，他经历太多，没有激情了。随后，在公司给予很高的薪资后，仍离职而去。

当时我不懂，等过了几年，我和他当年一个岁数，我也这样，冷漠、淡然，打过太多的仗，有些仗不值得打。突然，就想到《来自地球的男人》了。什么都看通透，还有什么意思？

然后，我给自己一点“惊叹号”，假装自己只有20岁，用20岁的眼睛去看世界。任何的变化，看似相似，总有不似，可以试图找细微的差异，或者换个方式操作，让自己兴奋点。

假装自己只有20岁，还有个好处，那就是一切都还来得及，什么都不晚，只要你愿意开始。

20岁的自己会不会顾虑太多？会不会不敢尝试？会不会得过且过？会不会不敢与领导呛声？会不会带上虚伪的面具？

做自己，就是做那个最没有社会经验的自己，如初入社会般的谦卑而高调。20岁时，遇到公司变革，你会怎么做？用你现在的智慧加当年的单纯，就能找到答案。

最后，我愿意我是来自地球的女人，John在漫长的语言变迁过程中，演变成Jesus。如果你愿意相信电影所述，他可能是上帝。我不是，但我愿意用漫长岁月的沉淀、带着“惊叹号”去看这个美丽的星球。

4.2 小雪(人力资源管理的本质)

欢乐到来，欢乐又归去，这正是天地间欢乐的内容；世间万物，正是为了寻求着这个内容，而各自完成着它的存在。我于是很敬佩起法桐来，祝福于它：它年年凋落旧叶，而以此渴望来年的新生，它才没有停滞，没

有老化，而在天地空间里长成材了。(引自贾平凹《落叶》)

4.2.1 HRD的最强大脑

我的记忆力欠佳……

但是，上午办入职手续的50名新人，中午在食堂遇到，我能叫出每个人的名字；当有员工询问到他的某项扣款时，我不用开电脑就能道出在近2000人的工资表中，他一个月有几次迟到、请假记录；当领导问到某个数据时，我总能脱口而出，无须查资料……同事总说："7总不会记错。"领导总戏言："电脑，你给我查个数。"我有这些技能，算不算拥有HR界的"最强大脑"？

要想有别于他人，总要有一技傍身的，能坐到某个位置的人，其实能力差距不大，使他脱颖而出的，就是一些小细节。我的细节在于我的"最强大脑"，不是天赋，也没有训练，只是我多用了点"心"。

为什么我能叫出每个人的名字？只是因为我会亲自录每个人的花名册，一直坚持做这个事，而且当成一种乐趣。他叫什么，他的过往经历，他的兴趣，顺便看看什么星座，内心八卦一下，录着录着就形成一幅立体的画面，这个员工不再是工资表上的一个字段，而是一个和我一样有故事的人。

为什么能记住每个人的考勤数？只是因为我想知道一个从来不迟到的员工，这个月总迟到，是家里发生什么事了？还是不喜欢这份工作了，上班变成痛苦的事？记得刚加入某集团，第二天就和我的主管聊天："以前你从不迟到，上个月的工资里怎么有三次迟到扣款呢？是家里有事吗？"他说："上个月添了宝宝，晚上睡不好。"从此他与我交心，觉得我是个关怀人的好上司。

领导随口要的数据能答出，更简单。因为这些数据是我算的，不是我算的也是我核的，算或核的过程中，我会思考这个数据要"说"什么"话"。一直觉得数据最有趣了，它不是冰冷的，它可有八卦心了，跃跃欲试地想"告诉"我很多。有时候对后续工作感到茫然时，也会主动设定一些统计表，往往出乎意外的，数统的结果会告诉我下一步要怎么走。

招聘、面试、考勤表、花名册、各类数统表，都是我们工作中最基础的方面，好像做过人资的都不屑去谈了。但这就是那个“二八法则”中，花20%的精力就能做好的、最基础的那80%的事。

思考之下，其实自己就是个普通人，我和你并没有不同，HRD也是从小专员走过来的，那么不如谈谈最基础的人力资源工作怎么才能做得出彩，不如还原人力资源管理的本质。

我眼中的人力资源管理不是人力资源配备，不是人力资源战略规划，不是CM，不是KPI，不是BSC，不是MBO，这些仅仅是方法和工具。人不仅是劳动力，我们要做的也不仅仅是开发和利用。华罗庚说过(大意)：数学本身是壮丽多彩、千姿百态、引人入胜的，认为数学枯燥乏味的人，只是没有体会数学的内在美。同样，如果我们仅仅看到的是人力资源管理的方法和工具，就没有体会人力资源管理的美。

我认为的人力资源管理的本质是什么呢？我想，是人性的关怀吧。

工作中的人性关怀无处不在：开会前发会议议程，你以为就是全部了吗？还可以在会前的一天去收集各部门的意见，会前半小时发出会议提醒。于是整个会议无须催促，无须讨论，只需就异议得出结论。我组织的会议时长没有超过30分钟的，会前用点心，自己多花30分钟，帮其他参会者节省时间，就是你对其他人的关怀。

员工生日时送上一个已成惯例的蛋糕或贺卡，不如送他喜欢的明星或名人的签名，如果你正好能拿到签名的话。

你的抽屉里永远有感冒药、创可贴、治拉肚子的药，还有暖肚子的热水袋，员工都知道，有点小病小痛，你就跟三九感冒灵一样，暖暖的，很贴心。

在做了这些之后，再去运用科学的管理方法和工具吧，技巧性的东西，学起来都不难。

《最强大脑》的走蜂巢迷宫的“迷宫行者”，说过这样一句话(大意)：“我挑战这个项目，是想让盲人也能参加《最强大脑》。”

我想，他是一个怀揣大情怀，做着最基础的事的人，他唯一做的仅仅是去记忆走过的路。但他，是节目组找到的，全世界最聪明的人。

我们也行走在社会这个大迷宫里，如果，我们怀揣着一点情怀，如果，我们都能记得来时的路，也许，我们也是最强大脑，也许，我们也能找到出口。

4.2.2 爱我还是爱大白

10岁时，在一本曾用名《读者文摘》的读物上，看过一个影响我一生的文章——《效率专家爸爸》。一般人扣扣子是从上到下，文中的美国爸爸是从下往上扣，因为他计算过从上往下要7秒，从下往上只要2秒。美国爸爸同时用两把剃须刀，这样可以使刮胡子的速度提高17秒，可处理伤口用了2分钟。自此，我埋下了关于效率的小小追求，并爱上美国人的严谨。以至于资深朋友说我太不像一个中国人，一板一眼，乏善可陈。

在2013年德国汉威诺工业博览会上，德国政府将工业化4.0纳入政府计划，第四次工业革命将是物联网和制造业服务化的革命，看来，追求效率的不仅仅是美国人。

工业4.0的深刻内涵我说不清，但我知道我的同事们一连几天逗公司采购的自动回复机器人，乐其不疲。你对机器人说“你夸我”，他会回答“你真漂亮”，你说“再夸”，他答“说多了嘴会酸”；问他“嫁给我吧”，他答“有戒指吗，我可要10克拉以上的”；再问他“今当远离，临表涕零，不知所言”，他会回答“对不起，我没明白你的意思”。瞧，机器人还懂得自嘲呢，有大智慧啊。

细思则极恐，机器人都这么智能了，我们的客服部该取消了吧。再想想，社保可以外包，工资、绩效可以系统导出，招聘现在开始有了某些根据浏览网页、阅读偏好判断人员从业素质之类的网站，培训有那么多的网络学院，我们HR不做点只有人可以做的活，在不久的将来，说不定会被机器人取代。

想想库克的话，又觉得没那么悲观，库克说：“同性恋身份让我更加深刻地体会到，作为一位少数派究竟意味着什么。它给我提供了一个视角，让我能够深入洞察其他少数派每天都在应对怎样的挑战，让我有勇气张扬个性，走自己的路，超越逆境和偏执。它还赋予我一身犹如铜墙铁壁般的犀牛皮——当你是苹果公司CEO的时候，这层皮囊随时都能派上用

场。”正是我们作为人的差异化，注定我们无可替代。

在“云时代”，资源被上传到一朵能被所有需求者接触的“云”上，能够被各类需求无限调用，我们也大可以建立“HR云”。

互联网公司的好处是，可以整个下午不工作专注抢微信红包，名曰产品体验。我一边忙不迭地抢着老板发的红包，一边看着微信产品经理的分享，心里想着，我也是一名产品经理，如果只要员工有能力，就可以不受组织架构、业务流程、岗位职能、薪酬体系、激励机制的限制，即可将人力资源三大核心支持系统之一的“规划”上升到云端，这个时候，问你们，在职场是爱我还是爱《超能陆战队》里的机器人大白？我想是爱我吧。

4.2.3 谁是江湖大佬

一个朋友问：公司有位老员工在公司售卖香烟，理由是公司提供住宿但没小卖铺，有些烟民觉得不方便，她弟媳刚好是开士多店的，所以就拿烟到公司卖以方便同事，但没有做过任何宣传或推销。部门想借此辞退员工。我一条一条说了很多：如何找证据，如何找条例，如何和员工谈判。待我说完，我后悔了。不就是卖个烟吗，甚至卖都谈不上，帮同事带个烟，同事给个跑腿钱，是影响生产还是安全了？至于要置人于死地吗？我哪里来的权威可以作指导呢？ 指点江山的键盘侠是我不齿的，我却在不知不觉中做了一次键盘侠。虽然我知道HR不严格，部门会说我们是和稀泥的。但首先我们是人，其次才是打工的员工，何苦为一份工做“坏人”甚至“害人”呢？在此也向问问题的朋友道歉，我们不是打手，还是要有自己做人的道德标准。

另一个苦命的HRBP朋友，有ABCDE共5个部门的领导当他的老大，还有一个HRD当老大。

他讲了一个故事，故事版权属于这个朋友，在此借用下：新员工小白入职在A部门做，试用期间表现不好，转正答辩被判为延期一个月，一个月后转正答辩再次不通过。A部门由于用人紧张，决定给小白机会，让其转正。但是小白不想在A部门，想去B部门，并且直接去找B部门老大表明意向。B部门老大之前认识小白，觉得他可以胜任B部门的工作，坚决要把小白调到本部门来。这个时候A老大表态：不予转正，让HRBP做辞退处理。作为HRBP，该如何处理呢？

以我浅显的理解：HRBP弱化了专业性，强化业务主导。如果有一个懂劳动法、培训、外联的销售内勤，我想他会比专业HR更胜任HRBP的工作。或者说销售内勤偏财务属性，HRBP是偏人资属性的销售内勤，HRBP是我们自己给自己起了个好听的名头。但这个职位仍是HR各类职位中最迷人的。比如讲这个故事的朋友，有机会在6个大佬之间斡旋，堪比甄嬛。如能通过HRBP的人才管理，推动业务发展，为业务增色，体现自身价值，想想还是有些激动的。

我在武汉，武汉今年被评上文明城市了，评选前，全城皆背社会主义核心价值观：自由、民主……罗斯福曾作过题为“四个自由”的演讲，他说自由分为4种：言论的自由、信仰的自由、免于匮乏的自由、免于恐惧的自由。

无论何时何地，自由仍是奢侈品。

4.2.4 HRD的富裕

如果问我关于富裕的观点，可以用我喜欢的8个字概括：平衡，节奏，柔弱，同时。

在我看来，时间上的富裕，能比物质上的富裕带给人更多的幸福。我们如果有更多的自由时间去追求对个人有意义的事，有更多时间去反思，就有更多的时间享受快乐。

忙完工作后，回家能有口热饭吃，这是“平衡”，工作才有意义。忙完工作后，因为太晚而吃泡面，我就会质疑工作的意义。辛勤工作是为了更好地生活，如果只能让我吃泡面，那我宁愿选择离家近，工作成就感稍低，生活满足感稍高的工作了。

平衡的意义还在于，工作是你跳一跳也能胜任的。用我曾经服务过的公司的亚洲区大佬的话：用B级人做A级事，会让做的人更有新鲜感、更有激情，往往能创造出更多奇迹。我曾经就是那个B级人。

从他的观点引申，如果用C级或更低级别的人做A级事，会让做的人觉得难以胜任、压力过大，这也打破了平衡感。如果A级做A级呢？我想，不用我多解释，大家也应该能体会到这种工作无挑战时的茫然，比如我们群里人见人爱的公主，她的茫然，更多源于她应该跳级了。

“节奏”是我非常爱的一个词，节奏不仅仅存在于音乐中。好看的书，是有节奏的；好看的美剧，胜在节奏；做人做事也有节奏。而人与人，节奏是不同的。如果某份工作或某段时间，你觉得工作起来特别流畅、舒适，留心下，你此刻的工作节奏，就应该是适合你的模式。

有段时间打保龄球，只要我找到步伐节奏感，高分不是问题，虽然许久没上球场，但只要我记住打出高分的节奏，我还是能自诩业余队中的专业选手。工作也是这个道理。

“柔弱”，不是软弱，是类似渡边淳一说的“钝感力”。按老渡的解释，即迟钝的力量。不要那么敏感，不要那么念念不忘，不要那么要强，不要凡事都要赢，不要面面俱到，不要玻璃心，凡事都当过眼云烟，一笑而过。就像永远背不了“三不相信”的王宝强，被批评了，没啥大不了，继续傻笑。

我算天生敏感的人，但这份敏感并没有带给我快乐。说好听是细致、缜密，说不好听就是爱计较，爱想太多。于是从小我就明白，让自己的心粗粝点，更有裨益，所以现在成了大家喜欢的大白兔77。我柔弱，但大家不仅没有欺负我，反而更爱我，有没有？

“同时”，就是一边思考一边行动，同时进行。不要等考虑周全再行动，也不要不经过思考就行动。边想边干，不会影响计划的周全，反而会更切合实际。动起来，事情会自己去发展，如同我的专栏，开始写的初衷是记录工作，写起来，它就自己按自己的节奏去讲故事、说八卦了，这样好像也没啥不好。

有个萌萌的大人物说，他人生的唯一问题是：有！点！拜！金！

这个话题和HR无关，但和我的书密切相关，因为提出这个问题的，是我的编辑大人之一。

拜金的同时，顺便把控“平衡，节奏，柔弱，同时”。谨以此文祝愿这位萌萌的大人物更快乐些许。

4.3 大雪(突发情况的处理)

乃知一念之恶，凶鬼便至，一念之善，福神便临，如影随形，一毫不爽。(引自《二刻拍案惊奇》)

4.3.1 被邮件闪瞎的周一

新注资的子公司内部管理混乱，项目经理张三将江湖人士孙七介绍给公司领导人，孙七能拿到某地一大项目，于是公司领导与孙七签订了劳动合同，派张三、孙七以及李四、王五、赵六组成五人项目小组去攻克项目。

攻得差不多了，CEO去项目所在城市做最后谈判。

CEO是周五出发的。周一上班，77即被企业邮箱里跳出的邮件闪瞎了眼。

首先是CEO周六凌晨5点发给子公司总经理(非博士、非C，叫他DJWITHS可好？简称DJ)的邮件，抄送给董事会、我、财务。

CEO说：他发现项目小组有很大问题，孙七就是无间道，来策反我们的技术人员李四的，指责DJ用人不慎，指责张三里应外合。(总提到CEO，不给他个称谓挺没礼貌，他是我的恩公，称谓他MC可好。)

第一封没看明白，第二封是DJ的回应，同时也抄送给董事会、我、财务：尊敬的MC，您指责的都是没有依据的，根据我了解到的情况，是孙七约您到房间详谈，您拒绝前往。

第二封依旧没看明白，第三封是张三回复MC，同时也抄送给董事会、我、财务：尊敬的MC，在此事中，我是公司员工，我完全站在公司立场，与孙七绝无勾结。而孙七与您之间的故事，我完全不知情。

还是不明白，都看了三封了，新邮件提醒还在跳出，他们之间还在互相回复邮件，也抄送给我们。

原则上，就事论事，是不需要抄送给我们的，这好比几个人吵架，非要拉一群人围观，围观人何其无辜。

围观的人，我和财务及董事会代表董秘，都很安静，没插话。

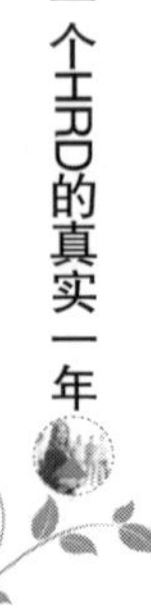

结果，吵架的还不乐意了，MC一封给我的邮件出现了，抄送给DJ、张三、董事会、财务。原文和给DJ的邮件一模一样，但直接发给我，我就不能不说话了，这是拉群众参与吵架的架势啊！

我无法回复邮件，这事我完全不知情啊。但不回老大的邮件不职业化，我只好勉为其难地回复老大，并抄送他抄送的人：我会在今天与相关人员谈话作调查，了解事情经过，有进一步结论，及时汇报。

有十分钟，邮箱是安静的。

十分钟之后，DJ将邮件发给我，抄送给MC：Dear 77，附件是孙七入职资料，烦请查收。此后，张三与孙七之间发生的事，我并不知情，烦请77调查，我会全力配合。

机智的DJ终于看到有人劝架了，马上把问题抛给劝架的人。现在，成了77要解决的问题了。

顺便总结下玩邮件的游戏规则：

(1) 发送的对象，是要受理这封邮件所涉及的主要问题的人，要对邮件给以相应回复。

(2) 抄送的对象，只要知道有这个事就行了，不需要回复邮件，如果抄送的人有建议，可以回复。

(3) 发送和抄送的各收件人的排列是有法则的，按部门以及职位高低。

(4) 只给需要信息的人发邮件，不要海发。

(5) 转发邮件要慎重，注意信息是否需要被转发的人知道。各种“邮件门”事件够热闹了，民营企业大多选择当面吵架或直接动手，“邮件门”是真假外资用邮件吵架、玩心机、告小黑状。

(6) 转发时标题记得改，不要出现“RE：RE：RE”。

(7) 暗送慎用，在公司上班，弄得像克格勃，没必要。

(8) 不要就同一个问题反复多次讨论，盖成邮件高楼，如果三个回合还没说清楚，就应该打电话沟通或当面沟通。

4.3.2 一则人事通告

CEO回武汉后，即向子公司领导交办：处理张三！可张三矢口否认和孙七是一伙的，同时提出离职。此刻，CEO让我介入，对我提出：扣发张三工资，同时要求张三负责追回已向孙七支付的款项，如果追不回，从张三工资里扣。

在新公司到岗月余，即参加了分公司将CEO一军的绩效会议，并顺利化解矛盾，同时缓和了两人之间僵持的气氛，CEO觉得大白兔77同志还是有些见地的，瞬间派给我这个新任务。

77首先致电DJ的助理，也是我们派驻到DJ公司的联络人，从他口中知道的故事和CEO所说的大相径庭。他说，孙七约老大面谈，老大派头太大，不愿意去对方主场，让对方过来，孙七说重要领导人在他房间，不方便移驾，老大也不愿意过去，这事就黄了(就在一家酒店的不同楼层，就不能约在大堂或者酒吧见吗？我很怀疑这份说辞)。

但助理是集团派驻的联络人，一定深得董事会信任的，既然他这么说，我不得不信。MC以此推测张三是里应外合，孙七是无间道，似乎没有依据，但我怎么去跟MC核实呢？

大胆的77，决定放弃核实，人力资源不是侦探，了解事情真相不是我的强项(可能也不属于我的工作范围)。众口铄金，继续核实，只会扩大事件的负面影响力，由于公司法务因费用问题不再提供咨询服务，77只能凭经验、查条款，从人力资源风险的角度写了调查报告。

关于张三辞职及公司要求张三向孙七追索损失的问题，人力资源部在充分了解事情经过后，查阅相关的法律、法规和司法解释，提出如下建议。

1. 关于张三辞职的问题

张三入职至辞职，公司一直未与其签订劳动合同，且公司与张三的工资未结清。根据我国相关法律规定，单位不与劳动者签订劳动合同的，从用工之日起一个月后，单位应向劳动者支付双倍的工资；满一年仍未签订劳动合同的，视为单位与劳动者签订了无固定期限劳动合同；劳动者因单位不与劳动者签订劳动合同或单位拖欠劳动者工资申请辞职的，单位须向劳动者支付解除劳动关系的经济补偿金。**如果张三申请劳动仲裁，公司将有可能面临向张三支付双倍工资和经济补偿金的风险。**

2. 关于公司和孙七是何法律关系的问题

孙七实际上是为我司提供居间服务的人，双方之间形成居间合同法律关系，但由于我司将居间服务的佣金以工资的形式支付给孙七，使得居间合同法律关系可能被认定为劳动关系，则有产生劳动争议的风险(虽然我司法务不提供服务了，幸而77结识律师，听过居间服务这个词。查证后，用了个挺专业的词，所以，结识律师朋友很重要)。

3. 关于我司要求张三向孙七追回相关款项的问题

虽然孙七参与我司项目是由张三介绍的，但我司是把相关款项直接支付给了孙七，由孙七为我司介绍项目。无论我司和孙七之间是劳动关系还是居间关系，由此产生的责任和义务主要应由孙七承担。由于我司未与张三签订劳动合同，也无相关公司规章制度规定，在此种情况下，张三在此事件中的责任有多大，是不明确的。我司要求张三追回相关款项后再结清其工资，事实依据和法律依据不充分。

4. 建议

(1) 我司可以向张三发出书面通知，告知张三，公司承诺向其支付还未结清的工资，但要求张三配合公司向孙七追回相关款项。

(2) 我司可以向孙七发出书面函件，要求孙七退回公司向其支付的款项，并说明利害关系。

(3) 我司应尽快完善公司的人事管理制度。①对还未签订劳动合同的劳动者，应当尽早签订书面的劳动合同；②制定公司管理制度，明确劳动者的权利义务。制定管理制度时，应当经职工代表大会或者全体职工讨论，提出方案和意见，与工会或者职工代表平等协商确定，并将制定的管理制度告知劳动者。

(4) 我司在日后遇到此类事件，应与他人签订书面的居间合同，明确双方权利义务，避免发生此类争议。

以上意见仅供参考！

CEO看完我的报告，非常恼火，这不是他要的，但此刻，公司的法务已经罢工不干了，除了我，他没人可以咨询。公司法务顾问是由某股东的另一家律师事务所负责的，而且一直义务服务。股东一直在提：给一点费用，他的公司也不容易，但好像一直没给。

看着CEO默默不语，我只好说："那我还是找下××股东，让他安排律师看看？"CEO点头。律师回复意见后，我将律师邮件转给CEO，他默默地回复：按此拟一份人事通告。

通告：

经与张三本人及××项目小组成员李四、王五、赵六调查核实，张三在此项目中存在的问题：

(1) 违反商业规则，鼓动技术人员脱离公司，单独操作××项目。

(2) 没有对项目接洽人孙七做出职业化的、准确的、客观的判断，从而影响了公司的判断。

(3) 在项目筹划关键期没有及时向以执行总裁为代表的公司成员汇报中间人及项目进度的实际动向，没有站在公司立场处理双方关系。

(4) 张三在项目执行中，不服从公司安排，存在个人主义，不以大局为重，公司已将此事移交律师处理。

(5) 张三也认识到自己的问题，表示会积极配合公司追究接洽人的责任，为公司挽回损失。

(6) 望全体员工以此事为戒，凡事站在公司立场、职位立场，职业化地思考问题，做到先申报，再执行；先服从，再申诉。

故事到这里好像结束了，在此故事中，子公司领导有很多责任，而CEO也有疏于管理的责任，导致子公司一直没签劳动合同的现状存在。而我，在通告中，压根没提到怎么处理孙七，因为我想处理也找不到人了，提到了，别人回头说是我们公司员工，要双倍工资更麻烦。

调查中张三说的是，不是孙七策反，是CEO压根不接见孙七，孙七实在想做成这个项目，才和其他人商量自己接下来。项目组其他成员李四、王五、赵六也各有各的话说，这实在是个扯皮的连律师都不愿接的活。通告中严肃批评了张三，给CEO挽回了面子，通告中所说的“移交律师处理”，也仅仅是为了警示有策反心的员工，如果有的话。

4.3.3 爱他，就给他所想

早上9点10分，刚进入工作状态，就接到博士的电话，看见他的号码，77不禁皱眉，他可是无事绝不打电话闲聊的高效人士，看来博士总经理的公司又有要紧事了。

博士说，他们是一家互联网公司，但除了在互联网中心办公，就看不出来是家互联网公司，希望集团能给予支持，让他们看起来像互联网公司。你看，博士的言辞就是这么简单、不修饰。

周末，博士去北京出差了，观摩了同行及不同行公司，比如芭莎。据说，芭莎前台有8个之多，都是拥有1.1米长腿的妹子，博士受刺激了。

77给博士的建议是：

(1) 公司是创业型公司，没客户，没接待事项，8个前台不合适，但还是可以给一个前台编制，美女养眼，能缓解办公室气氛，算员工福利。(实际情况是：博士一直要求招项目助理或秘书，公司就没这个编制，但30人的公司，没一个女人，阴阳确实不调和。)

(2) 建议工作时间改为弹性工时，早上不用打卡，革命靠自觉。加班不用申请，也不核算加班费了，算细账太麻烦，我们每个月每人都给加班餐贴。(实际情况是：博士的公司加班严重，我付不起加班费，也核算不了是因为额外工作而加班，还是工作时间内低效。)

(3) 增加文化墙，增加宣传框，请员工自己设计，按自己的喜好来，愿意墙上都是美女，我不反对，从氛围上改进员工福利。顺便增加绿色植物，并把某董事办公室闲置的乒乓球台拨给博士公司。(实际情况是：我没有多余的员工活动经费了，文化墙、绿色植物属于一次性花费，且小于一次员工活动的费用，但可维持很久很久。)

(4) 允许员工带宠物上班，原则上是没有攻击性的宠物，比如金鱼、小猫喵、小型狗狗。再比如博士养的鳄鱼，就算了。(实际情况是：博士经常带鳄鱼上班，因为家里没人照顾，鳄鱼比较凶残，董事们觉得不旺财，让我规劝他。)

(5) 今天是网络情人节，我们放半天假怎么样？为单身员工“脱光”做点该做的事。分公司放半天假的权限我还是有的。(实际情况是：博士公司员工已经连续加班半个月，这半天假是他们应得的。)

(6) 我认识医院的人事，准备联手做联谊会，帮助我们的“程序猿”认识他们的制服妹妹，这事还要您多提建议。

77说话一般只说三个要点，这次给了他双倍福利，博士满意了，着手给他的宠物搬家并策划他的情人节节目去了。

员工福利是什么呢？我的理解最简单，在钱不能到位的情况下，让员工心情舒畅，是最好的福利。爱他，就给他所想。

4.4 冬至(HR的情怀)

快冬至了，儿子说冬至用英文说叫Winter Solstice，听不懂啦，不要跟我拽英文。儿子又说，冬至在历史上是周代的新年，曾经是个很热闹的日子。不要跟我说历史啦，也听不懂啊。儿子又说，冬至要吃饺子、羊肉，你做给我吃。我说，你做给我吃。我俩都不会，这一点我们倒是一样的。“走，带你去我外婆家吃。”儿子催我换衣服。

4.4.1 冬至将至

孩子长大了，该他领着我混吃混喝了。

有时候也幻想，以后的他会领回家什么样的姑娘？为了不失体面，从他上初中起，我就开始攒小金子，等姑娘上门，给个小手链、小项链做见面礼，也不贵。

待他上高中，他阻止我囤金子了，说我攒的足够当见面礼，他并不会带回那么多姑娘，说我买的金子并不纯，我只是被广告骗了。

他长大了，该为我出谋划策了。

但我还是爱金子，更爱一个金子般的姑娘，可惜冯金子等不了我儿子长大。

冯金子也是HR，她对我的每一篇文章都给予不一样的评价，后来知道，她是做企业咨询的，看出问题，是她的专业。

在HR的专业领域中，我也是个攒金子狂人(对啦，对啦，我除了至今还是本本控，曾经还是资料控)，我重复做着收集资料、分类、存U盘、买U盘、删除过时资料的动作。

有一天，我发现，我就跟买金首饰一样，囤了太多不纯的，也不知道

将来能不能用上的资料。等儿子领姑娘上门那天，首饰的样式一定过时了，如果纯，还能熔成新式样，可惜光有花架子，都是14K金，想熔也熔不了。

想通了，我不存资料了，遇到问题，能做新的就做新的，尽量不参考任何资料，这样反而让我变厉害了。

即使我变厉害，冬至将至，我老了，他们在长大，菜鸟也在慢慢变专家，我能做的，就是承认自己不会的、不懂的，和他们一起长大。

冯金子对我说："77，我怎么觉得你说的培训法，跟企业诊断一样呢？经过一系列资料研读、访谈调研、问卷调查、座谈会、实地考察、问题收集梳理、原因分析，提出解决方案和建议，落地执行。"

你看，这就是年轻人机灵的地方，解决问题的方式原本就是相通的，用在培训上，用在企业问题诊断上，甚至用在个人婚姻诊断上，都无不妥。看起来，这样的诊断方式非常理性，实际运用中，咨询师作判断的时候又何尝不是理性工具结合个人直觉呢？直觉，是智慧和经验的外在反映，我从来不相信直觉是不理性的，它是过往读过的书、看过的人、处理过的案例等在潜意识里的沉淀。要相信直觉，但前提是，你有积淀。

当我们谈着爱与不爱的问题，幻想是林黛玉爱着贾宝玉时，我们同样可以用上面的方式。

是啦，我还可以长大，我等着冯金子对我说："走，我带你去混世界。"到年轻人的世界，我的冬至未至，尚是夏天：玉簪小满布庭前，花香一片。

4.4.2 青春二三事

未到老年，提前开启回忆模式。因为好多看书的朋友毕业没多久，一如当年的我。我们都有过知道努力不一定成功，但不努力一定很轻松，偏偏又不甘心轻松，浑浑噩噩，不知所终的经历。

你们都知道马云、李开复，但不一定知道吴士宏。我的第一份工作在国企，呆了半年，跑路了。皆因看了她的《逆风飞扬》：从IBM的接待员做到中国区总经理，让我也萌发了去外企风光下的决心。

最终倒是如愿了，几千人选十人，真的是百里挑一。第一次开支票不会，偷偷给同学打电话求助，那还是BP机时代，“请输入密码8845，收听留言”，一直记得同学为戏弄我设的这个密码。

年轻时的我，永远是10个人中考核排名第一的，能做好的，我做到极致，不遗余力。别人要加班加点，可我在早上10点前就能完成一天的工作。工作上手后，闲暇时光就多起来了，如何提升自己，成了难题。那就在工作中学吧，但工作内容就这么多。最后盯上公司的人事了，倒不是觊觎这个位子，皆因“没有恶意的不服气”。不服气人事部(那个时代，没有人力资源的说法)招到的人，不服气人事部做的工资表，不服气组织的培训，于是没事就自己琢磨，如果是我，我怎么做？

第一，电脑操作要棒棒的，不要出现虽用电脑做工资，其实是人脑算的情况；第二，我对岗位要求要揣摩得透透的，且知道哪里去找需要的人；第三，我的培训要做到员工爱参加且觉得有用。当时想得就这么简单，加之我遇上一个极懒的上司，把能甩给我的活都甩给我。于是我学会到政府机关办事，逢人叫“科长”，我能见到的只能是科员，但叫科长，他们可开心了。我学会找客户催款，先递烟，问婚否，要不要介绍同学给他认识。学会做应该由领导做的经营报表，学会看懂经营报表，学会理解业务，学会寻找竞争对手在哪里。然后，我的老大升到更高职位，我坐了他的位置，当时入职才一年。

所以，妹妹们如果问我，工作才1～2年，要怎么在工作中提升自己。我的回答是：找榜样，做到榜样那样；找不到榜样，找对手，做到比对手更好；如果身边榜样、对手都找不到，做周伯通，左手打右手。

是的，我是业务出身的HR，对此我永远心存感激。我懂业务老大在销量上不去时，你跟他说员工培训，他挥挥手的寓意。所以，当你对左手打右手也感到腻了时，不妨参与到业务运营中去。试着做一份月度或年度的业绩简报，看你做的和销售做的，有什么不同，他关注哪些数据，你又看到哪些。到一线去干两天活，你会知道，哪些流程是可以优化的，哪些是考核重点。

在我23岁时坐到了业务线经理的位置，有次半夜1点接到员工电话，说店面停电了，发动机又启动不了。15分钟后，总经理打我电话，我说：

“是，我已经在店里了，发动机正在发电。我查看了发动机检查记录，我们都按公司规定定期检查试运行过，刚才停电时，员工操作也无误，我判断是天气太冷，发动机预热多花了时间。”

总经理在后来的会议上，举了我这个例子：“她是经理，但她比安全员更会用发动机。她比公司指挥中心后接到电话，但她先到现场。她很年轻，但她很冷静。”

人在摆脱温饱的困扰后，便开始寻找自我的证明。青春时，我不断地在证明自己，蓦然回首，原来早已不用证明。

4.4.3 有所坚持

大多数的周六，因为各种原因，家里只剩我一个人。通常这个时候，我都会因为各种不知所谓的电视节目，哭得稀里哗啦。我戏称：找个没有人的时间、空间好好哭一场排毒。

群里一个妹子丹丹说：“姐姐一定要出书哦，对社会做出贡献。”很抱歉，都没好好地和这个妹子聊过几句，承蒙她这么看得起我。本想用这个高尚的理由去激励自己写文章，转念，任何有目的的写作，一定是变味的，即使是高尚的目的。

我手写我心，想写的一定不是为了什么而写的，一定是真的想了。

这个周六，哭了三场，一场为《势不可挡》的拾荒歌手，他讲故事时还没哭，等他一开腔就泪如雨下了，因为他的声音是平凡而纯净的，正是这份平凡和纯净让我觉得：他活得不错。

有所坚持的人，应该都活得不错，不论他坚持的是什么，也许就是爱唱歌，也许就是写个字，也许就是跑个步，也许坚持他想坚持的某个信念。

我也是个有所坚持的人，这是朋友说的。我坚持按自己的方式为人处事。我坚信，人之所以为人，是因为其高贵的头颅始终扬起；我坚信，不虚伪，一定会为你带来更好的人生；我坚信，爱比恨更有力量；我坚信，有能力永远比厚黑有前途。我坚持的很多，我一一践行，于是我是满足和快乐的。

一个朋友离职，跟我说，旧领导说他抗压能力不强，是这样吗？电话一直断断续续，这一句，他听清了。我说：“你的个人价值体系建立在自己对自己的认知上，没有人天性犯贱没事去找压，明明有无须抗压的好去处，死磕着在旧主子那儿抗压，是几个意思？即使需要抗压，也要去抗个有意思的。别人的评判永远没你自己对自己的评判来得更有意义，即使别人是对的，但权重丝毫抵不上你对自己评判的权重。”

这段话说得有点文言化了，简单地说，就是老子的事，老子说了算，关你屁事。你善意，我听听；你恶意，我听不见。

第二场哭，哭得有点莫名其妙，因为蔡康永说不做康熙了，突然想到蔡康永的好朋友侯文咏了，能有这个联想力我也是佩服自己。因为他的标签是畅销作家，所以不屑，也不看，我是被自己蠢哭了。

侯文咏是医学博士，36岁时弃医从文。我想，他心里一定有个一直坚持的东西。不一定每个人都要弃什么从什么，放弃某个专业去到另一个领域。但保持那份坚持，我们都可以做到。又如拾荒歌手，他主业就是拾荒，爱好唱歌，一定让他做歌手，勉为其难了，反而不快乐了。再比如大宝，我的一个朋友，主业打卡，副业打球，一定要让他成为专业选手，他因训练量过大，受伤了。

第三场哭，看《夏洛特烦恼》，有那么多好的、不好的记忆沉甸甸地压在每个人的心里，放不下。即使每个人都明白，往事不堪回味，时光不能倒流，还是忍不住追忆。即使我是个忘性极好的人，看任何和青春有关的电影，烂剧好剧都会流泪，青春是一道印记，想忘都忘不了。

哭完了，嗯，爽了，带着青春的纪念继续前行。

4.4.4 正能量姐

一不留神，姐成了正能量姐。我一贯是负能量代言人呐！这逆袭的，把自己都惊到了。

最爱说“但是”的是我，任何话题，我都会接“可但是呢……”

凡事我要预见最坏的可能，这点雪妹妹应该见识过；凡事我都要思考其他方面，除了“可但是呢……”，我还爱说“换个角度想呢……”

用褒义词评价，我就是一个有评判思维的人；用非褒义词评价，那我就是一个充满负能量的人吧，总是那么忧心忡忡。

新项目，大家摩拳擦掌、磨刀霍霍时，我会拖住大家："请各位冷静，我们再想想，如果开始实施，我们还需要做哪些准备工作？如果开始实施，可能会出现的问题是什么？如果开始实施，我们还需要什么资源？"

提案的同事往往不耐烦："亲，照你这么一冷静，咱们什么事都开始不了。"

这个时候，我通常又会说："再讨论十分钟，如果对这三个问题，都没有什么可完善的，咱们开始，我全力支持。"

于是，我有一诨名"但是姐"。

"但是姐"现在成了"正能量姐"，我也不清楚原因。我去问朋友A，他说："大概是因为你直述了人力资源管理中的重点、难度、吐血点，但你不逃避，你直面现状，给予解决方案，且都不是什么高大上的方案，任凭谁，拿来都能用。"

朋友B说："大概是因为你行文不争强好胜，以柔克刚，不强势，不讨人嫌，看得人觉得如沐春风了，也就觉得你正能量了。"

朋友C说："你遇到的问题，是很多人都会遇到的问题，你不哭不闹不上吊，冷静面对，你不迎合领导，只选择做你认为对的事，这是正能量吧。"

我又问："但我有很多的负面担心啊，我说了那么多真话，戳破了很多美丽的泡泡，我反鸡汤，可现在，好像我成了鸡汤。"

"错！"朋友C说，"你不是鸡汤，你是鸡精，你一点营养都没有，你只起到调味的作用，你给人力资源这个专业，换了个味道。"

原来我连鸡汤都不是，我只是个调味品，还是健康人生不太需要的调味品！

朋友B说："你连鸡精都不是啊，大姐，你是个JOKE，你从来都是负能量！你不随大流，你坚持己见，你非要选择艰难的人生，不选择舒服的康庄大道，因为大道上没笑话，你的羊肠小道上故事更多，你爱体验更胜过爱结果。"

朋友A微笑摇头，他是最负能量的，更甚于我。我是提出有可能存在的危险，但我仍会冒险而为，她是绝对不为，有没有危险都不为，简称奇懒无比。

他说："B、C，你们怎么能这样说我们的77呢，她不是鸡汤，不是鸡精，不是JOKE，她仅仅不是资本主义的猪。"

77，大家说你正能量，只是因为你的坚持，你的坚韧；你善良，也就是傻，但你认可你的傻；你不讨好谁，但你认可你的不讨好风格；你不是技术控，但你认可你不是技术控，同时技术居然不赖。总而言之，你也就是自我认可吧，于是就成了正能量姐。

原来如此！

4.5 小寒(不得不说的管理遗憾)

"绿蚁新醅酒，红泥小火炉。晚来天欲雪，能饮一杯无？"(白居易)

冰天雪地的都市深处，总还是有一杯酒的温暖。

4.5.1 HRD的淡淡忧伤

我在某世界500强企业供职时，一直很强势，也比较硬，英派百年企业，从业人员都直来直往，我的做派在其中如鱼得水，无不妥，且效率奇高，以为这就是自己的管理风格了。不幸的是，三年后外资撤资，后到某港资上市公司，对管理风格的质疑，是从一次辞退员工事件开始的。

港资公司的员工培训工作做得不错，各种培训、演练、员工手册签收等方式，让员工发自内心地认可并遵守制度。某次一个美女当众顶撞了A厂厂长，厂长投诉到我这里，必须开除这位美女，让我去找员工交涉。

听厂长投诉时，我的第一反应是在脑海中搜索条款，员工行为确实符合开除条件，按员工对制度的接受度，对开除这个处理不会抵触，我想，美女也在做我找她谈话的准备。

记得那年是南方历史上最冷的一个冬天，室外遇水成冰，我向车间走去，走得急了，什么装备都没有，搓着手赶路，走着走着，就想到第一天见到这个美女员工时的场景：美女学历不高，应聘的是初级工人，因为长得

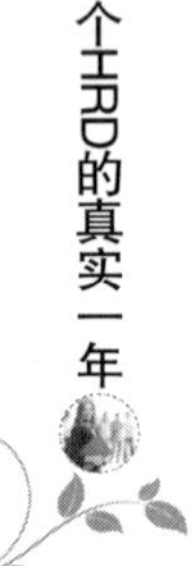

太美，是否录用她，我和业务部门还有争议，我觉得她的稳定性、求职动机都不明确，不建议用，业务部门觉得美人悦目，先用着，就这么录用了她。

而她出乎我意料地坚持了两年。后来从别人口中听说，她16岁生女，孩子的父亲家暴，她带着孩子跟父母住，到我们公司时，女儿已经十多岁。

辞退她对于我而言很容易，但对她的人生会不会有影响呢？我迟疑了，决定跟总经理申请重议。一直以来，我是个以条条框框著称的理性职业人，但不知此时为一件明明容易处理的事去找总经理是否妥当，第一，会不会让总经理怀疑我处理员工纠纷的能力；第二，会不会让厂长觉得我偏袒员工，让我与厂长之间有嫌隙；第三，其他员工会不会效仿，增加以后处理员工关系的难度？想到这些，我又觉得，这个人必须辞退。

那天，就这么来回走了两趟，一个多小时，手都冻肿了。最后我还是决定先放放，明天再说。明天再说，这个词在我职业生涯中第一次出现，没想到的是，此后“明天再说”变成我的奇招。

故事的大结局：第二天上午，我没有直接找员工谈，找了其他在场员工了解事情经过，结果收到一堆抱怨：厂长独断专行，分配工作不合理，亲疏有别等。当天下午，厂长又来我办公室“串门”，主动跟我商量该员工已经跟他赔礼道歉，他希望从轻处理。

我不知道，厂长突然的变化，是被美女的道歉打动，还是因为我上午找其他员工了解情况，让他反思。总之，厂长提出新的需求，我就按新的需求考量，最终美女被罚了近半个月工资，我想这个教训也足够对本人和其他人起警示作用。

事后，我反思自己：

(1) 一贯以为手握制度就是法官，其实我不是。法官判案还会酌情量刑，从轻或从严，不是考虑员工有多坏或家境有多难，而是后果的恶劣程度。

(2) 在一段时间内，我没有就背后的故事找另外一个主角——那个厂长，或向上反映，而是给了时间让他自己去反思，被人点破总是不爽的，说不好还恼羞成怒，一定让我去辞退人。我去了负了我的心，我不去拂了他的意，以后和他的配合就会增加阻力。

(3) 我们总说“秉章办事”，仔细阅读那个“章”，其实是有档可靠的，是靠严档还是靠松档，要凭经验、凭路况、凭心中的那杆秤。

(4) 凡事我都很急，但有的事可以不急，并不是推诿或不负责任，而是让事情自己发展，不要在矛盾撞击最强烈的时候介入，那并不是最好的时机。

此后，我处理过大大小小、远远近近的员工纠纷，大到1700人在半个月内要清退，远到没有高铁的时代，坐48小时火车前去处理。我收到过威胁，从来不惧，不惧之一：我是好人，我会长命；不惧之二：好人不会威胁我，对不那么好的人，惧不起任何作用。

我觉得，我们每个人，尤其是手中有一点点权力的人，没有任何理由去伤害另一个人，或牺牲别人的利益。如果不得不做出辞退员工的事，也要告诉他：当分手已成定局的时候，平静告别，这是最正确的处理方式。我和你们一样，有过同样的经历，相信我，分手，是为了更好的开始。

4.5.2 过眼云烟

业界故事：面试官问求职者为什么从上一家公司离职，求职者很委屈地说：我请了三天假，公司搬家了，没有告诉我新地址……

犹如我们的人生，有太多的抛弃与被抛弃，告知与不告知，我们一直在路上，不知道下一个红灯什么时候亮起，抑或与下一个峰回路转的绿灯在何处相逢。不确定，是人生主题，也是HR的大课题。

A公司与B公司一直是竞争对手，在中国占山头也很严重，我所在的A公司同事陆续接到猎头电话，是B公司挖角的。问我为什么知道这个事？因为我是猎头第一个挖的，挖了我，就挖到一个人员测评库了。我婉拒，不是不稀罕高50%的报酬，只是因为懒得动，但马上要面对的就是挖角战。我跟总部汇报了，应对方案提交了，但邮件一去杳无音讯，此举不寻常，通常方案被驳回是要被骂个狗血淋头的，这次没被骂是不正常的。A公司在中国的发展并不顺利，一年多无任何市场大动作，和我一样懒的人并不是大多数，于是各路神仙均前后去了B公司。我头疼欲裂，总部的老大们仍旧按兵不动，令我都隐隐动心，准备找当初找我的小猎了。

就在这时，来了个晴天霹雳，A公司国外的总部收购了B公司国外的总部，于是，中国区两家公司合并，当初跳去B公司的同事无比尴尬。合并后，A公司是主导方，好位置全没了。我这样的懒人，平白捡了个便宜，如

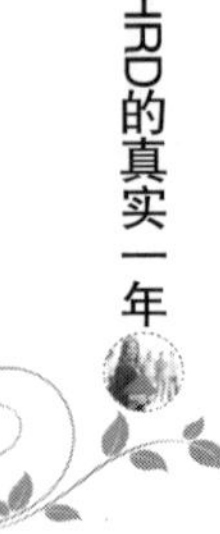

果不是总部有这个大举措，按照之前被挖人频率，过不了多久，我也该落个“工作不得力，于是公司搬家了，没有告诉我新地址”的下场了。

一年后，A公司在中国撑不下去，草草收场，不论是当年跳去B公司的人，还是如我一般坚持的人，结局都一样。

中国人喜欢讲格局，郭台铭说过：格局决定布局，布局决定结局。你的格局如果只是一个杯子，你的人生就只能装一杯清水；如果你的格局是个池子，就能装一池春江水。但悲哀的是，我们有个大格局，却做不了布局的人；我们像猪一样懒，却无法像只猪一样，懒得心安理得。

离开A公司后的好几年，我每个月有一半的时间在出差，渐渐迷上了在路上的生活。轰隆声中，起点远去，终点未来，可以暂时离开常规的生活，彻底投入不确定的生活中。

公司为了促进和谐，每次会议安排不同区域、部门的人住一起，熟悉的人仍会偷偷换好房间，我从不和熟人约好入住，我开始喜欢上不确定性。因为行程的缘故，大多数时候，我会在半夜到达公司预订好的酒店。同房间的人早已睡去，等我醒来，她亦离开。所以，大多数时候，我不知道昨晚和谁睡在一起。

同事在公司群里给我备注：“她就是那个和你睡的人，但，她不记得你的样子。”在玩笑中，我继续换着不同的房间，和不同的人睡，我仍不记得她们的样子。

如果你要问我怎么面对不确定性这个问题，很抱歉，我无法回答，就像我无法建议明天该不该穿秋裤一样，这要看天气还要看个人体质。你可以跟我学，但不要学我，你有自己的战斗模式。不论哪个行当，技术都是可以去摸索的，唯独为什么做以及用什么心情做是点金的巫术。

4.5.3　奇葩说之欠薪

经历过一家很奇葩的公司，我不确定当时我的角色是反派还是一个好人。

周例会，大区总经理布置工作，谈到和某个甲方谈判或按某个甲方要求写项目报告时，突然停下话语，深深叹口气，然后问：“现在××也不在了，一方面7总去催催总部什么时候派人来，另一方面现在这些事必须做，且很紧迫，张总，要不你试试？”被点名的张总，含蓄地推辞：“这个我不擅长啊，我手上的事真的很多。”张总、李总、王总一个个被点名一个个婉拒后，大区总经理的脸色明显不好看了：“那你们说，这个事谁去办？”

大伙一致看向我，我则大脑一片空白。当年的7总只是个大区人事经理，大场面见得不多，只负责招聘、培训和薪酬，制度建设和组织设计等权限都在总部人力中心，领导称谓7总，是戏言。

大区总经理口中的“不在了的”某总，是曾经的运营总监，现在在江湖中也算风云人物。该同学学历不高，过去的经历也不闪耀，但面试中表现出的敬业和创新，深得大区总经理和我的心，还是决定录用他。

其实他的离开是要怪我的，按硬件条件给他定薪定太低，工作起来却发现草莽出英雄，是个人物。我也多次列举各类业绩数据提调薪，但到总部屡屡遭拒，心灰意冷后，该同学愤然出走。总部给我的指令是，这个岗位很重要，要求也很高，总部会马上安排合适人选，无须我招聘了。但这个“马上”，估计一直在找“马”，一直上不了“马”。

我也算奇葩，觉得缺人就是我没把人弄到位，大区总经理有难，我只能救驾。各项目经理都是我招的，我和他们沟通无障碍，大约有三四个月，我白天跑各项目点，和项目经理碰头，安排协调；晚上才做回人事经理，审核工资，做培训课件，给总部写邮件。

再后来，车辆调度也来找我了，因为我说话和气，司机大哥都买我的账；供应商扯皮也找我了，因为我不怕“面霸”“粉霸”；甚至定价也是我的活了，因为我算账算得精准。我默默无闻、不计报酬，把运营总监的活干了好几个月。

再再后来，成了惯例，哪个高级点的职位空缺了，大区总经理不再一个个问，直接笑眯眯地安排我暂时顶上。也苦了我仅有的三个部门同事，除了管理近两千名员工的人事类工作，还要干业务的活，时不时地让他们根据我列的大纲出项目方案或者千方百计寻找一个业内数据，他们居然也没跳出来骂我独裁、专制。

再再再以后，我的部门成了项目经理培育营，走出了三个项目经理和项目主管，我想，这对从基层走出来的人事主管和助理来说也许是更好的出路。

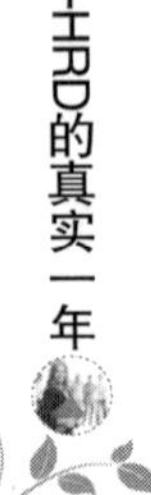

在这家奇葩公司呆了四五年，突然有一天发现自己的思维变了，做人事决策时，经常有豁然开朗的感觉，也懂得用业务的语言与他们讲人事的话。工作效率也就这么练出来了，思维能够切换自如。所以说，时间去哪儿了，总会表现出来。

时过经年，某天，总经理也跑了，但我还没跑，我怕我跑了没人给员工催发工资。最后一个月发遣散工资是在派出所发的，是我的歪主意，我怕员工闹事，派出所也怕辖区出事。员工们一手领钱一手签离职书，这活干得让上面叫好，但自己内心苦涩。

至今，我还不能确定当时的我是反派还是一个好人。

你们正经历的，是我曾经经历的。也许，面对困难，我们会成长得更快。非正常时段，莫名其妙出现的事件，让我们学会使用非常规的解决方法，危机也是一种机会。

4.5.4 你可以保持缄默

注意：本文不涉及任何律师，下面只是说个故事，如有用词不专业的地方请指正。

10年前，发生了一场仲裁案，我是被申请人的委托代理人代表，申请人是我的HRD。

我在那家公司任劳任怨地做了四五年，总部没升我，给我派了个领导来，我心态倒挺好，第一，领导出自名门，我想看看能不能跟他学到什么；第二，领导来了，频频去总部汇报工作的就是他了，我不用出差了。没想到，还没轻松三个月，领导去申请仲裁了，原因是拖欠离职工资。他书面申请离职，迟迟没人理他，他一怒，就去仲裁了。专业人士就是不一样，资料齐全，劳动争议仲裁委员会迅速受理了。于是我收到了仲裁申请书，总部说，不需答辩书，直接去开庭。

我人生中的第一场仲裁案就这么开始了。总部的法务邮件要求我准备了很多资料，要求写清楚我所知道的事情经过，然后就给我回复两个词：Dear，OK。

开庭头一天，法务抵达，约下班后酒店见。到了酒店大堂，我机智地打电话给他：“我在酒店咖啡吧点好咖啡等您。”我不敢单独去房间，胆子小。显然我的担心是多余的，法务是个年纪相仿的男士，说话甚至有点结巴，他都没多看我一眼，拿了资料就走了，我白担心了。

第二天开庭，HRD本人未到场，委托他夫人来的，估计他认为这个官司在他的职业生涯中极其简单，绝对完胜。

结果法务的第一句话就吓到我了：“申请人提供的离职申请不符合公司制度要求，在我司未受理的情况下，属于擅自不到岗，按制度做旷工处理，并由公司提出解除劳动合同。”按法务男的算法，不但不给发工资了，似乎HRD还欠公司钱。

离职申请为什么不符合公司制度呢？法务拿出一堆文件，都是我没见过的。我想HRD可以说未签收过该文件，或质疑这些文件是否在职代会上通过，可惜他夫人不懂，没提出任何异议。

法务男说的第二句话，又把我惊呆了，颠覆了我的人生观、价值观。他说：“申请人的出差申请单都是传真件，不是原件，批准人也非公司授权范围内的领导，所以，公司不认可他的出差，相关差旅费公司可以不予报销。”

这些出差，我也经历过，常常是快下班接到出差的电话，要次日八点半前到总部。于是我经常赶晚班飞机，偏偏去总部的航站楼在最后一个，那一路20分钟的小跑，到今天想起都觉得脚酸。明明出差是事实，但法务男就是可以说：没有证据就不是事实。法律的世界是讲求证据的世界，枉我电影看得再多，不如这一次洗礼来得震撼。

但这不是全部，仲裁快结束，我已经被法务男的发言说服了。但法务男却对仲裁员说：“我们愿意协商。”原来刚才那一幕都是用来打压申请人气势的。

我一直自诩谈判高手，现在知道原来律师才是最厉害的。我们的法务男，虽然用的方式不够阳光，说话还不流畅，但掌控了主导权和整个谈判的节奏。

从此，我的世界里多了保留证据这个概念。新人入职，我一定让他在所有制度上签字；考勤表、工资表我一定会让员工确认；离职证明我一定会保留一联；领导签批过的任何纸张，我一定保留原件，且备份。很多以

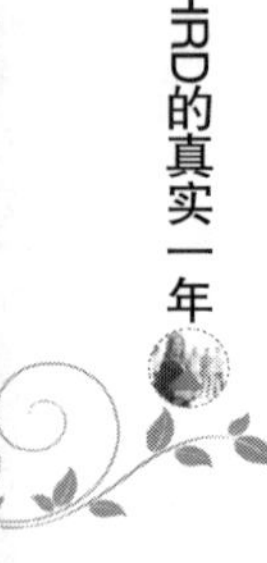

前我觉得麻烦而无意义的事，万一再来个仲裁案，就有意义了。

以后，我又经历了总经理是申请人的仲裁案，不仅经历了仲裁，还经历了一审二审。再也没有机会和法务男在酒店相约了，公司拖欠他的工资，他也离职了。

在各种证据中，在一次次的劳动争议中，我反而更清晰：什么是真，什么是假。

你知道的并不是你知道的。

4.6 大寒(高管的管理)

张飞曰：天寒地冻，尚不用兵，岂宜远见无益之人乎！不如回新野以避风雪。(引自《三国演义》)

张飞都知道大寒时节不要有大动作，可我们的综合部总监庄小姐就是要和我开火。

4.6.1 年终奖的故事

从事HR工作以来，算过不下十年的年终奖金了。经历过算法非常简洁的公司，按部门比例硬性排序后，发放2倍、1.5倍、1倍月薪；也经历过更简洁的公司，没有年终奖金。发房子发车发一个亿的故事，只在新闻里见过，抱歉，本人至今未亲身经历。

现在这家公司的游戏规则是，销售人员按提成及回款发年终奖，这个规则简单，表格以及公式决定了数字，多数业务人员根据每月业绩能推算出年终奖金，虽然没有惊喜，但也有规有矩。非业务人员的年终奖金则按职务高低给予，职务越高，奖金越多，真是尊卑有序。

老板没提过要改规则，中途改规则，这事也不地道，于是我也不提，按老规矩算出一稿，请老板过目。老板没说话，不说OK，也不说不OK。

年关将至，需频频开各种会。会上，老板各种骂综合部总监。综合部总监庄小姐比我资格老得多，平日虽不和气，但也不算趾高气扬的人，最多算德高望重，让人仰视吧。庄小姐掌管对外接待、媒体报道、办公室装修以及秘书部，和我算井水不犯河水。本人惧怕热衷各种八卦的秘书们，都是人精，多说一句被他们听到，就会有各种谣言传到老板耳朵里。我也经常暗示部门的小祖宗们：秘书，那都是可远观不可亵玩的，别因为人家职级低就小觑，都是有大来头的，不然老板干吗每个部门派驻一个秘书？别看他们做着整理合同、票据、档案的活，其实都是老板派驻的"政委"呢。

幸好我们部门的小祖宗们，调皮是调皮点，人缘还是不错的，和秘书们处得不错，平时找各部门要资料倒也顺畅无阻。

但其他部门总监和秘书们的关系则没那么融洽，销售总监周总和他的秘书Ada势同水火。首先，周总不满秘书总爆他不在岗的料，他时不时地见个大客户难道还要向自己的秘书汇报？其次，周总不满Ada递文件不分轻重缓急，和她关系好的大区经理的文件优先递进去，关系不好的，故意压压也是常有的事。

周总来公司半年，是从行业内大公司挖来的，对，是我挖来的，我对公司最大的贡献就是挖了一两个猛将。挖周总的过程很艰辛，倒也和他建立了友情。周总不止一次跟我诉苦：没见过秘书比正牌领导还牛的，这是老板不信任他。我苦口婆心解释：老板国企出身，经营企业20年，一直设立秘书处。最初是因为企业扩张，新人多，派个熟悉公司情况的秘书去协助新人更快适应公司流程。后来更是因为扩张太快，流水的职业经理人，每走一个头目，部门都要伤半年，有个啥情况都知晓的秘书在，不至于伤太久。我能理解老板的想法，虽然用制度、流程管理比用人管理科学，但制度、流程不也是需要人来协调吗？这些秘书们，就是各关节的润滑剂吧。

周总接受了我的观点，或者说，他既来之则安之，几千人的公司，几十年的规矩，说改就改是不现实的，不如接受。

但某次Ada将份急件搞丢。老板兴致勃勃挺进西部，周总打头阵，出差在外，谈定渠道商，顺便谈定当地负责人。准备招募的西部大区经理也是业内人士，职级、薪资在我和周总能批示的范围，但我还是速给老板过目，周总入职不久，老板背个书还是妥当些。老板没意见，我也就安排发Offer了。

在入职资料递给我们部门的同时，与渠道商签订的合同案也递给了

Ada，西部大区经理顺利办理异地入职手续后，我给HRBP致电时，顺便让她帮问问渠道商签订的合同案进展如何。HRBP张大帅是公司老人，因为熟悉公司情况，让他承接HRBP经理一职，负责异地公司人力资源相关事务。BP张大帅一个内线电话知会Ada有新人入职一事，顺便邮件转发大区经理联系方式，也让大区经理亲自找Ada追合同案的结果。

大区经理第一次问，Ada说查查；第二次问，Ada还是说查查。大区经理急了，不得不又找到BP张大帅。BP张大帅挺为难的，向我咨询：他出面去追合同案不在职责范围，不搭理大区经理，又显得服务意识不强。老板挺进西部是个大事，在当地能签下渠道商合同，无疑对公司非常有意义，我们人资去过问，也确实不妥。我只好私人给周总打电话，装无意地提到大区经理问过我们合同的事。周总在电话那头，瞬间提高嗓门："合同还没签出来吗？我都以为签了，在和对方谈进场了呀！这Ada，你们进人的事都签出来了，同时给她的，她办到哪一步，也不给我反馈。我去找她！"这事，我办到这里就打住了，算尽到了本分。

大概就为这事，老板亲自换了Ada，不知怎的，顺便责怪庄小姐管理不善。在我看来，也不全怪庄小姐，她管理的事，又多又杂，偶尔疏漏一两件，在所难免，不至于开大会小会来骂，其中一定还有我不知道的故事。管他呢，老板心，海底针，我还是老实干活，不猜其他。

年终奖的一稿递上去两天，该去追问下意见了。老板把高管的那张单独抽出来，问我："77啊，同为总监，庄小姐高你三级，年终奖就比你多了一大截，你怎么看？"

我如实回答："公司一定有公司的规矩，老板一定有老板的考虑，庄小姐年资长，高也是应该的。"

老板微微一笑，继续说："77，记得你面试的时候，关于绩效考核你回答了一句话，深得我心，还记得吗？"

记得，当然记得，进这家公司不过一年有余，往事历历在目。当时刚从外资出来，也不确定自己能不能适应本土企业。老板面试问我关于绩效的问题，我记得我说，绩效应该考核贡献大小，不是考核能力，能力不为公司所用，便不值得奖励，论功行赏，一定比按职位奖励来得科学以及得人心。

我的回答里有自己的观点，老板就看中我这点。

老板又问："那你看看这一年来，这些高管的贡献要怎么评估，怎么论功行赏呢？"我回答："老板，年终奖的规矩早就定了，等到要发钱再改规矩，不妥，不如今年按惯例，来年开年就改规矩，通报大家。"

老板摇摇头，说："77，这一年来，你整顿了人力资源部，让人力资源部从鸡肋部门变成我的好帮手；你挖到几个狠角色，对开拓市场起到关键作用；你梳理了各部门的职责，让公司运转更高效；你改良了组织架构，增加合约部，这对我们企业目前的大规模扩张很重要；你办事稳当，不居功自傲，我喜欢你的品质。但入职面试，你还说过一句话，你记得吗？你说，穷则思变，变则通，不墨守成规，温和改良，才是企业发展的科学之路，我们的改良还不够啊。"

当时，我心想老板啊，您记性也太好了。这面试说的话，您是不是都录下来，没事反复听啊？

被老板这么一说，这一年，我确实没有停歇，扎实做了些事，老板您还不满意吗？

老板微笑着继续说："77，我觉得，人力资源部的步子还可以迈大点，就从年终奖的改革开始。你尽快拟个草案，我们也来个论功行赏。另外，考虑下秘书处的问题。我设立秘书处的原意，是为了组织高效运行，让打仗的将军不为琐事操心，但现在看来，投诉秘书的不止老周，很多部门都对秘书有意见。你建议设立合约部，我看，也是为了逐步取消秘书处吧，现在到时候了。"

我当初建议设立合约部，是觉得秘书审核合约始终不专业，公司规模越来越大，各种合约越来越多，专业事由专业人来做更妥当，三五个编制，就能解决全国合约的审核批示，统一编号，统一签批、存档，追踪执行情况，这比让部门内的秘书去做，更有效度和信度。取消秘书处？老板，我真没想过，我可没你这么有改革精神。

这些话我心里想了想，没敢说，继续和老板就年终奖规则变不变讨价还价，我坚持不要临战变阵，老板坚持要变，老板就是老板，他说了算，我只好快快地回去想方案了。至于秘书处，老板也不松口，一周内，两个方案都要交。

过年在即，年终奖的事，刻不容缓。

4.6.2 暗“贱”伤人

我在办公室和张大帅商议年终奖方案，他是老臣子，猜老板心猜得准。原本这事归薪酬福利部管，但在有眉目之前，暂时不想更多人知道风声。

张大帅听完我的复述，非常开心：“老大，你不觉得这是老板在夸你吗，按老板思路，做出贡献大的，奖金多，我们部门今年可真改观不少啊，光说进人，就进了近五百，是历年的几倍。再说增效，总部编制我们给砍了几十个，一线人员多了，反而坐办公室的人少了，活照干出来，这算大贡献吧。”

我苦笑，临到发钱，改规矩，拿多的人自然高兴，拿少的人呢？不会找老板，只会找我，我只想过点安稳日子，不想与众人为敌啊。张大帅只顾自己奖金有可能高，不想想这是多让人为难的活。

和张大帅讨论不出什么，我让他暂时保密，打算先测算下老方案和新方案的数据，再议。

这时，电话响了，庄小姐让我去她办公室。

从职位上，我们是平级的，工资她比我高，不代表她能使唤我，但毕竟她年资长，我还是去了。

一进门，就看见庄小姐脸色很不好，也没赐个座，我只好自己大大咧咧地坐下。

庄小姐瞪着我说：“77，咱们素来合作愉快，你要搞合约部，我也很支持，现在你要取消秘书处，是几个意思？”

这风也传得太快了吧，定是老板秘书传的，当天也就她在。看来，老板想动秘书处，是因为部分人不在他掌控内了。

我不卑不亢地说：“这事老板也就一提，至于取不取消，我还在规划中，规划好我会提案给老板的，我没什么意思，老板有这个意思，我便试试看有没有可行性和必要性。话又说回来，即使最后取消秘书处，也仅仅是组织机构的调整，如果要调整，我自然会和您来商议。”

生平吃软不吃硬，庄小姐不善，我便顶过去。

回到办公室，仔细思量秘书处的编制和岗位职责：一个总监一个秘书，公司12个总监，就有12个秘书。如果合约部顺利接下合同审核的工作，其他的工作比如报销、资料传递，都可以通过信息化解决，至于流程管控，我想，也不是问题，也是该取消秘书处了。12个秘书，都是老人，熟悉公司政策，算活字典，不做秘书，做销售助理，做采购助理，甚至做门店店长，都是大有可为的。来年，这些岗位都有空编，也省了我四处招聘的麻烦。

我们自己部门的秘书，我本来也没怎么用她，她其实就是档案管理员，直接让她转劳资专员，兼顾部分社保的工作，丰富工作内容，也许她更开心，还能减轻薪酬福利部的任务，薪酬福利部就不用加人了。这么一想，取消秘书处，是个不太伤筋动骨、对公司对员工都有利的事，还是老板厉害，想到我前面。

这时，薪酬福利部的梅“表姐”急急进来：“老大，这个月的考勤收不齐。本来这个月要过年，时间就紧张，以前一贯是各办事处、分公司的销售助理把考勤交给秘书，秘书再给我们，刚刚熊‘表妹’去收考勤表，秘书说庄小姐说这个月他们部门要办年会，抽他们去协助，考勤表不帮我们收了。”什么帮啊，这么多年不都是秘书们给吗，本来就是他们的事。我瞬间回忆下流程图，流程上只写了销售部提供考勤，没写由销售部谁来提供，庄小姐可不就抓住这个漏洞了吗。

梅“表姐”继续说：“要不，我安排熊‘表妹’一个个给办事处打电话，让他们速交表？”且慢，我打断她：“去，去喊张大帅。”张大帅立马进来，我对他说：“大帅，你耍帅的时候到了，你人面熟，给‘四大天王’打电话，让他们安排人收起考勤表，今天就交给熊‘表妹’，最迟明天，谁耽误事，我不饶你。你饶不饶他，你看着办。”全国50多家办事处、分公司，一家家去收，我没那个耐心，熊“表妹”也没那个时间，流程上说了由销售部提供考勤表，让他们安排去。

张大帅：“没有问题，老大，表姐，这小事，马上，我马上找‘四大天王’去。”

“四大天王”是东西南北销售总监的诨名，其中有两个是我招的，两个和张大帅是旧友，这事不难办。

庄小姐想用考勤表这个事难倒我，倒也不容易，谁叫我们部门有张大帅呢。

考勤表如期收齐，收提成表又遇阻，这次我不耐烦了，亲自打电话给

"四大天王"："麻烦各位了，跟你们销售助理都知会一声，这个月时间紧，以前交秘书处的人资表单，都直接给熊'表妹'，辛苦他们了。"

经历过考勤表的事，销售助理对新的对接程序已熟练，不多时，便和熊"表妹"建立了稳妥的交收关系。

原本我不想理秘书处这个烫手山芋，现在不理不行了，不理，违了老板的意，还被其他人看笑话，一次妥协，便次次妥协，人力资源部算是不能执行什么了。

庄小姐想暗"贱"伤人，不想，伤了自己，妥妥地把秘书处那点人资的活计移交出来，人力资源部顺利插手销售部，反而庄小姐的秘书处再想插手，就难了。

顺便说说，张大帅，本名不是张大帅，皆因各种耍帅，才有了这个封号；梅"表姐"、熊"表妹"本名也不如此，皆因做得一手好表，才得此封号。兄弟姐妹们，在此得罪了，讲了我们的旧故事，看得可还开心？

4.6.3 辞退高管

《中华人民共和国劳动法》第二十五条规定，用人单位单方解除劳动合同，有三种情况。第一种，用人单位随时解除劳动合同：①在试用期间被证明不符合录用条件的；②严重违反劳动纪律或者用人单位规章制度的；③严重失职，营私舞弊，对用人单位利益造成重大损害的；④被依法追究刑事责任的；⑤被劳动教养的。

庄小姐显然不符合其中任何一条，她唯一的问题是，恃宠而骄，工作贡献趋于变小，薪资随年资及职位逐年增加，老板一思量，不如换将。

谈不上兔死狐悲、物伤其类，我和庄小姐本不是一类人，老板也不是我们的敌人，仅仅是觉得人在职场，一点闪失都不能有，不进则退，任谁，也没有永远的江湖地位。

第二种情况、第三种情况都是要给予经济补偿金的，这事只能好好与庄小姐协商。

庄小姐极爱面子，被辞退，她是断然接受不了的。如被辞退，对庄小姐的职业生涯也不利。

鉴于前文中减年终奖、减人的故事，庄小姐应该推测到老板的真实想法了。那么，庄小姐自己的真实想法是什么呢？她有去意，还是想留？老板愿意给的补偿的底线是多少呢？

思考一番后，我先找老板，把法律讲了一通，建议多少给点补偿金，分手也要开心，免得庄小姐在业内传话。这个谈话，和老板进行了两三次，老板终于答复，最多多付两个月薪水。

我又去找庄小姐，开门见山，与聪明人无须绕圈子，聪明人最讨厌被糊弄。我是这么说的："第一，公司现状您也看到了，我和您一样是个打工的，老板总有他的想法，但他绝对认为您劳苦功高，对公司做出过莫大的贡献，人前人后都在说您好；第二，只是现阶段，公司给不了您更广阔的平台发挥，我也想听听您的想法。我能为您做什么？"

听到第一点，庄小姐微笑了，她还是需要老板的肯定的。听到第二点，她迟疑了下，说："77，你爽快，那我也爽快，公司想让我走，我明白，我也有更好的机会，只是不舍得离开一起打江山的那帮人。如果老板能给个合理的补偿，我也承诺不拖泥带水地走。"

看来，庄小姐对形势的判断还是很准确的，我接着说："您也知道，公司的惯例，老板现在给的权限是按您提出离职办理，但公司给予一个月补偿金，交接完毕即可不用上班了，这个月算全勤。另外，他会为您写推荐信，B公司的周总、C公司的李总，都抢着向他要您呢，就看您考不考虑。"

这是真话，B、C公司都是同行小弟，庄小姐确实适合他们的现状，老板也确实跟我提过有这个想法。

其实，老板和庄小姐都心知肚明，只差我这么个中间传话的人。我只是没跟庄小姐说一堆套话，她也接受我这么直白，都是在捧她，没啥不开心的。

庄小姐很爽快地答应了，最后办理的时候仍按老板给的底价多付两个月补偿金，我说是老板特批的。至于庄小姐有没有去B、C公司，则不属于这个故事。

高管的离职问题，得看老板的态度，有和公司死磕，一定要打官司的。还有一些会你来我往地协商，大家都要个面子，也都要在行业内继续混下去，撕破脸不是中国人的习惯。高管的离职补偿，大多老板心里有数，比人资更清楚下属的底价，双方价位差异实在太大的，人资这时候要勇敢站出来，唱个黑脸，一定要求公事公办，也是可以的。好人一定要留给老板做。

如果公司强硬起来，就要东查查、西查查，一是耗费高管时间，二是大家心里难受，三是多少也会有点失职。只要公司不太过分，大多人都会接受。

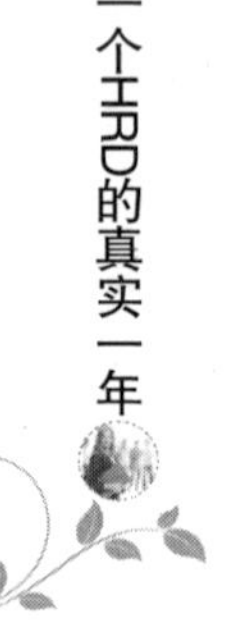

4.7 案例分享

4.7.1 我就想知道人力资源总监都做哪些事

我的朋友周先生提问：我就想知道人力资源总监都做哪些事？我离人力资源总监还差哪些能力？我现在可不可以做总监了？

首先我推荐他去看我的书，我代表某一部分人力资源总监，我做的工作有一定的代表性，然后还推荐了其他总监的实战书。周先生认真地看书了，他确实是个行动派，然后继续提问："书看了，但我还是不知道我能不能做总监。"

我很喜欢他的直率，于是继续思考，做总监需要哪些能力素质呢？想到这个，觉得挺熟悉的，于是我在邮箱搜索"能力"两个字，猜我搜出什么？

我搜出在2012年，自己写的三年计划。当年，我列举了25项高级管理者应具备的能力素质，给自己的现状打分，针对有差异的，而且是自己觉得应该要完善的列了很简单的几点计划。这份表格，我发给周先生了，此后，尚未听到他的其他问题，可能他也在埋头完善自己吧。

这个事也就这么过去了，这份表格如果不是因为周先生提问，我早就忘记了。当我再看这份能力差异表时，发现了一件神奇的事：我写在纸上的目标，居然莫名其妙地都实现了！

我写了，想出一本书；我写了，不买便宜货；我写了，锻炼身体；我写了，看很多书。我忘了我写过，但这三年我就是这么做的。

这是一个真实的故事，就发生在最近的故事。原来梦想写下来是可以实现的，我希望你们也写下你的三五年目标，围绕目标定三五个行动方向。三年后我们再来看，也许你会发现奇迹真的发生了。

最后想说的是，我非常感谢看我的书的你们，从你们身上我学到了很多。“世界是我们的，也是你们的，归根结底还是你们的。”现在我深深地觉得，世界是你们的，你们年轻，你们是移动互联网时代的原住民，我是移民。

你会觉得，我帮助了你；但在我看来，恰恰是你帮助了我。

创意是协作，是心智交融的结果。

高管的25项核心能力如表4-1所示，仅供大家参考。

表4-1　高管的25项核心能力

维度	项目	分值	改进项	改进方法
性格与价值取向	积极乐观	10		
	诚信正直	10		
	合理价值观	10		
	性格类型	10		
	自信	10		
处理问题能力	逻辑思维能力	10		
	分析能力	10		
	学习能力	10		
	选择判断能力	10		
	计划与执行能力	10		
	应变能力	10		
自我管理能力	自我认知能力	10		
	情绪控制能力	10		
	心理承受能力	10		
	时间管理能力	10		
	个人职业定位	10		
工作态度	工作动机	10		
	责任意识	10		
	职业化的敬业精神	10		
	对企业的认同度	10		
	忠诚度	10		
	毅力、注意力	10		
人际交往能力	表达能力	10		
	沟通协调能力	10		
	团队合作意识	10		
合计分数		250		

4.7.2 我还是想知道人力资源总监都做些啥

看完上文知道人力资源总监做些啥了吗？估计90%的人仍有疑惑吧，说的就是你！那我们继续讨论这个话题。

25项能力素质是什么呢？我的理解是功力，就像武侠片一样，要想成为武功高手，要先练气，练基本功。

那么人力资源总监具体做些什么呢？我的理解是招数，比如有人练凌波微步，有人练狮子吼，但这些，都是在具备一定功力后才能练成的。

这么说，能懂吧？

下面具体看看市面上常用的人力资源总监招聘简章。

岗位职责：

(1) 全面统筹规划人力资源战略，拟定**人力资源规划方案**，并监督各项计划的实施；

(2) 建立并完善**人力资源管理体系**，研究、设计人力资源管理模式(包含招聘、培训、绩效、薪酬及员工发展等体系的全面建设)，制定和完善**人力资源管理制度**；

(3) 向公司决策层提供人力资源、组织结构等方面的建议并致力于**提高公司综合管理水平**，控制人力资源成本，完成公司**组织架构及岗位的设计**；

(4) 负责部门团队管理，擅长各类中高级人才的甄别和选拔，完善公司**人才储备和梯队建设**；

(5) 定期向高层决策者提供有关人力资源战略、组织建设、行政管理等方面的专项建议，为公司重大决策提供**人力资源信息支持**；

(6) 及时处理公司管理过程中的重大人力资源问题，**指导员工职业生涯规划**；

(7) 建立畅通的沟通渠道，听取员工合理化建议，组织**处理员工投诉和劳动争议**。

黑体字就是要做的事，我不再赘述。针对每一段黑体字问自己：这些概念我有没有基础的认知呢？有没有自己的见解呢？我要如何做呢？我有没有类似经验呢？有没有不类似但可以转化的经验呢？

下面再看看市面上不常见的人力资源总监招聘简章。

岗位职责：

(1) 这个人上任后，我不再为总有人找我提涨薪水操心了；

(2) 公司井然有序，不缺人才，持续发展仍不缺人才；

(3) 员工不再抱怨考核无聊、无理、无激励性了；

(4) 最前沿的管理信息我能第一时间知道，至于用不用再议；

(5) 员工觉得工作起来带劲，有盼头，愿意跟公司一起发展；

(6) 法规方面不用操心了，该规避的规避，有争议的能不显山露水地平息。

这份岗位职责，藏在大多数老板心里，我猜的。

对于初创性公司，规矩从头建立，这个好说。但我们大多数人接触的是发展中的公司，发展中，即意味着它有历史，有历史就意味着有旧的规则，如何建立新规则、如何减少新旧规则的碰撞，这个才是人力资源总监要解决的核心问题。

公司有多少顽疾，你以为老板不知道吗？为啥不改变呢？因为改变带来的动荡太大了。好吧，我承认人力资源总监就是温柔一刀，习惯温和改良以达到促进企业发展的目的；人力资源总监就是职业星探(这个是小明教我的词)，为公司持续找到、培养、储备合适的人；人力资源总监就是润滑剂，让各个齿轮高效运转。

现在，你对人力资源总监有概念了吗？

4.7.3 别人家员工为啥不离职

周末，正和重感冒以及破电脑抗争中，有朋友问："我们员工离职率很高，怎么才能改善？"

77心里想着，老娘我也想离职呢。

某某说，员工要走人，不是钱没给到位，就是心里不爽了。这话说得挺实在的，确实涵盖了绝大多数离职原因。心里的不爽，70%是和上司处不来，这可不是77说的，是麦肯锡公司在500个离职样表调查中得到的结论。77想说：

第一，人要走，是很正常的，每个人都有选择权，公司也没说养他一辈子，他怎么就不能走人呢？

第二，对公司而言，一定的流动率也是正常的，流水不腐，只是最好能走的是劣币，留下的是良币，但市场规律往往是劣币驱逐良币。

第三，对HR而言，人走，意味着必须重新招聘，浪费成本也花时间，我们当然希望大家都做安静的女子或男子，然而，这并不可能。

这样说是不是意味着降低离职率就不可能呢？面对离职，首先，我们要把它当成常态，不要慌，不要怕。比如我，年初会根据公司总人数、行业普遍离职率、离职高峰时段分布等，做出一年的离职人数及分布预估。

举例：7月有20个人离职是正常的，大致研发5个、销售10个、管理2个、后勤1个、机动2个。这是我能接受的上限。下限呢，一个人不走，也不正常，不是说了流水不腐吗？假设我测算出的人员替换率是5%，那一个月走10个左右才正常。

如果达到下限，这里就不说了，涉及人员考核问题，我们只说如何做到低于上限。

如果行业内的人员流动率差不多在15%，而你所在的公司在20%，那就需要找原因。**朋友分析的人员流失率高的原因**非常中肯，主要有：

(1) 压力大(自己技能不太好，一线管理层不会沟通，赚不到钱)；

(2) 加班(公司规定周六周天晚加班两小时，无加班费；平常自己工时不够也要加班)；

(3) 厌倦工作模式(时间长了，枯燥)。

朋友已经采取的措施：

(1) 目前在做一线的管理培训，周期较长，短期不会有很大改观；

(2) 加班的问题是总经理定的，之前取消过，但是业绩会随之下滑；

(3) 模式虽然无法改变，但是团队活动增多。

针对朋友的分析，假设加班且无加班费这一条对流失率的影响会增加2%，且是总经理的指示，无法改变，那我们可改善剩下的3%。当然，有追求的人，也可以争取做到比行业平均水平低。

3%很容易改善了，选气场对的人加入是一种；规划顺畅的晋升路径是一种；偶尔轮岗学习新技能是一种；组织好的团队活动让大家心情舒畅是一种；通过各种形式改善上下级沟通是一种；树立榜样，一个人吸引、稳定一圈人，是一种；增加职业技能，让他赚到更多的钱也是一种。

又到了我给自己规定的上限，就不继续举例了，自己体会。

餐饮业离职率在所有行业中居高位，2014年超过30%，虽然海底捞的经营模式充满争议，但它离职率较低是事实。海底捞离职率大约在10%，它的加班也挺普遍，薪资也低，新员工入职三天的洗脑培训功不可没。另外，不断地扩张业务，让新人总有机会靠自己的双手改变命运。

归根结底，离职率的高低还是和企业的发展势头密切相关。有业务活力的企业，基础人资工作做到位，保持良好的流动率不是问题。

你看，上文就是我们HR在降低流失率上能做到的，七种方式都用起来，能减少10%就是大成就，已是我们能力的上限。而别人家员工不离职，或离职率低于10%，老板的战略发展才是关键啊。

但这也并不妨碍我们做能做的。

4.7.4 标准化不是童话是神话

亲爱的，你说，监督标准化的执行好虚哦。先听听我的故事吧，非常小的故事，但我，却觉得对我的一生有深远影响。被面试时，我通常也会说这个故事，听到的人，往往录用了我。

在我大学刚毕业没多久，我的岗位是子公司总经理助理，年底接到整理档案的工作任务。我们的档案要分为运营、市场、财务、安全管理、人事等很多个文件夹，每个文件夹要有统一的标签格式，要有目录，要有再细分的明细。这个工作任务实在太枯燥了。

第一次公司来检查，说分类不规范，于是我改；第二次说目录不详细，于是我再改；第三次说没有按时间顺序摆放文件，我又改。检查的人走后，我问自己：为什么这么简单的事，我就做不好呢？

后来，我去图书馆借了几本档案管理的书，我要弄明白，档案管理是什么鬼。那些书都很陈旧了，但我还是从陈旧的书中学到档案管理原来真不简单，它分为档案收集、档案整理、档案价值鉴定、档案保管、档案编目、档案检索、档案统计、档案编辑和研究、档案价值利用。整整9个部分呢，我只做到了收集，整理都没整理清楚，更谈不上档案价值利用了。

我又找到大学时学信息管理的室友，她去了深圳。当时的长途电话费还是很贵的，记得我是咬咬牙才给她打的电话。

春节前，我花了三个通宵在公司，不仅仅收集档案，还逐份研究它的价值所在，给它编号，再轻轻放进文件夹。每一张表格都与我亲密地“对谈”过，我知道了这一整年公司发生的故事，有哪些安全事故，哪些又是最频繁的，哪个月业绩最好，当时市场部有什么活动。我当故事一样看得津津有味。

临春节放假最后一天，公司再次检查，我是10个子公司中，档案整理得最好的，不仅整齐规范，还用荧光笔标注了重点，编上了编号，而这些，其他有丰富经验的老同志都没想到。

总公司的总经理是马来西亚人，他饶有兴趣地看着我整理的文件，其中一个是其他人都没有的，叫“特别注意事项文件夹”。我把我认为在来年要注意的，诸如频发的安全事故、季节对市场的影响等放在这个文件夹里。年后，我被破格升为经理，当时大学毕业才一年。

说这么多，如此絮叨，不是我一贯的风格，不是吗？

我只是特别想认真地告诉你：标准化不是童话，不是对美好未来的想象，标准化是神话，是我们应该相信的神仙或英雄故事。

标准化不能解决所有问题，但它能解决大部分问题。我整理出的“特别注意事项文件夹”，成了我的培训教材。我告诉员工，哪些错是前人犯过的，犯错的原因是什么，并让他们提出避免的措施。在可预测的旺季来临之前，提前做好市场活动策划。

我是如此爱自由的人，如此不喜受约束，但我也同样爱标准化。标准化，是一种最佳秩序，是对实际或潜在的问题制定规则。

你问道，公司标准化已经建立了规则，需要你来监督，怎么监督呢？和你一样，我也不喜欢拿着小黑本去记小黑账，但一定有不记小黑账的方法，比如标准化反馈流程。

给你的提示是：你有没有像我整理档案一样，先去学习什么是标准化管理呢？标准化管理在执行过程中要注意哪些事项？要通过何种手段监督推进？什么是标准化反馈流程？

这不是几句话就能说清的。也许，你觉得我没有给你想要的答案，事实上，在这个世界上，容易得到的答案，价值并不大。我希望你能自己去找，寻找的过程，会让你迅速成长。

4.7.5 最简单的，最有效

朋友说，她的问题有三个：

(1) 可能是因为做了妈妈的原因，上班的时候一点小事就发脾气，下班回家宝宝不听话也发脾气。经过一年的时间调整，今年开始工作慢慢地步入正轨了，能用平和的心态对待工作和家庭了。

(2) 虽然工作步入正轨，她却发现自己不会的东西越来越多，迷茫的事情也越来越多，所以现在的她正在学习过程中，想通过学习来充实自己。

(3) 另外，她负责的工作很杂，除了员工关系和培训是大模块之外，其他都是零散的工作，所以她这边的工作总是做不细，没法深入，很没有成就感。

好吧，她自己已经解决了第一个问题，今天我们来解决剩下两个：第一，工作中的成就感如何而来；第二，如何通过学习提升自己。

让我们看看这位朋友处于职业生涯的哪个阶段？我认为，她在最好的阶段，即“知道自己不知道”的阶段。这非常好，有了天时。

很多人，一直停留在“不知道自己不知道”的阶段，以为自己经历了六大模块或八大模块，就是专家了。比如我有一个同行，当一个笑话说给我听：“今天面试一个人事专员，问她人事有几个模块，她回答五个，我问她，还有一个呢，她答不上。”

我又腹黑了一把。我觉得问这个问题的人才是个笑话。把模块放在嘴边的人，应该是没有深刻理解人力资源，而他并不知道他不知道。朋友就比他强了很多，虽然级别上差很多。所以，各位职位不高大上的同学们，看过来，其实你们不差哦。

其次，朋友说，她和同事都很和睦，她能兼顾孩子和工作，心态调整得不错，地利、人和也有了。

下面就步入正题，爱因斯坦说过：混乱中求简单，无序中求和谐。你典型的一天是什么样子的？是意外频出，还是井然有序？是混乱失控，还是尽在掌握？在你的一天里，你是绕着环形跑道没完没了地奔跑，还是稳步向山顶攀登？如果是前者，工作中是难有成就感的。如何提高成就感？我的秘诀是：增加自己的控制力，制定规矩(但，请专注于在自己的圈内做出改变，而非圈外。不要浪费宝贵的时间去纠缠你左右不了的所谓大局，而忽略你能改变的)。

写下你每天的工作，记录一个月，找到规律，把手上的活分解成多个系统：员工管理、招聘、培训等。 再把一个系统分解成若干个子系统，比如，入职管理清单、退工办理注意事项、合同管理台账、社保要点、档案管理一览表、员工信息管理要点等，形成书面的工作流程和要点指南以及时间节点提醒，类似工厂的标准作业流程。

在你的标准作业流程试运行过程中，会逐渐暴露一些问题，一个一个去完善，这个过程即可深入提升工作能力。同时，也为你的系统培训替补队员，当你不在时，他能处理，无须你在看电影中途接电话，成为全场鄙夷的对象。

我同时回答了第二个问题：在工作中学习是最好的学习方式，尽可能把工作做到最好，一个小时能做完的，想办法在10分钟内做完，并保证所有工作准确无误。

为了达到这个目标，也许你会看提高效率的书，也许会看Excel在工作中运用的书，也许你会看解决劳动纠纷的书。因为要解决某个实际问题而去学习，会觉得不枯燥，会吸收得很快，会直接看到要点，节省浏览时间。

上文，就是我的看家本事。

4.7.6 关于工作氛围如何改善

问这个问题的朋友，请自己来认领。恕我不记得名字了，被群里的发言刷屏刷过去了。

工作氛围是什么呢？我觉得是一种气场，到某种特定气场中的人，会不自觉融入其中。比如去酒吧，自然会穿吊带，喝小酒，醉眼朦胧看世界；到清吧，则不敢大声喧哗，装也要装浪漫；到星巴克里的人，多是一杯咖啡加IPAD，说些有关投行、世界格局的话，装小资。

小时候，小学周三下午是没有课的，于是就到爸爸的国企单位混时间。爸爸是汽修厂的总工程师，画图纸的。他会在偌大的车间中间铺开台子，任周围各种机器吵闹声放肆。左边角落的师傅喊："赵工，这个钣金用什么材料？"爸爸并不抬头，随口回答他；右边的师傅喊："赵工，今天晚上吃啥？"爸爸依旧不抬头地回答；车间主任走过，拿一堆报表给爸爸，他停下手中的笔，看看报表和主任讨论一番；厂长从外面进来，给了爸爸一摞冰棍券，爸爸顺手给了离他最近的工人伯伯，说："老李，你帮着发下去。"

大家其乐融融，都专心干着自己的活，有问题，喊一声，立马有另一个迎合。大风扇呼呼地吹着，车间还是很热，工人们的热情也很高，早点干完，能早点下班，晚上还要到我家去喝酒呢。

我理想中的公司氛围，是爸爸的老工厂。

负责人走动办公，随手就解决问题了，蓝图都在他心中，他能最准确地回答每个工序的人的疑问；车间主任就是人事行政财务的枢纽，一切和这些相关的，找他一个人就能搞定，他搞不定也不会让你去各个部门跑腿，他会批量跑腿；工人只需专注于手上的活计。同事之间有分工也有配合，一个人做不好，大家都来出谋划策。

可以偶尔说说闲话，但并不影响工作效率；可以下班去喝酒，但去不去大家随意；可以不用穿制服，但危险工种除外。这种氛围，我总结为：我们在一起，我们在出活。

在一起，是同舟共济，共渡难关，共同承担责任，分解工序，选拔适合的人做适合的工序。力气大的做钣金工，心细的做弱电工，戴眼镜的解决后勤问题。

出活，是大家为一个共同的目标在努力，比如季度奖金，比如年度标兵车间。怎么出活？有人负责规划，有人负责实施，一个环节扣一个环节，某个环节的人今天请假，一定有候补队员顶上。候补队员怎么培养出来？轮岗，师傅带徒弟，学徒可以成为正式工，正式工可以成为八级钳工，八级钳工可以成为技术员，技术员能成为工程师，车间里弥漫着学习的气氛，因为学好了，有技术津贴也能升级。

说了这么多爸爸的老工厂，其实我想说，工作氛围不是拉横幅，不是建宣传栏，不是放音乐，不是扯家常，不是喝下午茶，不是带女儿上班，

不是早干完活能早下班，这些都是表现形式。形式的东西，要根据不同时代，不同的公司文化，不同的老板喜好，不同的员工结构，来花心思体现。我们的工作场所不是酒吧，不是清吧，也不是星巴克，想要什么样的氛围，应先考虑清楚公司处于什么时代、什么行业，公司文化是什么，小公司就考虑老板文化是什么。

氛围是什么？是有了在一起的心，然后在一起，大家气场融合，形成舒服、高效的气流。

如何能发自内心地在一起？不是洗脑似地贩卖《致加西亚的信》《以公司为家》，而是公司真的把员工当家人了，领导以身作则了，中层言传身教了；提拔有能力解决问题的人，而不是提拔只会端茶送水的人；将高薪发给能带来利润的人，而不是四处传话的人；培训技能，让员工凭学到的技能过更舒服的生活，而不是打鸡血。

有人说，我的公司领导就喜欢玩三权鼎立，公司应该营造什么样的氛围呢？喜欢玩互相钳制的公司，有点累，要营造氛围就往大家来找茬上走吧，找茬的目的是改进，只找问题不提出解决方案的，三次罚黄牌。

有人说，我的公司是家族企业，老板和老板娘一起办公，这样的公司该营造什么样的氛围呢？这个我回答不出来，夫妻店没经历过，要不试试，看看少公子啥个性，按少公子的个性来？

后记

感谢清华大学出版社，感谢我的两位编辑：宋文先生、施猛先生，是他们的宽容，让我能随心所欲直抒胸臆；感谢一直陪伴我的HR伙伴们，你们绝对是臭皮匠级别的，但你们通常有比诸葛亮还好的创意和提问；感谢我的家人，感谢本书出版过程中我知道名字、不知道名字的工作伙伴们，是你们默默的付出，才促成了这本书的面世。

此刻我合上电脑，很安定，感觉生活中总有一些是我能控制的，比如起个对普通人来说算迟而对我来说算早的早床，写上一篇日记。在这个春天的早晨，我有点冷静，有点平静，也有点紧张，也许是因为终于完稿了吧，读者会怎样评价？明天又会怎样？甩甩头，不去想，当下，仅仅活在当下吧。

曾经觉得自己的故事也许是传奇，普普通通的大专生，23岁能当上大公司的小经理，混迹职场多年，一路下来，见过形形色色人等，而如今，我不这么想了。生活，是个好看的、有包袱的小品，和我担任什么职位并没有关系。我的步伐穿越都市，看着霓虹深处每天都上演的喜悲，只是去触摸、感悟，不再随喜随悲。

有的人，内心永远是孩子，大多数的神经病患者，有着孩子般的意识；有的人，内心睡着巨人，随时会被唤醒；而有的人，永远在找自己。我就是最后一种人。这本书与其说是人力资源总监的职场历练，不如说是我用文字呈现看到的风景，也许，你看到，又有不同演绎。